反向成交

让客户主动签单的销售心理学

尹淑琼／著

中国经济出版社
CHINA ECONOMIC PUBLISHING HOUSE
·北京·

图书在版编目（CIP）数据

反向成交：让客户主动签单的销售心理学 / 尹淑琼著. -- 北京：中国经济出版社，2023.3
ISBN 978 – 7 – 5136 – 2769– 6

Ⅰ. ①反… Ⅱ. ①尹… Ⅲ. ①销售 – 商业心理学 Ⅳ. ① F713.55

中国国家版本馆 CIP 数据核字（2023）第 042223 号

责任编辑　黄傲寒
责任印制　马小宾
封面设计　任燕飞装帧设计工作室

出版发行　中国经济出版社
印 刷 者　北京艾普海德印刷有限公司
经 销 者　各地新华书店
开　　本　710mm × 1000mm　1/16
印　　张　19.5
字　　数　327 千字
版　　次　2023 年 3 月第 1 版
印　　次　2023 年 3 月第 1 次
定　　价　68.00 元
广告经营许可证　京西工商广字第 8179 号

中国经济出版社 网址 www.economyph.com 社址 北京市东城区安定门外大街 58 号 邮编 100011
本版图书如存在印装质量问题，请与本社销售中心联系调换（联系电话：010–57512564）

序　言

反向用力，卖得更多，更有尊严

提起销售，你脑海里会浮现出怎样的一种职业形象？从20世纪90年代那些一天打几百个陌生电话的销售人员，到如今城市里随处可见的房产中介、保险代理、超市导购、理发店Tony老师、健身卡推销员……似乎，销售人员在很多人心里都是一种刻板的形象：主动、热情、健谈，有时显得有些急迫，总是围绕着产品和成交喋喋不休。正因如此，对于很多人而言，被推销，往往成了一种不怎么好的体验。

但是，在用户至上的今天，传统的销售模式，还有生存的空间吗？传统的销售技术，还能获得客户的认同吗？其实，事情已经在悄悄发生改变。

相信身为“80后”和“90后”的读者对于“新东方”这个品牌是耳熟能详的。那大家听说过新东方直播间吗？一位网友描述了他在新东方直播间下单四袋大米的心路历程——

第一次，我碰巧进入新东方直播间，主播正在卖大米。他说：“你吃过很多菜，但是那些菜，你可能觉得没有什么味道，因为你每次吃饭的时候，得回答别人的问题，得迎来送往，得敬酒，得谨小慎微，这顿饭你吃得不自由。后来，你回到家里，简单的西红柿炒鸡蛋、麻婆豆腐、土豆丝，让你觉得真香、吃得很舒服。”

我对主播说的话很有共鸣，于是我买了第一袋大米。

第二次，我进入直播间，那位主播还在卖大米。这次，他说：“我想把天空大海给你，我想把大江大河给你，我想把好的东西慷慨地给你。”

我觉得主播的话很暖心，于是我买了第二袋大米。

第三次，我进入直播间，主播依旧在卖大米。他说："我没有带你去看过长白山皑皑的白雪，我没有带你去感受过十月田间吹过的风，我没有带你去看过沉甸甸弯下腰、犹如智者一般的谷穗，我没有带你去见证过这一切，但是亲爱的，我可以让你品尝到这样的大米。"

于是，我鬼使神差又下单了一袋大米。

第四次，我进入直播间，主播说："以前我做老师的时候，我会穿白T恤或者西服外套讲课，这样孩子们会觉得我很重视这节课。即使现在其实我大脑不转很久了，但我开播之前还是做了30个俯卧撑。大家不要让我坐着了，因为我愿意站在这里，让你们知道我在意你们。"

也许是被这种对于职业的敬畏和热爱打动了，我买了第四袋大米。

这位网友或许原本并没有买大米的需求。这位主播也并没有一个劲儿夸赞自家的大米有多么好吃、价格有多么便宜。但很多人和这位网友一样鬼使神差地下了单。他们买完大米才发现，其实，这就是销售。但这是一种更高级的销售，是一种更有尊严的销售。

优秀主播的才华，是很多人复制不了的。新东方直播间的爆火，也离不开其背后专业团队的运营。但抛开这些不谈，单纯从销售的角度而言，这样屡屡创下销量神话的销售模式，有没有什么值得我们借鉴的地方呢？

其实，新东方直播间和一些普通卖货直播间，存在以下三大区别：

1. 独特的沟通节奏

在很多直播间里，主播聒噪喧闹，用高密度语言猛烈输出，试图通过营造一种无缝式轰炸氛围，霸占人们的视听通道，进而拉高人们在直播间的停留时长。但新东方直播间的主播，从容优雅、不疾不徐，让人们忍不住为这样一种清新的氛围停下划动的手指。

2. 独特的卖货话术

很多直播间的主播总是在拼命怂恿大家下单，不断重复那些洗脑式的下单指令，诸如"买它！买它！ 9块9包邮！""只剩50单，买到就是赚到！"但新东方直播间的主播，总在劝大家"理性下单，吃完再买，觉得太贵就不要买""进了直播间不一定非要买东西，听我们聊聊天也是可以的"。

3. 独特的价值输出

很多的直播间，主播除了卖货还是卖货，或者把产品性能夸到天上去，或者把产品价格降到“跳楼价”，抑或给予各种赠品、各种承诺，时间一长，让人心生疲惫和反感。但新东方直播间的这位主播，将那些与产品相关的英文单词、与产品相关的诗词歌赋、与产品相关的历史典故娓娓道来，让人听完之后获得一份美的享受，并愿意为这份感受买单。

上述两种完全不同的直播带货形态，带给我们这些从事专业销售的人以怎样的启发呢？

大家有没有发现，传统的销售模式，与那些聒噪的“洗脑式直播间”，有着许多共同之处：压迫感、推销感和成交感过强，简单来说，就是充满了逼单套路。

也许一些人会认为，单都是逼出来的，如果不逼，客户怎么可能主动成交呢？其实，这是一种极大的误解。

因为，**逼单只是表象，成交的核心，是理解客户的需求、直击客户的痛点。**

如果你深度挖掘到了客户的痛点，即便你不逼单，也能成交。但如果你没有挖掘到客户的痛点，即便你逼单，也无法成交。这就像面对一个饥肠辘辘的人，你向他推销一种食物，大概是不需要逼单的。但如果，面对一个完全不饿的人，你向他推销满汉全席，即便打五折、有赠品、限购又限时，也未必能卖得出去吧！

逼单，是那些没有能力挖掘到客户痛点的销售人员的权宜之计。因为他觉得再不逼单，机会就彻底消失了。逼单，是万般无奈之下的救命稻草。

你可能会问，为什么有的时候，销售人员似乎并没有找到客户的痛点，逼单依然起作用了呢？

有两种原因。第一种是，客户本来就要买，也不想再折腾了，只是销售人员自己不知道这个情况。此时，销售人员是否逼单，都能成交。第二种是，客户在一种威逼利诱的感性氛围中冲动下了单。但这样的成交风险很大。一旦客户恢复理性，销售人员就有可能面临客户反悔和退单的问题。所以，靠逼单签回来的单，很多时候也是要“还回去”的。

如果你只重视一时的**成交率**，或许你依然可以换着花样地使用逼单套路，但如果你同样重视**退单率**，那么你就真的要慎重抉择了。

那如果不逼单，我们又该怎么做呢？

反向用力，卖得更多，更有尊严。

聪明的销售，要学会**反向用力**。

比如，你跟客户介绍产品时这样说："我们的产品效果特别好，很多客户都非常喜欢，我相信您也一定会喜欢的。"

此时，客户内心的想法会是什么？他或许会认同，但或许也会产生一种不爽的感觉和逆反心理："你怎么知道我会喜欢？很多人都喜欢，我就必须也喜欢吗？"

而如果你这样说：

虽然我们的很多客户对这款产品的反馈还不错，但我确实不太了解您的实际情况，也的确不敢保证它就一定百分之百适合您。

听听看，这样的话让人有什么感觉？是不是把客户的心里话说出来了，让客户有一种"无法反驳"的感觉？

再如，客户有些犹豫，你马上说："您选我们一定没错的，您完全不需要有任何犹豫，放心下单就对了。我们这么大一家公司，难道还会骗您不成？"

如果你是客户，你会有什么感觉？是不是似乎更加不放心了？虽然一时半会儿也说不清到底是为什么。

但是，如果你这样说：

我发现您还有一些顾虑，其实有顾虑是正常的，您有任何问题都可以直接问我。如果我们能解决，我会尽量帮您解决。如果我们不能解决，我也会非常坦诚地告诉您，绝对不会给您任何压力，也不会浪费您的时间。所以，您愿意跟我说说您的想法吗？

在客户犹豫不决时，你不进反退，给客户拒绝的机会，给客户退缩的空间。这样一说，客户会怎样？要么直接说出他的顾虑，这样就给了你解决问题的机会，无论最终能不能成交，双方都没有遗憾；要么因为你的这份坦诚，他打消掉内心的担忧，达至成交。

以上就是反向用力这个理念的两个简单运用话术。虽然很简单，但相信你应该已经依稀感受到它的威力了。

其实，成交没那么复杂，你只需要做**跟传统销售相反**的事情就可以了。

但成交也没那么简单，因为，反向用力是一门艺术，度的拿捏和时机的把握，需要你用心锤炼。

而我们这本书，基于对客户心理的深刻洞察，提炼出了颠覆传统销售模式的“反向成交”7 步销售法——

第一步：反向开场，识别精准客户

第二步：反向推进，建立沟通预期

第三步：反向挖掘，深入诊断痛点

第四步：反向议价，轻松化解压价

第五步：反向决策，明确决策标准

第六步：反向呈现，用痛点塑造产品

第七步：反向成交，让客户无悔签单

这套方法，创造性地打破了传统销售“自嗨、高压”的销售模式，建立了一套高度人性化、以退为进的销售模式，在轻松愉悦的氛围中，反向推动客户去成交。这样的成交，精准却没有压迫，高效又不失体面，卖得更多却更有尊严。

你，准备好入场体验了吗?

目 录

模块一
流程篇

模块三
案例篇

模块一

流程篇

第一步

反向开场，识别精准客户

见客户的第一眼，

与客户说的第一句话，

跟客户的第一次接触，

到底是什么留住了客户的脚步？

你，讨人喜欢；

你的产品，令他好奇。

01 留住客户：不要强势推销，而要进退有度

推销产品的同时，请一并推销“你自己”。

路边，一位拿着传单的销售人员叫住了一位女士，对她说：

小姐，您好，想要健身吗？我们公司现在推出了一款价格非常优惠的健身卡，××元包一年，不限次数，健身游泳随便玩，还有很多课程可以学习，非常划算，这是宣传单，您可以看一下。

另一位销售人员同样叫住了一位女士，对她说：

小姐，您好，我知道这样贸然打扰您实在是太没礼貌了。但如果您不是特别赶时间的话，是否愿意了解一下我们今年力度最大的健身优惠活动？如果您听完不感兴趣的话可以随时离开。

如果你是客户，哪种说法让你更愿意停下脚步？估计大部分人会倾向于第二种，除非他本身已有比较明确的健身需求。当然如果是这种已有需求的客户，那销售人员的说法对客户的影响力其实比较有限，因为客户本身就有一定的兴趣。在这里，我们主要针对的是一些中立的潜在客户，或者需求不甚明确的客户。

那第一种说法和第二种说法的区别是什么呢？

第一种，让人感觉这就是人们心中典型的“销售人员”的形象——几乎没有过渡，单刀直入，直接开始竹筒倒豆子式的产品介绍，极尽推销之能事。即便他说得很吸引人，也难免会让你本能地产生一种拒绝的冲动，因为你不想被他“缠住”。如果他的语速比较快，可能还会让你有一种窒息感，想要赶紧逃离。

但第二种，销售人员礼貌、克制，一开口就为自己的打扰行为而道歉，赢得第一波好感。关于产品的介绍就一个关键词——“力度最大”，没有聒噪与信息

超载，赢得第二波好感。最后，为了抵消疑似推销带来的压迫感，告诉客户不感兴趣可以离开，这就在暗示客户，不是非得喜欢、非得认同、非得成交，卸掉客户的压力，赢得第三波好感。当然，这些感觉是交织在一起瞬间形成的。结果就是，客户本能地停住脚步，想听这个销售人员接下来会说些什么。

我们从更深的层次来探讨一下，为什么第二种说法比第一种说法更能留住客户呢？

因为第一种说法只传递了“产品”的价值，而第二种说法同时传递了“人”和“产品”的价值。

本质上，吸引客户的核心特质有两种，一种是**人的特质**，比如踏实靠谱讨人喜欢；另一种是**产品的特质**，比如多快好省经久耐用。第一种说法，只涉及一种特质，就是产品的特质。如果产品的特质恰好很吸引人，那就能成功，但如果产品的特质没能瞬间抓住客户，便回天乏术。而第二种说法，同时涉及人的特质和产品的特质，话术的头尾关注的是人的感受，中间铺陈产品的特性，这就分散了风险，即，两种特质都失效，才会失败，但凡有一种特质吸引了客户，就能成功。

其实，如果你的产品足够独特、稀缺，只用产品的特质去吸引客户是完全没有问题的。事实上，在 20 年前，甚至 10 年前，以产品为主的销售模式都是主流模式，也获得过非常好的成果。但是，今天的市场跟过去的市场已经完全不一样了。过去的市场是卖方市场，产品比较匮乏，宣传手段也非常有限，客户没有太多选择，只要有一款产品能够来到客户眼前，就很容易引发关注和抢购潮，客户甚至来不及去分辨这个产品是否真如卖家宣传得那样好，更不会去挑剔卖家信誉好不好、态度好不好。但今天，我们已经进入彻底的买方市场，产品过剩，客户购买任何一类产品都有无数选择。而且，进入移动互联网时代，人们获取信息的成本极低，任何一种看起来独特、优质、便宜的产品，在网上一搜都能找到大量同类品。因此，单单以产品去吸引客户，就显得乏力了很多，客户对那些夸夸其谈的宣传广告也呈现出了一种疲态，甚至免疫反应。而与**产品力**慢慢削弱的态势相反，客户对自己的**购物体验**却越来越重视，比如在整个沟通的过程中是不是足够舒服、被尊重，是不是有足够的自主权，尤其是在需要一对一沟通的高价值单品的销售过程中，这些软性指标甚至左右了客户的购买决策。这意味着人的特质变得越来越重要。

当然，人和产品不是割裂的，而是你中有我、我中有你的关系，销售人员传递产品的特质的过程就是塑造自己人设的过程。而**反向成交**这套销售流程之所以这么管用，就是因为它从头到尾的每一步、每一个方法技巧，都把人和产品进行了有效地结合：注重人的真实感受，挖掘人的真实需求，尊重人的真实态度。所以，看到后面你会发现，用这套销售方法，客户通常更愿意配合，因为你尊重他或许也是他尊重你的开始。

回到本节开头的案例，这样的话术到底是怎么形成的呢？它能不能被复制到其他的各种销售场景中呢？当然是可以的。接下来我们就具体解析一下，反向成交的第一步——**“反向开场，识别精准客户”**的操作要点。

这一步涉及四个要点：柔化铺垫、迷你诱饵、解除成交、30 秒广告。

前三个要点的主要任务是获得一个沟通机会，30 秒广告的主要任务是吸引客户。这一节先讲前三个要点，30 秒广告会放在本章第二节再具体介绍。

要点一：柔化铺垫。

但凡一个销售人员主动去接触客户，本质上都类似一种“打扰”客户的行为，客户多多少少会有一点抗拒。但如果销售人员能够主动把这种感觉如实表达出来，客户“被打扰”的感觉就会迅速减弱，这就为销售人员塑造了一个好形象，也为沟通开了一个好头。

要点二：迷你诱饵。

诱饵很好理解，就是吸引客户的东西。但为什么要迷你呢？这是为了与一些销售人员的“长篇大论、滔滔不绝”相区别。有些销售人员不管三七二十一，一上来就火力全开信息轰炸，这样会让客户因信息超载而产生烦躁的情绪，甚至会抗拒这些信息进入大脑。而如果销售人员从这些信息中提炼出一个或两个强有力的关键点，清晰明确地表达出来，客户入耳入心了，沟通效果就达到了。这里的核心不是销售人员传递了多少信息，而是客户接收了多少信息，因此，诱饵既要极具力量，又要极致精简。

要点三：解除成交。

当你以销售人员的身份出现在客户面前时，客户会本能地担心你强行推销，即便对你的信息有了一点兴趣，也难以下定决心停下来跟你交流。但如果你能敏锐地捕捉到这一心理，主动**解除成交**，也就是告诉客户，他不感兴趣可以随时离开，客户的担心一下子就被化解了，瞬间轻松了，这样，客户就更容易给你一个机会。

要点一和要点三是人的价值传递，要点二是产品的价值传递。在推送产品价值的同时，用人的撤退巧妙弱化推销感、压迫感以及成交感，最终用反向的力量推动客户做出一个肯定的决定。

接下来，我们看看这种开场方式在其他销售场景中的应用。

场景 1：微信试探

我自己也经常收到微信上的推销信息。比如一位办理贷款业务的销售人员是这样发信息给我的：

您好，请问您最近有贷款方面的需求吗？我们公司现在推出了一款年化利率低至 ××% 的产品，信用贷、车抵贷、房抵贷 10 万~1000 万元，无手续费、随借随还、最快当天到账，有需要可以随时联系我。

这样的信息就是一条直白的产品推销信息，完全没有体现出人的价值。如果客户不感兴趣则会直接忽略，如果客户感兴趣，则会倾向于用这些信息去多家对比，因为你这个销售人员没有跟客户产生丝毫情感链接，做这项业务的又不止你一人，即便客户有需求，他也未必会找你。

如果我们把这段话术修改一下，这样说：

（柔化铺垫）×× 朋友，您好，我知道我们平时几乎没有互动，今天给您发信息实在是唐突了。

（迷你诱饵）是这样的，我们公司正在做一个关于贷款的活动，非常优惠，我不确定您最近有没有资金周转的需要，所以发信息过来问一下。

（解除成交）如果您有点兴趣，可以简单回复我一下，我发资料给您看看，有什么不清楚的也可以问我。但如果您不感兴趣，那就抱歉打扰了，祝您生活愉快。

这样的说法是不是比前面那个说法更有温度、更让人愿意回复？

当然，如果你跟客户之间是有一定熟悉度的，那么你开头的柔化铺垫就需要换一个更合适的说法。同时，我个人不建议群发信息。**发信息一定要有称谓**，否则，发了也是白发。

场景 2：社交账号试探

我曾经在我的社交账号上接到这样的一条信息：

您好，请问您有提高知名度的想法吗？我们 ×× 智库现在正在全国范围内寻找一批在各个领域都非常有实力的专家加盟。加盟后，您的名字和简介会出现在我们的会刊上，会有专属的证书，有机会免费参加各种论坛，也会获得优先排课的机会，如果您想进一步了解，可以加我微信。

我们完善一下这段话术，如下：

（柔化铺垫）×× 博主，您好。我看到您发的关于 ×× 的小视频，真的非常喜欢，我也因此学到了不少东西，感谢！

（迷你诱饵）我是 ×× 智库的员工，我们现在正在全国范围内寻找一批在各个领域都非常有实力的专家加盟，我觉得您就属于我们想要寻找的对象。但我不确定您会不会有兴趣，所以发消息过来问一下。

（解除成交）如果您有点兴趣，我们可以加个微信沟通一下，我的微信是 ××。但如果您不感兴趣，那就抱歉打扰了。

这里提示一下，因为博主的社交账号的内容是公开的，如果能够结合这些内容来拉近距离，会比单纯的陌生试探取得更好的效果。

场景 3：电话试探

在这样一个客户对陌生电话越来越防备，同时陌生电话也被大量拦截的时代，我个人是不太建议纯粹用一批只有号码的名单去打电话的。但如果你确实拿到了一份质量很高的名单，上面有客户更多的个人信息，包括姓名、职业、岗位等，你就可以尝试一下。

我相信每个人都有接听陌生推销电话的经验，我就曾经接到这样的陌生电话：

老板您好，我是 ×× 公司的小王。不知道您是否有企业微信方面的需求？我们公司现在正好推出了企业微信特惠服务包，可以在后台随时查看员工与客户的聊天记录，可以根据员工与客户的聊天内容自动为客户打上标签，员工离职也可以做好客户跟进工作的交接，同时我们还可以帮您进行网络运营整体架构的搭建，包括视频号、朋友圈、小程序，您有兴趣了解一下吗？

我们稍稍修改一下这段话术，这样说：

（柔化铺垫）张总，您好，我是××公司的小王。坦白说您并不认识我，今天给您打电话实在是有点唐突。但我知道您刚刚成立了新公司，事业迎来了全新的发展，真的可喜可贺。

（迷你诱饵）其实今天给您打电话主要是因为，我们也非常了解企业老板经营一家公司的不容易，客户信息、员工信息都需要管理，如果有企业微信就会方便很多。

（解除成交）我的想法是，如果您对企业微信有点兴趣，那我接下来就花30秒的时间跟您简单说明一下，它可以帮您解决哪些问题。然后由您来决定，我们要不要接着往下聊，您看可以吗？

这段话的亮点有三个：

第一，柔化铺垫时，通过称呼“姓氏”营造了熟悉感，再通过道歉降低了客户的对抗感，最后又利用手上仅有的一点客户信息跟客户拉近了距离。

第二，约定沟通时间30秒，这就把客户拒绝的概率降到了最低。如果还是遭到拒绝，那就几乎可以肯定，客户对企业微信是真的不感兴趣，不必再浪费时间沟通。

第三，明确告知客户，“由您来决定，我们要不要接着往下聊”，潜台词是“满不满意，您来决定；喜不喜欢，您来决定；要不要聊，您来决定”，不要去积极推动，而是反向用力，把主动权交到客户手里，这样就很好地解除了成交感，让客户更愿意进行接下来的沟通。

其实这段话的表达也适用于线下的陌生拜访，唯一的区别是约定的时间可以更长一些，可以约定1分钟。为什么会有时间上的差别呢？

约定的时长是根据对客户心理接受度的预估而调整的。

试想一下，如果是电话，又是陌生人，可能约1分钟就觉得长了，约30秒被拒绝的概率就会低一些。但是，如果是线下见面，即便是陌生人，心理接受度也会高一些。熟人见面就更高一些。所以，不是每次约定的时间都是固定的，我们完全可以根据场景，以及跟对方的熟悉度来灵活把握。但无论约定多久，都不影响接下来要说的30秒广告的内容，改变的只是双方互动的时间。

场景 4：熟人拜访

面对熟人做销售，对于大多数人而言其实是更难开口的，总觉得难为情，更怕因为销售不成影响了彼此的关系。我知道有些小伙伴在进行熟人拜访时，最容易陷入两难的境地：要么一直找不到切入话题的时机，导致闲聊了 2 个小时对方都要走了还没进入正题；要么就是一见面切入话题太猛导致双方交流很尴尬。其实这个时候，我们就可以用**解除成交**来自然地进入正题。

在简单寒暄之后，我们可以这样说：

（柔化铺垫）其实今天我来拜访您，还真是有一件事想和您交流一下。

（迷你诱饵）不过事先声明哦，我绝对不是来卖东西的，这一点您千万别误会。只是因为之前我也接触过一些和您类似的客户，他们对 ×× 挺有兴趣的，所以我就冒着被您误会的风险来问一下，看看您有没有这个需要。

（解除成交）您看这样可以吗？要不咱们先聊个三五分钟，我跟您简单说一下，这个东西是什么，能帮您解决什么问题。如果您觉得有兴趣，咱们就接着往下聊，如果您觉得没兴趣，千万直说，别不好意思，咱们就结束话题。您看行吗？

这样一个开场白，既可以让你正常地跟对方展开对话，也可以让对方正常地听你说话了。

场景 5：接受咨询

如果是客户主动咨询，无论是电话咨询、微信咨询、社交账号咨询、上门咨询，基本上都不需要上述的说法了，只需要简单询问几个客户容易回答的小问题，就可以直接进入后面的 30 秒广告了。

02 吸引客户：不要说特点优势，而要说挑战场景

特点优势是你想说的，挑战场景才是客户想听的。

一家服装公司推出了一款真丝长裙，本以为会成为当季爆款，但销售3个月，业绩表现却一般。于是，销售经理亲自来到店里，想看看销售人员到底是怎么做销售的。

他发现，销售人员工作都很卖力，每来了一位客户，他们都会拼命跟客户讲解这款真丝长裙的特点优势。

比如，销售人员讲到面料抗皱，会说这是“顶尖工艺”；讲到无袖设计，会说这是“获奖作品”；讲到V领设计，会说这是创始人的“品牌信仰”；讲到裙子颜色，会说这是今年夏天巴黎时装周的“经典色系”。

发现问题之后，销售经理亲自上场做起了示范。

讲到面料抗皱，他会说：“我们这款裙子特别抗皱，即便您连续工作2个小时站起来，依然一点褶皱都没有，就像刚刚熨烫过一样。”

讲到无袖设计，他会说：“这样的设计可以一裙两穿，当您配上一件西装外套，就是职场Lady，职业又不失魅力；当您脱下外套，就是派对女王，性感又不失矜持。”

讲到V领设计，他会说：“如果您配上一条细细的锁骨链，走在大街上回头率肯定是百分之百，男朋友看了绝对会吃醋。”

讲到裙子颜色，他会说：“这个果绿色，让人一看到就觉得很凉爽，再热的地方，您一出现，立马清凉了好几度。”

用这样的销售方式，一个星期下来，销量果然翻番。

销售人员和销售经理的两种销售方式，到底有什么不同？

最大的不同就是，前者说的是特点优势，后者说的是挑战场景。

什么是挑战场景？

简单来说，就是让客户感到“不舒服、不愉悦、不方便、不得劲”的场景。

面料抗皱，挑战场景是：连续工作 2 小时站起来时怕尴尬；

无袖设计，挑战场景是：工作 / 聚会需要来回换衣服很不方便；

V 领设计，挑战场景是：公众场合想成为焦点的小虚荣或者想让男友更宠爱自己的小情趣；

裙子颜色，挑战场景是：想成为人群中独特存在的小心思。

大家有没有发现，特点优势是卖家角度的，是卖家想说的，很难让客户产生共鸣。而挑战场景是买家角度的，是客户真正在乎的，听完之后会产生满满的画面感和代入感。

很多销售人员可能会本能地以为，如果客户对我们的产品表现出一点兴趣，那我们下一步难道不是应该大力渲染产品的特点优势吗？

其实，这种想法是错误的。因为，**客户永远不会真正对你的产品感兴趣，他感兴趣的永远是他自己，他关注的是他自己的问题要如何解决、他自己的目标要如何达成。**

这就像，如果客户要从广州到拉萨，他对具体乘坐什么样的交通工具，永远不是真的感兴趣，他感兴趣的只是这种交通工具能否满足他的诉求。如果他追求安全，他一定会选择最安全的交通工具。如果他追求速度，他一定会选择速度最快的交通工具。如果他想欣赏沿途的美景，他考量最多的一定是路线安排，美是标准，那么你所宣传的安全、速度，可能就不是他最重要的考量因素，你越渲染、越强调，你被淘汰出局的可能性就越大。

所以，除非你能够把你的产品和客户的某个具体问题或者某个具体目标紧扣在一起，否则，你的产品再好、再厉害、再优秀，客户也只会旁观，不会入戏。

因此，如果你想在开场的短短几分钟内，牢牢吸引住客户的注意力，那么你最有力的表达，就是对客户挑战场景的挖掘和呈现，这个内容，就叫“30 秒广告”。

接下来我们就从四个方面，包括“基本特征”“话术示例”“创作步骤”“实操要点”来详细解析 30 秒广告的具体用法。

（一）30 秒广告基本特征

具体来说，一条合格的 30 秒广告需要具备如下四大特征。

1. 是具体的，而非抽象的

比如，你是卖课程的，你说，“我们这套课程能够帮助您的团队提升业绩”，就不如说，“我们这套课程，在未来的 3 个月之内，能够帮助您的团队至少提升 30% 的销售业绩”，这就叫具体。

再如，你是卖健身私教服务的，你说，“我们的私教可以帮助您很好地达成减肥的目标”，就不如说，“我们的私教服务，可以在 1 个月的时间内，帮助您减肥 ×× 斤”，这就叫具体。

2. 是场景的，而非概念的

比如，你是卖裙子的，你说，“我们的裙子面料特别挺括”，就不如说，“当您吃完饭站起来时，圆圆的小肚子会被它完美遮住，完全看不见”，这就叫场景。

再如，你是卖房子的，你说，“我们房子的阳台特别大，特别宽敞”，就不如说：“您可以把阳台布置成一个小花园，这里放几盆花，那里放绿植，这里搭个凉棚，那里放把竹椅。想象一下，夕阳西下的时候，阳光从这边照过来，您一边喝着红酒，一边看着夕阳，多美啊。”这就叫场景。

3. 是痛苦的，而非快乐的

比如，你是卖工业设备的，你说，“我们这套设备性能非常好，用起来特别安全”，就不如说，“我们这套设备能够帮助您降低 ××% 的事故率”。你说安全，客户不一定有感觉，但你说事故，这是他不想要的，是痛苦的，他立刻就有感觉了。

再如，你是卖保险的，你告诉客户：“买保险，要这样买……”没几个人会认真听。但你说，“买保险，有几个坑一定不能踩，踩了肯定后悔”，“踩坑”是令对方感到痛苦的，对方一定会竖起耳朵听。

人们对痛苦的感知是远远强于快乐的，同样的功能、效果，你找到一个痛苦的场景，比找到一个快乐的场景，要有效得多。

4. 是客户角度的，而非产品角度的

很多销售人员会有一种本能的表达，如“我给您推荐一款产品”“我给您介

绍一项服务”。推荐产品、介绍服务，乍一听好像没什么问题，但在客户的潜意识中，他会觉得，这个东西跟他没什么关系，是销售人员硬塞给他的，仿佛产品是主角，客户自己成了配角。即便销售人员后面可能也会讲到这个产品带给客户的利益，但因为立场已经形成了，所以，影响力有限。

但是，如果你这样说：“我们的很多客户之所以会喜欢这个产品，是因为……”“我们的很多客户之所以会对这项服务感兴趣，是因为……”这样就从产品角度转变为了客户角度，客户就会觉得很有代入感，觉得这个产品、这项服务是跟他有关的、是来解决他的问题的，觉得他成了主角，而产品是配角。表面上看，你说的内容好像差不多，但角度一变、立场一变，客户的感受就完全不一样了。

（二）30 秒广告话术示例

案例 1：培训咨询行业

有些卖课程的销售人员，在开场之后是这样说的：

我今天打电话给您，主要是想给您推荐一套非常棒的销售课程。

这套课程可以为您的团队提供一套行之有效的客户开发策略，可以实现高效率客户开发；

同时，它可以提供一套高情商的沟通逻辑，帮助团队成员在跟客户沟通的时候，让客户感觉更加舒服；

更重要的是，它还可以提供一套科学严谨的销售流程，帮助伙伴们在销售的时候更有掌控感。

您想不想具体了解一下？

一位对类似课程有需求的企业老板，听完这段话，会有什么感觉？

如果这位老板恰好非常需要一门销售课程，同时他能接触到的也只有这一家培训公司，完全没有其他选择，那么这套说辞或许是管用的，甚至说得再差点也没问题。

但是，在如今的市场中，竞争非常激烈，别说在任何一个领域了，就是在任何一个细分赛道，都存在无数竞争对手。客户想找一门课程，只要到网上一搜，瞬间就会出现几十甚至上百个结果。每一家都有类似的宣传语，都标榜着自己的好。到底选哪个、到底哪个才是最适合自己的，这是令客户非常头痛的问题。

那么上面那段话具体的问题究竟在哪里呢？我们可以用30秒广告的四个特征，来分析一下。

第一个特征：是具体的，而非抽象的。它刚好相反，不具体，很抽象；

第二个特征：是场景的，而非概念的。它也刚好相反，没有场景，全是概念；

第三个特征：是痛苦的，而非快乐的。它正好相反，只描述正面，没有描述负面；

第四个特征：是客户角度的，而非产品角度的。它的表述角度正好是，“产品可以怎样”，而非“客户想要怎样”。

这样分析有些抽象，我们再来做个对比，进一步说明一下。

请注意，对比的基准是案例中的客户开发策略、沟通逻辑、销售流程。我们换一种表达方式，这样说：

根据我们的经验，很多客户之所以会对我们的课程感兴趣，主要是因为他们的团队普遍存在如下的一些问题——

第一，客户开发成功率太低，明明手上有一堆好名单，但打电话时却总被客户秒挂电话。所以他们希望有一套行之有效的客户开发策略；

第二，员工的沟通方式比较生硬，经常因为说错话而得罪客户。所以他们希望有一套基于客户心理的高情商的沟通逻辑；

第三，销售过程太被动，客户总有无数的考虑、商量、不理睬，员工不知道如何应对。所以他们希望有一套科学严谨的销售流程，可以提高成交效率。

当然，每个团队的情况不太一样，我不确定您这边是否也面临一些类似的问题呢？

这段话，和前面的那段话，区别在哪里呢？最核心的区别，就是这段话找到了挑战场景。

比如，“打电话时总被客户秒挂电话”“经常因为说错话而得罪客户”“无数的考虑、商量、不理睬”，是不是比一堆单纯的概念，更具体、更令人痛苦、更有画面感呢？而且，在说每一条具体内容时，我们说的是“客户想要”，而不是“我们提供”。说“客户想要”，会形成一种心理暗示，让当下的客户觉得自己也想要。但说“我们提供”，就会跟客户产生距离感，缺少了一分情感链接。这些区别，如果很理性地分析，反而有点抽象，不太直观，但只要你代入客户的视角，闭上眼去感觉一下，你瞬间就能感受到。

案例 2：少儿钢琴教育行业

假如你是做少儿钢琴培训的，你要把一个线上陪练课程卖给客户，如果你这样说：

今天打电话给您，主要是想给您推荐一款我们的线上陪练课程。

我们这个课程，会通过设计一些有趣的互动环节，让孩子对学琴保持足够的热情；

同时，因为是线上课程，所以不出门就可以学习，可以大大节省精力和时间，提高学习的效率；

另外，我们的老师非常专业，可以在孩子弹错的时候进行实时指导，让孩子学琴的效果更好。

您想不想具体了解一下？

这段话，大家听完之后有什么感觉？

这段话确实说到了三个客户关心的问题：学习的热情、学习的效率和学习的效果，但冲击力不够，同行都在这么说，差别不大。问题还是出在：不具体、没场景、不痛苦、产品角度，或者说，即便涉及了，也不够到位。

如果换一种说法：

根据我们跟客户打交道的经验，如果家长有兴趣来了解我们的线上陪练课程，大概会是基于这么几个原因——

第一，孩子经常三分钟热度，练了一段时间之后，热情就开始下降了，甚至开始抵触、厌学，家长不知道该怎么引导；

第二，如果是线下课程，课程时间加上路上交通时间，就要用掉一个下午或一个晚上，效率很低不说，还让孩子很疲劳，接送的家长也很疲劳；

第三，家长即便陪伴孩子练琴，但苦于自己不懂专业，发现孩子弹错了，也不知道该怎么教。时间是花了，却起不到什么实质性的作用。

我不确定，您想要了解我们的线上陪练课程，主要是基于哪方面的考量呢？

前后两个版本，说到的重点是一样的，但显然后者更能打动客户。

案例 3：装修行业

如果你是做装修的，你这样说：

今天打电话给您，主要是了解到您刚刚买了新房，我猜测您应该会想要装修，所以就冒昧跟您打个电话，推荐一下我们的装修服务。

我们在装修行业已经做了将近 10 年了，非常专业，可以为客户完成高效率的一站式服务；

另外，我们选用的装修材料都是良心厂家出品的，不仅安全、质量过硬，而且价格实惠；

同时，我们也拥有一支非常优秀的设计师团队，可以设计出真正令您满意的家居效果。

您有没有兴趣具体了解一下？

这段话其实也说到了三个点：高效服务、良心材质、卓越设计，但很显然，虽然说的全是好话，但只适合做报告，无法打动消费者。

而如果你这样说：

根据我们跟客户打交道的经验，如果客户想要自己装修房子，或多或少都会遇到如下的一些烦恼——

第一，装修是一个很专业的领域，涉及方方面面的知识，如果纯粹自己摸索，可能会牵扯大量的时间和精力，甚至会导致大半年的时间都耗在这一件事情上，工作和生活都会受到严重干扰；

第二，即便花了大量的时间去对比研究，但由于自己是门外汉，依然避免不了踩很多坑，不是高价买到了次品，就是低价买到了假货，反反复复为一件小事来回折腾，心太累；

第三，即便东西都买齐了，但因为缺乏审美的专业性，自己布置的家居单看还可以，但放到一起却完全不和谐、不搭调，换掉重买浪费钱，不换又觉得不舒服，真是进退两难。

我不确定，目前您在装修房子方面，是否也有类似的一些考量呢？

把客户的挑战场景生活化地呈现出来，客户是不是瞬间有一种被“震慑”住的感觉？

下面，我们就来一起学习这样具有吸引力的 30 秒广告的创作过程。

（三）30 秒广告创作步骤

1. 提炼产品的核心卖点

卖点的意思是，你的产品到底能够帮助客户实现什么价值、达成什么效果、获得什么利益。

2. 反推挑战场景

关于这一步，你可以问自己这么几个问题：

如果没有这个效果，客户难在哪？

如果没有这个功能，客户痛在哪？

如果没有这个好处，客户不方便在哪？客户卡在哪？客户烦恼在哪？

你不断地问自己，就会慢慢找到答案。

3. 按照下面的结构，形成话术

（开头）通常对我们这款产品感兴趣的朋友，都会遇到如下的一些问题。

（要点）挑战场景 1，具体诉求 1；

挑战场景 2，具体诉求 2；

挑战场景 3，具体诉求 3。

（结尾）我不确定您这边是否也面临类似的一些挑战呢？

当然，这个话术结构是提供给初学者的，如果你是一名有一定经验的销售人员，就可以不拘泥于这种形式，打造你自己的风格。

（四）30 秒广告实操要点

1. 挑战场景数量，以三个为宜

三个既不多也不少，足够说明问题，而且基本可以在 30 秒 ~1 分钟的时间内表述完成。

2. 挑战场景一定是高频的且具有明显痛感的

高频是指这个情况不是偶发的，而是经常发生。如果是偶发的，忍一忍也就过去了。如果经常发生，给客户造成的困扰极大，客户才有解决的动力。

3. 同一产品可以有多个版本的 30 秒广告，因人群而异

比如，同样是购买销售课程，政企单位、大公司、创业型公司、小型私营公司，需求的点就完全不一样，挑战场景也不一样。这就需要我们按照客户的类型，分别提炼设计。

再如，同样是购买保险，年轻人和中年人、结了婚的和没结婚的、有小孩的和没小孩的，他们的诉求和关注点肯定不一样，需要你根据不同客户群来分别设计。总之，**细分，比通用，更有杀伤力。**

03　说服客户：不要争论对错，而要聚焦结果

讲对错只会把客户推远，讲结果才能把客户拉近。

有一对夫妻刚结婚不久，就经常吵架。

他们吵架的理由很简单，都是一些生活琐事，比如：老婆指责老公，提醒了无数次，但挤牙膏还是从中间挤；老公指责老婆花钱大手大脚，总是买一些用不上的东西；老婆指责老公总是乱扔臭袜子，把家里搞得一团糟；老公指责老婆总是做那几道重复的菜，吃得人腻烦。

时日一长，婚前的那份心动与浪漫，在这样的一堆鸡毛蒜皮中，慢慢被消磨殆尽。

另外一对夫妻也刚刚结婚，遇到的问题跟上一对夫妻大同小异，但他们是这样处理的：

老公挤牙膏总从中间挤，老婆就提前为老公挤好牙膏；老婆总买些用不上的东西，老公就主动配合老婆做废物利用或者废物处理；老公一回家就乱扔臭袜子，老婆就在鞋柜旁边专门设置一个放袜子的竹篓；老婆只会做有限的几道菜，老公就在自己空闲的时候，和老婆一起研究菜谱。

其实这些方法也未见得有多高明，但小两口的小日子，确实是越过越甜蜜了。

这两对夫妻的生活带给我们什么启发？

套用一句情感专家的话：家不是一个讲理的地方，而是一个讲爱的地方。总是讲理，乌烟瘴气；总是讲爱，柔情蜜意。

那这一点对我们销售人员有什么样的启示呢？

销售人员和客户的关系，也有点像情侣关系，都需要建立好感、持续跟进，然后成交。

当销售人员与客户沟通的时候，肯定会遇到很多的异议[①]或问题，这是非常正常的。但很多销售人员，却非常喜欢跟客户讲道理。比如，客户说“不需要”，他就会向客户证明客户如何需要；客户说“太贵了”，他就会向客户证明产品如何不贵。且不说这些道理是不是站得住脚，单单这份讲道理、教育客户的姿态，就让客户极其反感，销售的机会自然也就流失了。销售人员千万要记住，不要赢了辩论，却输了订单。

所以，**销售场合，也不是一个讲理的地方，而是一个讲结果的地方**。

这个原则适用于处理客户所有的异议。具体操作可以分为如下三个要点。

要点一：柔化铺垫。

诸如安抚、理解、认同、肯定、感谢、示弱、道歉等。目的是，让客户的情绪得到抚慰，同时让你后面所说的话，不要显得那么有锋芒、那么咄咄逼人。

要点二：陈述理由。

你不是很理解他吗，那你理解的理由是什么；你不是要有后面的行动建议吗，那你给出这个建议的理由是什么。这里的陈述理由，可以是澄清销售人员的动机，也可以是深层次理解客户的动机。目的是，进一步加强抚慰的效果，让你下一步的行动建议听起来更合理，让客户更愿意接受。

要点三：行动建议。

作为销售人员，你的每一个动作，都需要指向一个结果，都是为了推进到下一步，而不是原地踏步。所以，在你处理每一个客户异议的时候，你都不是为了解释而解释，而是要起到推进销售进程的作用。你可以结合当时的实际情况，提出合适的下一步。事实上，只要还没有签单，都有下一步。

这样的表述，不仅避免了讲道理，还把销售进程带到了一个有结果的状态。

当然，如果遇到特别简单的异议，可以简化一些，两个要点就行，“柔化铺垫”和“行动建议”即可。复杂一些的，就需要三个要点一起使用。

接下来，我们就用这样的方式，对客户在销售开场中经常提出的 7 个异议依次进行处理。

异议 1：我现在没时间。

异议 2：我不需要。

---

① 本书中出现的“异议”一词，是销售行业专用名词，泛指客户的一切回应。

异议 3：我们已经有供应商了。

异议 4：你们的价格是多少？

异议 5：你们的价格太贵了。

异议 6：你先发资料给我看看吧。

异议 7：我考虑考虑再说吧。

异议 1：我现在没时间。

我见过有些销售人员是这样说的："其实我只需要您 30 秒，我只需要您 1 分钟……"拜托，这样的说法太过卑微，有点低声下气，实在不太体面。

正确的处理思路是：把客户的异议当作真异议，尊重客户，跟对方另约时间。你可以这样说：

（柔化铺垫）不好意思，今天突然打电话给您确实很冒昧。

（行动建议）请问您大概什么时间会方便一点呢，是今天下午还是明天早上？

如果客户还是说没时间，可以让客户定一个他方便的时间，如果再不行，直接放弃。销售开场，本身就是一个快速筛选的过程，如果客户连 30 秒都没有，显然已经不是通过技巧可以解决的了。我个人建议，只要客户拒绝到第 3 次，销售人员就应果断放弃。

异议 2：我不需要。

我知道有的小伙伴，遇到这样的问题，会本能地开始讲自己的产品有多好、有多牛。其实这样做是完全没效果的。你要看到你们的场景，是刚开始接触，双方还很陌生。你也要看到客户的状态，此时的客户，到底是"不需要"多一些，还是"不耐烦"多一些呢？显然是不耐烦多一些。因为，他才刚接到你的电话，1 分钟不到，哪里会有什么理性的判断，顶多就是一种情绪反应。

那正确的做法是什么呢？先处理对方的心情，再进行一次争取。你可以这样说：

（柔化铺垫）完全理解。其实，像我这样不分时间、不分地点地打电话给您，谈一个您根本没有想过的话题，您有这样的想法很正常。

（行动建议）只是，我在想，既然您已经接听了，能不能给彼此一个机会？反正聊完之后您再拒绝也不迟，您觉得呢？

这里需要特别提示一下，在你跟客户接触的早期，尤其是在你们还不熟的情况下，客户的很多异议可能都只是情绪化的反应，不是在表达真正的问题。就像“我不需要”这个说法，有可能是在抗拒事情，但也有可能只是在表达情绪。所以你的处理策略就是，**以情绪为主，事情为辅。**重点是安抚客户的心情，处理好心情之后，再趁机提出一个小小的要求，同时给到客户足够的选择权。

但如果到销售的中期或后期，客户说：“这个东西我们目前确实用不上。”那听起来就是一个比较理性的表达了。你的处理策略就应该是，**以事情为主，情绪为辅。**适当柔化铺垫之后，就需要面对真正的问题了。

异议 3：我们已经有供应商了。

我见过很多小伙伴会本能地大秀公司的优势，大谈公司有多么厉害、取得过什么荣誉。其实对于客户而言，你秀公司、秀产品是打动不了他的。

立场不同，认知不同。客户永远不会买你认为最好的产品，只会买他认为最好的产品。客户永远不会选择你认为最好的公司，只会选择他认为最好的公司。你认为的和他认为的，有着天壤之别。如果他确实对现有的供应商很满意，你要强行说服他更换供应商，是不太现实的。你需要做的，是先稳住他的情绪，然后再适当地提出一个他大概率不会拒绝的小建议。你可以这样说：

（柔化铺垫）我完全理解。站在您的角度，我想，您或许和现在的供应商合作得不错，目前也的确没有任何理由要考虑突然更换。实际上，我今天致电您，也没有抱着让您立刻更换供应商这样不切实际的预期。

这样一说，客户一下子就放松了，觉得你不是来强迫他的，压力就释放了。

（行动建议）我只是想，既然您已经接听了，能不能给彼此一个机会？让我跟您简单说一下，我们究竟是做什么的、能帮您解决什么问题，然后由您来决定，是直接挂断电话，还是留我当个“备胎”，您看行吗？

这里的当个“备胎”，是不是既有点幽默，又是一个让客户无法拒绝的小建议？

异议 4：你们的价格是多少？

价格问题，几乎是整个销售流程中客户最关注的问题之一了。

你可能会纠结，到底是报价好，还是不报价好呢？如果报价，可能的风险是，客户一听价格太高，就被吓跑了。但如果找借口不报价，又会显得很不真诚。

我的建议是，你可以报一个区间价，兼顾低价和高价。但如果你的产品是非标品，必须了解客户的实际情况才能报价，那你也可以暂时不报价，但需要给出一个充分的理由。

第一种情况：报区间价。

你可以这样说：

我们的价格区间是……

（柔化铺垫）不同的价格对应的是不同的解决方案。在和您深入沟通之前，我确实不知道，到底哪一个价位的解决方案才是最适合您的。

（探测态度）不过没关系，目前您粗略听下来，认为咱们在价格上有一定的交集吗？

这里的探测态度也是广义的行动建议的一种，因为态度往往是行动的指南针，态度明确了，行动也就清晰了。这个探测态度的问题非常重要，一定要问。为什么？

因为价格是最好的筛选目标客户的要素之一。如果你不问，假装对方就是你的目标客户，就会导致你不断地给他提供信息，不断地给他做方案，付出了相当多的心力，最后却发现还是卡在价格上，功亏一篑。其实，你明明可以一早就知道结果的，最终却把自己搞得那么辛苦，实在犯不着。

当然，即便你问了，客户也未必跟你说实话。但总比你不问获得的信息更多。销售开场，本身就是一个筛选客户的过程，要抓住一切可能的机会，去测试，去识别。

第二种情况：暂时不报价。

如果你的产品是非标品，确实需要了解一些客户信息才能报价，你就要说出一个你无法告知价格的充分理由。然后，再争取一个合适的沟通机会。你可以这么说：

（柔化铺垫）感谢您的坦诚直接，这么早就问到了价格。

（陈述理由）其实我也特别想给您报一个比较确切的价格，这样您省心，我也省心。但是，我的确遇到了一个难题。因为不同价格的产品，解决的是不同的问题。如果我一点都不了解您的情况的话，我是真的不知道该如何给您报价，报高了我怕您用不上，报低了又怕解决不了您的问题。

这样的理由听起来是不是特别中肯，也很利他？

（行动建议）您看这样可以吗？如果您的确有兴趣，咱们就再简单聊 10 分钟，您来确定一下，您到底需要一个什么样的产品，然后我再给您报价。如果您觉得合适，当然很好，如果您觉得不合适也没关系，买卖自由，我会充分尊重您的决定，您看行吗？

如果你这样说，客户还会追问你价格的事吗？可能就不会了，甚至愿意给你更多的耐心和时间。

异议 5：你们的价格太贵了。

既然客户问了价格，你也报了价，就有很大的可能性，客户会嫌贵。这个时候，可能很多小伙伴会忙不迭地解释，“其实我们一点都不贵”，或者“我们贵有贵的道理”，抑或“一分钱一分货”，然后就开始夸产品。其实，这样的处理方式，过于王婆卖瓜，客户也听得太多，很难产生实际的效果。

事实上，销售初期，客户嫌贵，很多时候只是一种本能反应，并不意味着他买不起，也不意味着他不会买，或许他只是还不习惯这样的一个价格。所以，客户嫌贵的时候，销售人员不要太认真、太当一回事。你需要做的是争取沟通的时间，让客户有机会意识到你的产品值这个价。你可以这样说：

（柔化铺垫）理解，我们的价格确实不便宜，您也不是第一位这样说的客户啦。

（陈述理由）其实我刚才很坦诚地告诉您我们的价格，并没有让您立刻接受的意思，只是让您心里先有一个底，这样也好在接下来的沟通中，更有侧重点地去评估，我们到底值不值这个价。如果您觉得值，甚至完全超预期，我相信再多花点钱您都愿意。但如果您觉得不值，甚至效果很差，那花一分钱都是浪费。您说对吗？

（行动建议）要不我们接下来再简单沟通 10 分钟，如果沟通下来，您觉得不合适，那咱们也不用再纠结价格了，您同意吗？

异议 6：你先发资料给我看看吧。

客户让你发资料，你发不发呢？要回答这个问题，你需要先弄清楚客户的真实想法：他是真想让你发资料，还是只是用一个借口来打发你呢？

如果是真想让你发资料，你发之后，大概率是可以得到回应的。但如果只是一个借口，你发资料就没什么意义，因为他可能压根就不会看。这就是很多销售人员给客户发资料，客户却没有回复的原因。不是不回复，而是他根本就没看。

那怎么才能识别客户的真正态度呢？你可以找一个充分的理由告诉客户盲目发资料的后果，再顺势争取沟通时间。你可以这样说：

（柔化铺垫）好的，没问题，稍后我就给您发资料。

（陈述理由）只是，我确实有个小问题感到有点为难。我这里资料其实挺多的，我担心盲目发您一大堆，只会浪费您的时间。

（行动建议）您看这样可以吗？为了让我发的资料尽可能是您感兴趣的，我可以简单地问您几个问题吗？

这样一说，基本就可以争取到多一点的交流时间，你就可以分辨客户到底是真想要资料进一步了解，还是假要资料来搪塞你了。

异议 7：我考虑考虑再说吧。

在销售的全过程中，客户说要“考虑考虑”，也是一个出现概率很高的问题。有的销售人员可能会直接问客户：“您考虑的是什么呢？”甚至还给客户几个选项：“是价格、品质，还是其他？”其实，这样的回应有点空对空的意思。即便客户选了，就一定是真话吗？如果客户没选，你又能如何？

我的建议是，与其虚假过招，不如来真的，直接问客户的真正态度。只要你敢面对真相，客户就会愿意跟你说实话。而只有客户说了实话，你才可能知道下一步到底应该怎么走。你可以这样说：

（柔化铺垫）完全没问题，考虑考虑是正常的。

（探测态度）只是，我有种感觉，不知道对不对。您说要考虑考虑，其实应该是不会考虑了。只是您人特别好，不愿意直接拒绝我让我失望，所以才用了这样一种委婉的表达方式，不知道我猜得对吗？

这样一说，是不是有点釜底抽薪的意思？让客户躲都没处躲，想装一下、糊弄一下都不可以，必须表露真实的想法。其实很多客户对于说拒绝，还是很有压力的，你这么一逼，反倒让他愿意跟你说实话了。早点知道真相，你也可以早点想办法去应对，而不是总让自己处于一个悬着心的状态。

你这么问了之后，客户会怎么回应呢？有两种可能。一种是，“我确实不考虑了”。另一种是，“我还有些……方面的顾虑”。

如果是“我确实不考虑了”，你可以退而求其次，争取加个微信，这样说：

（行动建议）好的，完全没有问题。只是，即便您现在不需要，或许未来也会有这个需要。您看，咱们是否可以建立一个联系，加一个微信，以便您未来需要的时候，可以随时找到我？

不过，您放心，我是绝对不会给您发广告信息骚扰您的，如果发了，您直接拉黑我即可。不知道您的朋友圈还有空余的名额吗？

如果客户在几分钟的开场沟通之后，给你的回应是NO，那么你就可以结合你产品的情况和你了解到的客户状况，自行判断一下。如果你判断，未来还有合作的机会，那就争取加个微信。但如果你判断，未来也不太可能合作，也可以果断放弃礼貌结束。

当然，加微信也是有一定难度的。你需要考虑到，客户到底会顾虑什么？他最顾虑的肯定就是广告骚扰。所以，如果你能把这个顾虑提前解决，他的担心就会减轻很多，那么拿到微信的概率就会高一些。

如果，客户对上面那个问题的回应是“我还有些……方面的顾虑”，那么你就可以直接解决他的顾虑。

以上就是第一步反向开场中7个异议的处理方式。

第二步

反向推进，建立沟通预期

如何将沟通时间从 3 分钟延续至 30 分钟？

不是想方设法地用产品信息把时间填满，

更不是不打招呼地刻意挤占客户的时间，

而是像绅士那样，

向客户发出邀约，

从利他的角度，

让客户欣然应允。

01 过程控制：不要随意发挥，而要建立规则

规则即共识，建立规则等于掌控话语权。

秦朝末年，秦二世的统治非常残酷，致使哀鸿遍野、民不聊生。刘邦为了取得民心，把关中各县父老、豪杰召集起来，郑重向他们宣布："秦朝的严刑苛法，把众位害苦了。如今我和众位约定，不论是谁，都要遵守三条法律。这三条是——杀人者要处死，伤人者要抵罪，盗窃者也要判罪！除此之外，秦朝的严苛律法可全部废除！"由于坚决执行约法三章，刘邦得到了百姓的信任、拥护和支持，最后夺得天下，建立了西汉王朝。

这就是"约法三章"的故事。

规则即共识，建立规则等于掌控话语权。大到一个国家，小到一个家庭，想要做好管理，都需要建立大家共同遵守的规则。

那你有没有想过，为了最终的成交，为你的销售流程建立一套有效的规则呢？可能很多人会觉得不可思议——为销售建立规则，这怎么可能？即便建立了，客户会遵守吗？

其实，客户会不会遵守，取决于你的规则是否对他有利。如果你的规则是利己的，他当然不会遵守，但如果你的规则是利他的，他肯定愿意遵守。为什么老百姓愿意遵守刘邦建立的规则？因为对大多数善良的老百姓而言，刘邦建立的规则是有利的。

为什么**反向成交**的销售方式那么优雅、克制，完全没有传统销售模式那种剑拔弩张的压迫感，却依然能够"稳准狠"成交呢？其实背后的规则起到了非常重要的作用。因为反向成交七个步骤的每一步，都不是销售人员一厢情愿的单向推动，而是跟客户一次次达成共识后的双向奔赴。如果你能运用好规则，你会发

现，销售的结果是可以规划出来的，而你过去被客户牵着鼻子走、被客户溜得团团转的境遇，也将因此而彻底改变。

建立规则的这个过程，就是我们反向成交的第二步：反向推进。

要推进什么呢？这一步该怎么理解呢？

你可以把它想象成电影的预告片，起到让观众在进入电影院之前，了解故事梗概的作用；你也可以把它想象成一个道路指示牌，它会告诉你，接下来是向右转、向左转、直行，还是绕行；你更可以把它想象成导游带领游客进入公园时的一句提示语，告诉大家，可以玩哪些景点、路线怎么安排、时间是多久、结束时在哪里集合，等等。这一步所要做的就是，跟客户约定，你们想要怎样开启这次会谈，双方对时间、内容和结果有什么想法和建议。

这样的约定到底有什么作用呢？

让客户进入一种“稳定沟通”的状态。

有的小伙伴可能不明白，怎么还需要“稳定沟通”呢？难道还有不稳定的沟通吗？当然有。稳定沟通的“稳定”，可以理解为两个层面的稳定，分别是**外在环境的稳定**，和**内在心理的稳定**。

什么是**外在环境的稳定**？

如果你走在大街上，突然遇到熟人，停下打个招呼。你觉得，你们俩站在大街上，聊多久是比较正常的，超过就觉得时间太长了？我个人觉得，可能是一两分钟。但如果你还想聊怎么办？可能就需要把对方约到附近的咖啡厅、饭店、茶餐厅等地方，这样你才可能跟对方有更长时间的沟通。

如果一个客户来到你的店里，他就站在柜台向你咨询，或者在店里走马观花地看一看，你觉得他愿意停留的时间大概是多久？我个人觉得，可能是 3 分钟左右。如果你想让他停留更久怎么办？你可以邀请他坐下来，递上一杯水，这时候他愿意停留在店里的时间，可能就会从 3 分钟延长到 10 分钟，甚至更长时间。

这说明，不同的沟通场景，给予客户的沟通预期是不一样的。通常情况下，坐着聊肯定比站着聊，时间久一些。微信聊，肯定比用其他的一些社交软件聊，时间久一些。电话聊，肯定比打字聊，时间久一些。见面聊，肯定比电话聊，时间久一些。即便是同一种方式，比如都是电话聊，提前约定了时间的，也比不约定时间的，聊得久一些，沟通也更稳定一些。

这就提示我们，想要跟客户进行稳定沟通，最好跟客户提前约定一下沟通的时间、地点、方式及内容，这些都属于外在环境的稳定。

什么是**内在心理的稳定**？

如果，客户在跟你聊天的时候，还想着自己的孩子是不是在闹，还想着领导交代的紧急任务到底能不能完成，还想着接下来到哪里去吃饭比较好，甚至还想着，眼前的这个销售人员会不会浪费他的时间、会不会对他强行推销、会不会对他死缠烂打，等等，他怎么可能安得下心来，跟你敞开心扉地交流呢？

所以，作为销售人员，你应该尽一切可能，为客户清除内心的杂念，打消他的一切顾虑，让客户更愿意投入当前的对话中，这就是内在心理的稳定。

外在环境的稳定和内在心理的稳定融合在一起，才是稳定沟通的真正要义。

这个步骤就是在提醒客户，从一种很随性的、不认真的聊天状态，进入一种相对正式的、认真的谈事状态。现在你就知道，为什么你说了那么多重要信息，客户的反应却稀松平常了吧？很可能，不是他觉得不重要，而是他根本就没认真听。所以，他也就没有给出合适的反应。

那反向推进到底应该怎么做呢？有三个要点，分别是：适时切入、陈述理由和事先约定。

要点一：适时切入。

还记得我们在第一步反向开场中讲到的 30 秒广告吗？如果你的 30 秒广告足够有吸引力，那当你说完 30 秒广告之后，客户肯定是有反应的。他大概会告诉你他的一些情况或一些痛点。当你跟客户进行了两三轮简单的问答之后，你就可以适时切入，往下推进了。

要点二：陈述理由。

你要往下推进，那你推进的理由是什么？这样的约定对客户有什么好处？记住，提要求、让对方愿意配合，一定要有理由，而且，这个理由，越利他，效果越好。

要点三：事先约定。

这里的事先约定指的是在正式销售开始之前的一个约定，即为接下来的沟通建立一个买卖双方都认可的规则。最常用的约定是三项——约定时间、约定内容、约定结果。当然，如果有必要，可以增加约定事项，比如约定地点、约定人员，等等。目的是实现外在环境的稳定，不被外界打扰；内在心理的稳定，没有私心杂念。

那具体的话术怎么说呢？以培训行业为例，你可以这样说：

（适时切入）您这边的情况我大致了解了。目前我初步判断，我们的课程应该还是能够帮助您解决一些问题的。

（陈述理由）但是，毕竟每个客户的诉求都不太一样，我也不敢说我们就一定是百分之百适合您的选择。所以我想问一下，您接下来时间还方便吗？

（事先约定）如果时间上没太大问题的话，您看这样可以吗？接下来咱们可以更加深入地交流一下，大概 30 分钟，您可以具体说说您的问题，我也可以谈谈我的解决思路。然后由您来判断一下，我们是不是真的适合您，我们也判断一下，解决您的问题在不在我们的能力范围之内。

如果沟通下来，您觉得我们还是比较匹配的，咱们就进行下一步，但如果您发现我们并不匹配，也没有关系，您可以直接告诉我，我会充分尊重您的决定，绝不浪费您的时间，您看行吗？

这样的推进和普通的推进区别在哪里？反向用力。在客户纠结要不要给你时间以及聊完之后觉得不合适该如何撤退时，你提前为他的担忧找到解决方案——允许客户说 NO。听完这段话，如果你是客户，你愿不愿意给这个销售人员一个机会呢？

大家有没有发现，虽然事先约定的内容有点长，但其主旨是不是似曾相识？是不是就是对第一步反向开场中解除成交的内容做了一个扩展？其实事先约定就像手风琴一样，我们是可以根据不同的客户类型，以及不同的场景对约定的具体内容进行压缩和延展的。你可以把前文解除成交的内容理解为迷你版，适用于最初双方不太熟、仅用于试探沟通的小约定。这里的事先约定则为标准版，适用于探测到对方有需求、可以开始正式沟通的“中约定”。如果你做的是大型的 ToB 销售，销售沟通通常会以会议形式进行，双方都会派代表参加，那么这就是一个“大约定”，内容会扩展得更多，形式也会更加正式。你可以提前跟客户以电话或邮件的方式进行沟通并确认，然后在正式会议开始前再次重申，以确保沟通过程的顺利进行。

这个事先约定的点睛之笔是什么呢？涉及对两个小技巧的巧妙运用。

技巧 1：示弱

在上文那段话中，其实有两次示弱的表达。第一次是“我也不敢说我们就一定是百分之百适合您的选择”，第二次是“由您来判断一下，我们是不是真的适合您，我们也判断一下，解决您的问题在不在我们的能力范围之内”。这样的话，会让客户有什么感觉？他会觉得这个销售人员很实在，信任感油然而生。

其实，大多数人都不太喜欢别人在自己面前表现得很强势。即便你真的很强，但如果过于炫耀，别人就会很反感。大多数情况下，往往弱一点更讨喜。

但你可能会说，标榜自己的公司好、产品好，自己很好、很专业，也会给人信心、给人力量，不是吗？

这个问题问得非常好。我想强调的是，**示弱的“弱”，不是指能力的弱，而是指态度的弱。**所谓实力要强，但身段要软。不是故意抹黑自己，而是在态度上做到谦逊。你可以表达自己产品的优势、公司的优势，甚至自己的优势，但你表达的方式，要尽量柔软。

技巧 2：解除成交

这个技巧在前文中也出现过。而在上面那段话术中，是这样表达的：“如果沟通下来，您觉得我们还是比较匹配的，咱们就进行下一步，但如果您发现我们并不匹配，也没有关系，您可以直接告诉我，我会充分尊重您的决定，绝不浪费您的时间。”这样说，客户会有什么感觉？他会有一种很放松、很安全的感觉，觉得自己不会被强迫成交，觉得自己对结果是有掌控力的。

其实人就是这样的，你越说“您不选我们家没事”，他越发有了好奇心，越上赶着想看看你们家到底是什么样的。反之，如果你越强调“我们家很厉害、我们家很牛，您一定要选我们家，不选我们家绝对会后悔”，对方反而会在心里嘀咕：“不见得吧，凭什么？”这是一种很常见的心理反应，也是我们反向用力的重要契机。

接下来我们讲讲反向推进中的异议处理。

通常而言，如果你使用了上面的技巧，很礼貌地与客户做了约定，客户一般是会愿意按照约定来做的。但是，也有一些比较强势的客户，对某些约定不同意，或者确实临时有事，打乱了你的节奏。接下来我们就针对可能会出现的一些问题进行解决思路的讲解。

问题 1：关于时间的异议

比如，你跟客户已经在电话里提前约定好，今天要聊 1 个小时，客户同意了。但到了约定的时间，客户却说："不好意思，今天临时有个紧急会议，我现在只有 15 分钟，要不我们赶紧开始吧。"

这个时候你怎么办？没有经验的小伙伴可能会手忙脚乱、自乱阵脚，可想而知，沟通效果肯定非常不好。这个时候，你可以跟客户另约时间，这样说：

不好意思，张总，今天的约见竟然撞上了您的紧急会议，实在是抱歉。

但我确实挺重视咱们这次的约见，也认真准备了很多内容。如果只有 15 分钟，恐怕连您这边的情况还没了解清楚，咱们的时间就结束了，确实比较可惜。

您看这样可以吗？如果您不介意的话，咱们就另外约个时间。反正，要不要合作，决定权都在您。只是，一次性谈妥，会更高效一些。您同意吗？

如果临时有变动，你也不是非要顺着客户的，你可以提出自己的想法，以确保沟通效果顺利达成。当然，如果客户不同意另约时间，坚持在 15 分钟内交流，你可以委婉探测一下客户的态度：

张总，我感觉到您的为难了。

冒昧问一下，我们上次约的时候说的是 1 个小时，您当时也是同意了的，是不是后来发生了什么我不知道的状况导致您改变了想法？其实没关系的，如果您确实改变了想法，您也可以直接告诉我。反正来日方长，以后我们还有大把的合作机会。

这样，客户可能就会跟你道出实情，这笔订单的走向就会比较清晰了。

问题 2：关于内容的异议

比如，本来你计划的是，让客户先说自己面临的问题，然后你再谈你的解决思路。但是客户却坚持让你先说说你的思路和方案。

这样的客户通常是比较强势的客户，对你的能力还不太信任，这个时候你应该怎么办？如果你完全不了解客户的情况就盲目讲方案，无异于瞎子摸鱼，陷入了一个被人牵着鼻子走、被人挑剔的处境。这个时候，争取信任是第一要务。

你可以这样说：

张总，看得出来您是一个比较直接、高效的人，能够跟您这样的客户打交道，我觉得非常愉快。

只是，目前我完全不了解您的实际情况，如果要我盲目地跟您介绍我们的方案，并且还能够跟您面临的问题一一对应，说实话，我确实没有这个能力，恐怕会辜负您的信任！

要不您看这样可以吗？我先给您介绍几个我们的客户案例。当然这些案例或许跟您的情况不太一样，但您至少可以通过这些案例，对我们的能力有一个大致的判断。

如果您判断下来觉得OK，您就还是跟我介绍一下您目前面临的实际情况。但如果您觉得不OK，那我也会尊重您的决定，咱们的合作洽谈也可以到此为止。您看行吗？

这样说，估计再强势的客户，都是会答应的。

02 结果控制：不要接受含糊，而要明确推进

含糊 =NO！请将这句话刻进大脑里。

生活中，你有没有听到过这样的话：

下次请你吃饭。

以后再约。

有时间再聊。

有空再说。

如果你稍微留意一下，你就会发现，“下次请你吃饭”，往往就是没有下次；“以后再约”，往往就是没有以后；“有时间再聊”，往往就是没有时间；“有空再说”，往往就是没空。

为什么会这样？有两个原因：

其一，很多人要直接拒绝别人其实是很有压力的，不想把气氛搞得那么尴尬和难堪，因此，明明是拒绝，也会选择委婉一点的表达方式。

其二，很多人自己也没想好，对这件事可做可不做，所以就先这么含糊地一说，既保全了面子，也不用立刻兑现，没什么压力。

但如果你想调皮一下，拆穿对方，你就可以假装无辜地问：“好啊，什么时候？”这样，这个谎言的肥皂泡就被你戳破了，逼得对方必须亮出明确的态度。

在销售的过程中，客户也经常会用这招来糊弄我们。比如，初步聊完之后，客户让你发资料给他，说“看看资料再说”，然后就没有音讯了；说“今天先这样，回头再联系你”，然后就没有联系了。

很多销售人员，只要客户没有明确表态“不买”“不合作”，他都当客户“会买”“会合作”。客户要发资料，那就发吧。客户要看方案，那就做吧。客户要考

虑考虑，那就等吧。他们的信念是：只要客户没说NO，一切就还有机会。但很多时候恰恰相反。也许，结局早就注定了，战役也早就结束了，只是你自己不知道，或者不愿意相信，只顾蒙着眼睛自欺欺人。

我在线下辅导学员的时候，发现很多小伙伴的销售沟通，经常就是在这样一种态度含糊的友好氛围中结束的。以至于我经常被学员问："老师，我下一步该做什么？""老师，我该什么时候再去跟进客户？""老师，我下一次该跟客户聊什么？"

听到这样的问题，说实话，我也很无奈。我只能告诉他们："如果你上一次没有约定好，其实我也不知道你这一次要聊什么、要跟进什么、要何时跟进。你只能去临时约，碰碰运气。"临时约，也不是不行。但你往往会发现，客户也是有惰性的，你不跟他提前约好，他那个兴致一过，往往你就很难约他了。

所以，绝对不要接受客户含糊的态度，因为含糊 =NO。

虽然这样说有点绝对，但却可以让你在面对客户含糊态度时打起十二分精神，及时获得真相、化解危机。

那什么样的态度才是可以接受的明确态度呢？有如下三种。

✧ 第一种：YES

✧ 第二种：NO

✧ 第三种：有明确的下一步

要么客户同意购买，要么客户不同意购买，要么有一个明确的下一步，比如什么时间做什么事，这三种回应，我认为都是明确的积极回应。

可能有的小伙伴就疑惑了，"NO"怎么会是积极的回应呢？这明明是拒绝的信号啊。

首先，客户早一天明确态度比迟一天明确态度，对你更有利。因为迟一天告诉你，并不会从本质上改变这个结果。但早一天告诉你，却能够让你节省时间、节省精力。做销售，时间就是金钱，不是吗？

其次，客户明确表示拒绝，你就可以尽早着手去了解拒绝的原因。了解之后，如果是硬伤，那就果断放弃，礼貌结束。如果是误会，那就解除误会，让销售重回正轨。这样就大大减少了你长时间等待回应的煎熬，避免了精神内耗。

最后，如果客户拒绝的原因，跟你们的产品无关，是他自己的问题，比如项目突然终止了。这时你还可以顺便问问客户对你们的服务是否满意。如果满意，你可以借机向客户争取一下转介绍。

这样看来，“NO”好不好，应该显而易见了。

那对于客户含糊不清的态度，我们应该如何应对呢？接下来举例说明。

问题 1：初步聊完之后，客户说，“你先发资料我看看再说吧”。

你可以跟客户约一个反馈的时间，这样说：

张总，没问题，我把相关资料整理一下，在今天下午下班前发给您，您到时注意查收一下就可以了。

只是，张总，我想多问一句，您大概会在多久之后看完资料呢？

请您千万别误会啊，我绝对没有催您的意思。我只是觉得，咱们可以简单直接一些。如果您看完资料觉得合适当然很好，但如果您觉得不合适也没有关系，您可以直接告诉我，我也会充分尊重您的决定，绝不浪费您的时间。所以，您看，我多久之后来问一下会比较好呢？

这样一问，是不是就把结果管理起来了，你就不用悬着心等着他了。

问题 2：客户说，“我考虑好了回头再联系你”。

如果客户不告诉你时间，你可以温柔地坚持要一个约定期限，这样说：

张总，没问题，那就劳您费心啦。

只是，张总，我想多问一句，您说的“回头”是指多久啊，有没有一个大致的期限？

我没别的意思啊，您千万别误会。我只是担心，您每天工作这么忙，万一您到时候忘了，或者您考虑之后，决定不合作，又不好意思直接跟我说的话，我也好在差不多的时间点来问一下您的决定。毕竟，如果在不合适的时间打扰您，我也过意不去。您看我什么时候来问一下比较妥当呢？

这里的关键是：理由一定要足够充分、合情合理。上面这段话总共说到了三个理由：第一，客户工作忙，怕客户忘了；第二，客户决定不合作，但不好意思说；第三，不想在不合适的时间打扰客户。三管齐下，客户应该会给你一个大致的时间。

但如果客户依然坚持回头联系你，怎么办？

那你能做的就是估计一个大致的时间，主动去问一下，行就行，不行就算了。

因为单看客户的这个反应，说明你跟他的交流应该还处于浅层，客户对你有比较强的防备心理，估计你对他的需求也没了解得很透。即便是个“NO”，也没关系，反正你也有心理准备。重点是，宁可明明白白地失去，也不要稀里糊涂地被慢慢折磨。

问题 3：客户没明确表态。

这时，你可以用**事先约定**主动管理销售进程。

你不管理销售进程，客户就会代你管理。你不管理销售进程，你就会被客户牵着鼻子走。很多时候，客户没明确表态，要么是拒绝的信号，要么是对于客户来说，他不知道下一步要做什么，所以才会有这么含糊的态度。你作为销售人员，就可以通过对“下一步”的约定，主动帮助客户明确态度、明确思路。

比如，痛点聊完了，你就可以主动问：“咱们是否可以聊聊预算？”预算聊完了，你就可以主动问：“咱们是否可以见见大老板？”见完大老板了，你就可以主动问：“咱们是否可以定个时间，做一个最后的方案展示？”这些都是你可以去主动推进的内容。此外，如果你感觉到客户有一些顾虑，你也可以通过约定来解除他的顾虑。他顾虑什么，你约定解决的就是什么。这样，成交自然就会顺利很多。

03 风险控制：不要心存侥幸，而要提前排雷

越重要的事情，越不能赌概率。

富翁和两个年轻人玩了一个残忍的游戏。有两个房间，里面分别有一只老虎和一位美女。如果年轻人打开的是关着老虎的房间，他就会被老虎撕得粉碎；如果年轻人打开的是美女的房间，富翁就以千金相赠，并让他们完婚。

诱惑实在太大，但风险也太大，如何抉择呢？

一个年轻人想到了占卜，他请占卜师帮忙算卦，但依然开错了门，被老虎吃掉了。

另一个年轻人则利用有限的时间去学习驯虎的技术，学成以后，他不慌不忙地打开一扇门，结果见到了美女，于是抱得美人归，过上幸福的生活。

这个小故事给你的启发是什么？

越重要的事情，越不能赌概率。只有把它当一定会发生的事去处理，才能只赢不输。

在销售过程中，我们也经常会面对各种影响销售成败的意外事件，比如突然发现这批产品有瑕疵，你不知道客户会不会接受；比如突然曝出了一个行业负面事件，你不知道客户会不会介意；等等。这些事件，如果客户能接受，那就是小事一桩，但如果客户不能接受，就会直接影响成交。

那客户到底会不会介意呢？如果你自己都已经有了这样的疑问，说明客户介意的概率还是很大的。你与其心存侥幸，让自己活在焦虑和担忧中，不如直接面对、提前排雷。这也是**事先约定**的一种用法，在这里也叫“打预防针”。与一些传统销售人员只说好话、自欺欺人的做法相反，我们要主动“曝雷”，甚至在客户都没有察觉相关负面消息的时候，不隐瞒、不隐藏，主动将事情和盘托出，提

前告知客户“有这样的一件事情，我们来看看怎么处理”。其实很多事情，无论多严重，只要你提前告知，让对方有个心理准备，对方的情绪反应就不会那么大了。但如果是让对方突然面对，杀伤力就会很大，容易谈崩。

具体应该怎么做呢？我们来举例说明。

案例 1：担心产品价格太高，吓跑客户。

我有一位学员，他是推销高端养发服务的。他经常遇到这么一种情况，就是在销售的前期，沟通得都非常好、非常顺，客户对他们的服务内容也非常认可。但只要一谈到价格，客户就会立马变脸，抵触情绪非常大。而且，不是一个两个客户会这样，而是很多客户都会这样。为什么呢？因为他推销的是高端养发服务，价格比普通的养发馆高了很多。虽然产品、服务都很高端，但客户只要一对比其他养发馆的价格，就觉得心理不平衡、接受不了。这个难题已经成为他的一个心病了。

其实，这个问题完全可以通过事先约定的方式来解决。你可以理解为，提前约定一下“高价”这个“雷”的处理方式。在初期与客户沟通得比较顺时，你可以找个机会这样说：

（提出问题）非常感谢您对我们的信任。但实际上我个人还有一个小担心，不知道该不该说。

（陈述实情）是这样的，我之前也接触过很多和您类似的客户，他们也是在别家做过养发，后来更换到我们家的。坦白说，我们走的是中高端路线，价格会比较高，但由于一些客户之前选择的是普通养发馆，价格比较低，因此在找到我们的时候，心理上也抱着过去在别家做养发时的价格预期，于是就觉得我们价格太高了。实际上，他们中很多人是真的渴望通过我们的服务让自己的发质有一个质的飞跃的，也并非没有消费实力，只是对比之前习惯的价格，的确在心理上感觉落差比较大，有些难以接受。

（探测态度）所以我也有点担心，您是否也会由于之前习惯的价格，造成心理上的落差，导致您最终不愿意选择我们的服务啊？

猜猜看，你这样说，客户会怎么回应？

有两种可能。

第一种可能是，客户确实觉得你们的价格比较贵，难以承受。

比如他过去习惯于千元档位的消费，现在突然要他消费万元档位，他会觉得压力很大。对于这种客户，语言的说服是比较苍白的，因为每个人的价格承受力不一样。你可以给他提供一些试用装、优惠券，或者其他的一些可以让他体验的低价服务，慢慢培养客户，但对转化率，不要抱太大希望。

第二种可能是，客户乍一听也觉得贵，但只是一种瞬间反应，同时会在心里慢慢调高自己的价格预期。

这样的客户其实是有消费能力的，只是由于过去的消费认知，对这个新的价位不习惯而已。对于这种客户，只要你提前说明，让他有一个缓冲期，同时又让他看到了产品实实在在的价值，通常成交问题不大。

但重点是，一定要提前说明，而不是怀着侥幸心理，觉得也许这个客户不会这样想。因为，如果客户知道价格后觉得价格贵，你提前说明只会帮助你提前解决问题。但如果客户知道价格后不觉得贵，那么你提前说明，也会给客户一种你这人很实在的感觉，同样是加分项。

案例 2：担心客户在看房后直接去找开发商买房。

我有一位学员，他是房产中介，他经常遇到客户找他看房之后，直接去找开发商买房的状况。

对于这个问题，既然已经提前预见了，当然可以提前排雷。你可以这样对客户说：

（提出问题）实际上，我有一个小担心，可以跟您交流一下吗？

（陈述实情）根据我跟客户打交道的经验，我发现有些客户在跟我看完房之后，会自己去找开发商买房子。原因是他们认为，找中介买房不划算，因为中介本身要赚钱，因此房价肯定会更贵。不知道您是不是也有类似的想法呢？

直面问题，稍等客户的反应。

其实，这真的是一个很大的误会。因为中介的费用，是开发商给的营销费用，跟房价没关系。意思就是，您找不找我看房，房价基本都一样。同时，因为中介可以要到底价，诚心买还可以再找开发商议价。所以，您找中介买，可能还会更划算。

把事情说清楚，解除误会。但解除误会的同时，也不可避免地给客户带来了压力，可能会让客户觉得，你是不是在逼他选你。所以，你还需要看穿客户的心思，化解他的担忧，可以用**解除成交**来化解：

当然，即便您知道了这一点，您依然可以去找开发商看房、买房，没有任何问题。毕竟这也确实是您的权利。而对我而言，只要您还愿意来找我，我都会做好我的服务，这一点您可以完全放心。

（探测态度）所以，我不知道，接下来我还有机会为您提供服务吗？

这样步步为营，是不是又诚恳又没有压迫感，还验证了客户的态度？

当然，客户也不都是很诚实的。总会有一部分客户，表面上说要找你，实际上可能还是会去找开发商，这种客户一定存在，你也杜绝不了。但是，你至少可以争取到大部分客户的支持，这就足够了。

案例 3：担心约好的时间被客户临时改期。

这样的情况我估计每个销售人员基本都遇到过吧。明明约好了周三下午沟通 1 小时，结果见面前半小时，收到客户信息，说临时有事要改期。这种情况确实令人很烦躁。

那如何才能把这种情况的发生概率尽量降低呢？方法就是，用事先约定的方式，提前排雷。你可以这样说：

（提出问题）在挂掉电话之前，还有最后一件事情想和您确认一下，不知道关于咱们刚刚约好的时间，您改期的可能性大吗？

（陈述实情）完全没有冒犯您的意思，只是，过去我也偶尔碰到被放鸽子的情况，觉得很难受。我猜您的日程表肯定也是排得比较满的，其实我也一样。所以我会问到您这个问题，希望您不要介意啊。

（行动建议）我的想法是，如果有改期的可能性，咱们干脆现在就换个时间。如果没有，咱们就按照这个时间来，您看可以吗？

这样一说，你觉得客户改期的可能性还大吗？应该不大了。即便过后他想改期，但他也会想，人家明明已经给过自己改期的机会，自己当时又没改，现在再改，太不地道了吧，算了，那就不改了。是不是这样的心理？

当然，即便你已经反复确认过，还是会遇到改期的情况，有可能是因为客户确实临时有事，那你就调整心情，重新约定时间即可。

案例 4：跟客户有不同的看法，担心说出来会引起客户的对抗心理。

这种情况是不是也很常见？销售成功的关键就是说服客户，所以，销售人员跟客户在很多问题上有分歧是很正常的。

但是，如果你直接提出跟客户不同的观点，难免会产生对抗。一旦客户情绪不舒服了，你的道理再对，都无济于事。这个时候，最好的做法就是，提前排雷。你可以这样说：

（提出问题）其实在这个问题上，我确实是有一些不同的看法的。

（陈述实情）但我担心，如果直接说出来，您会误会我在质疑您。其实完全不是的，这只是我个人的认识，也不一定对。

（行动建议）要不您先听听看，如果不对您可以随时更正。

如果你在陈述重要观点之前，以这样一小段话作为铺垫，是不是就大大减少了对抗的感觉？你尽可以大大方方地说，客户也可以更坦然地听了。

接下来我们对提前排雷，做一个要点提示。

第一，不要怀有侥幸心理，要勇敢面对。

如果确实是个雷，你提前排雷，肯定比突然踩雷，效果要好。如果确认不是个雷，那你提前排雷，只会让客户觉得你靠谱实在，没有任何不好的影响。所以，要勇敢面对。

第二，对对方的动机，要充分理解。

要对对方的心理状态有一个充分的预估，也就是告诉对方，他的所有想法，你都理解，你都支持，让对方有充分的安全感。因为，将心比心，你理解他，往往也是他理解你的开始。

第三，对自己的动机，要柔化表达。

无论你要表达的是什么，请去掉锋芒，不要咄咄逼人。因为别人没有义务来配合你、支持你，除非他愿意。

掌握了以上三点，你再进行提前排雷，效果就会比较好了。

第三步
反向挖掘，深入诊断痛点

是什么让客户最终成交？

不是因为你的产品有多好，

而是因为他的痛点有多深。

是什么让客户感受到痛点？

不是你基于主观臆想的直接灌输，

而是他基于真实场景的“不得不”。

01　成交本质：非感性非理性，而是理感兼备

成交＝感性冲动＋理性评估

到底是感性促成的婚姻更容易带来幸福，还是理性促成的婚姻更容易带来幸福呢？

感性促成的婚姻，其实就是两个人一见钟情之下，不在乎对方的家庭背景、学历背景、财富地位，对于这些统统不看，或者，即便看了，也不在乎，觉得这些都不重要，于是见面几次之后，就谈婚论嫁。但大家都知道，这样的婚姻，其实非常脆弱，等夫妻二人激情期一过，要朝夕相处，步入平淡的生活时，往往才发现问题，觉得对方脾气不好、习惯不好、价值观不合适。因此，“闪婚”的婚姻，通常也会以“闪离”收场。

而理性促成的婚姻呢，可能是双方父母看上了对方家庭，觉得门当户对——双方家世、财富、学历、地位都比较匹配，于是父母之命、媒妁之言，两家新人就结婚了。这样的婚姻，有的也可能比较美满，但这需要双方的性格合得来，不那么挑剔。但其实这样的婚姻也特别容易出现问题，最大的问题就是夫妻俩没有激情。无论在别人看来，夫妻俩多么般配，他们自己就是没感觉。最后，这场婚姻很可能直接沦为一种契约，名存实亡。

感性促成的婚姻和理性促成的婚姻都不太容易有好结果。那什么样的婚姻最容易幸福美满呢？

那就是理感兼备的婚姻，包含了感性冲动和理性评估。

喜欢一个人最初是一种感性的感觉，有了这种感觉、这种原始冲动之后，再经过一段时间的交往，二人逐渐发现对方更多的闪光点、魅力点，为那份原始冲动找到更多理性理由作支撑。然后，感性上的感受越来越好，理性上的理由也越

来越多，二人水到渠成谈婚论嫁。这样的婚姻，大概率是可以维持得长久的。

而这个过程与成交的过程，从本质上来说，是非常相似的。

成交，也是一个“感性冲动＋理性评估”的过程。

首先是客户对这个产品有一些兴趣，其次，在交流的过程中，他的这份兴趣逐渐放大，同时也为这份兴趣找到更多理性的理由作支撑，最后，成交订单。

了解了这一点，对我们的销售策略有什么启发呢？

如果直接把成交定义为一个感性的过程，就会出现类似传销，或者疯狂的会销那种形式，利用各种现场设计，包括舞台、灯光、音乐、氛围、鼓动式的语言，等等，让客户逐渐失去判断力，稀里糊涂做出决策。这样做的结果是，悔单、悔约、退货特别多。因为当客户离开这个特定的环境，就会恢复理性，就很可能会出现完全相反的判断，于是，悔单就发生了。

但如果把成交定义为一个理性的过程，也会出现问题。比如，有一些原来搞技术的人，或者原来是工程师的人，突然有一天转行去做销售。他们最大的问题就是只叫好、不叫座，很难成交。他们在技术方面讲得非常专业，有问必答，而且令人非常满意，就是缺临门一脚。当然，识货的人也会买单。但实际情况是，大部分的客户是不专业的，是不怎么识货的。因此，如果只有理性，没有感性的话，成交率肯定会低很多。

总结一下就是，成交，是感性和理性共同作用的结果。只有感性，容易反悔；只有理性，不容易成交。感性和理性双管齐下，才能稳稳收单。

02 痛的领悟：需求只是起点，痛点才是顶峰

有需求可以对话，但有痛点才可能成交。

一位老太太走进药店为孙子买药。药店里有一位中医在做义诊，看到老太太腿脚不是很方便，于是主动说："要不我给您看看？反正是免费的，不要钱。"老太太犹豫了一下，中医再次强调是免费的，于是老太太坐下来，中医就为老太太把脉。在一问一答中，中医得知老太太患关节炎很多年了，一到阴雨天就腿疼。问清楚全部症状，也了解了全部病因之后，中医对老太太说："其实我们店确实有治疗关节炎的药，要不您试试？"老太太回答："多年的老毛病了，已经习惯了，不治了。"老太太站起来道谢之后，便离开了药店。

大家想想，这位有关节炎的老太太，为什么没有听从中医的建议？

原因可能有很多，但最根本的原因是，老太太有需求，但却没有"痛点"。

可能有的小伙伴不明白了，老太太不是承认自己"腿疼"了吗？难道这不是"痛点"？这就如同多年前在网络上流行的一个梗——有一种冷叫"你妈觉得你冷"。为什么女孩在冬天不愿意穿秋裤？或许是因为，女孩确实觉得不冷，认为没必要穿。又或许是因为，女孩也觉得冷，但比起穿秋裤带来的臃肿，美丽对于她而言更加重要。这与销售中，销售人员觉得客户有需求，但客户却觉得自己不需要是一样的道理。比如销售人员觉得客户很胖需要减肥，但客户却觉得自己不胖、不需要减，或者即便承认自己胖也很喜欢自己的身材。所以，不是所有的需求都能被称为"痛点"，也不是所有你眼中的问题都是客户承认的问题。即便客户亲口承认了这个问题，也不代表这个问题严重到需要他立刻解决的程度，更不代表客户对解决这个问题有信心、有动力，或许他因为各种各样的原因已经"躺平"了也不一定呢。

这里需要对“需求”和“痛点”做一个区分。我相信，只要你在从事销售工作，你对“需求”和“痛点”这两个词一定不会陌生，两个词都在被频繁使用，但它们的界限确实不甚明朗。为了帮助大家更好地理解本书的内容，这里对“需求”和“痛点”做一个大致的定义：“需求”泛指客户的一切需要，包括浅层需要和深层需要，它的反面就是“问题”。而“痛点”专门指那些如果不解决就会引发“严重后果”的深层需要。从这个定义可以看出，需求是痛点的初级形式，痛点是需求的高级形式。所以，有需求不一定有痛点，但有痛点一定有需求。

通常而言，有需求可以对话，但有痛点才可能成交。

真正的痛点，需要满足如下三个条件。

第一，它必须足够“严重”。

上文的案例中，老太太是承认自己有关节炎并且会腿疼的，这意味着老太太是有“需求”的。但这并不代表老太太有“痛点”。

因为，单单腿疼本身绝不是购买的理由，购买的理由是腿疼引发的后果。比如：疼到什么程度，会不会整夜整夜地疼、疼到睡不着觉？有没有影响到更广泛的日常生活、影响到她与孙子孙女的互动玩耍？有没有带来身体其他方面的健康问题？有没有带来她对未来生活质量的进一步担忧？等等。如果完全没有引发这些后果，或者即便引发了，后果也不严重，是在可以承受的范围内的，那么中医推荐的解决方案被老太太拒绝，就是一件再正常不过的事了。

所以，不是所有的需求都需要被满足，只有那些足够深层的需求，客户才会重视。也不是所有的问题都需要被解决，只有那些足够严重的问题，客户才有解决的动力。

这里需要提示一下，所谓的“严重”指的绝不是销售人员的主观判断，而是客户自己的判断。这就像，有的人被蚊子咬一口都觉得痛，但有的人刮骨疗毒却依然气定神闲，每个人对“痛”的承受力是不一样的。或许你的确发现了客户的问题，甚至能证明客户有问题，而且问题很严重，但如果客户已经跟这个所谓的“问题”和平共处了，或者因为出现了其他新的问题而导致解决这个问题的优先级下降了，抑或客户已经放弃解决了，俗称“躺平”了，那么你依然没有办法说服客户。因为你以为的问题在客户看来，可能根本就不是问题。所以，在沟通的时候，需要跟客户做进一步的求证。

第二，它必须足够“迫切”。

你有没有发现，几乎每个人都想要赚到更多的钱，但为什么真正付诸艰苦的行动、卓绝的努力的人，却并不多呢？很多人都只是嘴上说说，晚上做梦想想，早上起来该干什么还是干什么。难道他想赚钱的这个想法是假的吗？如果你问他，他一定会告诉你："我是真的想赚钱啊。"但为什么就是不见行动呢？究其根本，是因为不够迫切——即便没有赚到更多的钱，日子也照样过。

那么，什么时候就有行动了呢？有可能是因为，他喜欢的那个大美女，嫌他不够有钱，刺激到他了；有可能是因为，他突然发现，以前跟他一样，甚至不如他的人，居然过得比他好了，他心理不平衡了；还有可能是因为，他挚爱的亲人生了一场大病需要很多钱，在筹钱的过程中，他一下子感受到世态炎凉了；更有可能是因为，他自认为非常稳定的工作居然要丢了，他突然面临失业的困境；等等。这些原因造成这个人发生了彻底的改变。

我们不禁要问，到底是什么让他发生了彻底的改变？答案是，"不能再这样下去"的迫切度。这种迫切度通常体现在一个近期的"突发事件"中。如果没有这个突发事件，即便不解决问题的后果很严重，即便已经有了改变的动力，他也可能会拖延。但如果，不仅后果很严重，而且时间又紧迫，他改变的决心才会斩钉截铁。

而购买，本身就是客户行为的一次改变。所以，单单只是泛泛的"我需要""我想要"是不会产生购买行为的，客户顶多就是看一看、比一比。只有当"不得不如此"的紧急情况出现时，购买才会真正发生。而且，情况越紧急，购买就越爽快。

第三，它必须体现为一种情绪反应。

情绪是什么？就是喜怒哀乐。那痛的情绪是什么？就是一种类似头痛、牙痛、心绞痛的感觉。想想看，如果你头痛欲裂，是一种什么感觉？你还能继续坐在那里看剧、刷手机吗？你还能继续跟朋友谈笑风生、享受美食吗？你肯定是第一时间、以最快速度去寻找缓解头痛的药。痛，就是这样一种情绪。它是一种可以从一个人的表情、语音语调、肢体动作中被捕捉到的情绪。它是可以被观察到的，是直观的，是外化的。

当然，比较感性的人有情绪的时候，情绪表现会比较明显，你一眼就能看出来。但即便是比较理性的人，情绪比较含蓄、内敛，他的情绪也是完全可以通过面部的微表情、说话的神态，以及语调的变化被捕捉到的。

所以，单单内心的想法本身，是没有太大的推动力的，很多时候只是想想而已。即便喊口号、立誓言了，也当不得真。即便行动了，也容易打折扣、容易坚持不下去。只有当想法变成一种情绪，变得让人心跳加速、头皮发麻、坐立不安时，才会产生强大的推动力。

购买也一样，一个仅仅有想法的客户，是不会产生购买行为的。只有当想法变成一种从言谈举止间流露出来的情绪，或快乐、或痛苦、或兴奋、或忧伤时，购买才会真正发生。

最后，温馨提示一下，这里的“痛点”，不单单指痛苦，它也可以指快乐。所谓“追求快乐、逃避痛苦”，本来就是一枚硬币的正反两面，它们是同时存在的。只是在表达的时候，我们追求简洁，就用“痛点”来统称。而从实操来看，大部分的销售业务，谈“痛苦”确实更有效，因为人们对于痛苦的感知确实更为敏感、强烈。只有在销售一些痛感不太明显的项目，比如投资品类——好像不投资也没什么明显的痛苦，但投资的快乐却很令人振奋时，我们才会重点塑造快乐。

03 挖掘方式：不是从外灌输，而是从内启发

从外灌输是“要我买”，从内启发是“我要买”。

我见过有的小伙伴是这样卖保险的——

比如，卖意外保险，就讲哪里地震了、哪里火灾了、哪里车祸了；卖健康保险，就讲哪个人因为没钱看病，最后连命都没了，或者哪个人因为没钱看病，家人债务缠身了；卖养老保险，就讲如果没有钱，晚年会有多凄惨，儿女不认，七老八十被迫重新就业；等等。

他的逻辑是，客户买保险，就是为了规避风险，而规避风险，就需要找出风险点，这样客户才会知道保险对自己有多重要。所以，他认为，只要搜集到足够多、足够劲爆、足够严重、足够催泪的风险点事件，就能让客户感觉到足够担心、恐惧，也就是产生足够的“痛”，就能成交。

如果你是客户，面对这样的保险销售人员，你会向他买保险吗？你可能不仅不会买，还会对他非常反感、抵触。如果是现实中的朋友，你可能会慢慢疏远他，甚至绝交。如果你在朋友圈经常看到他发上述的内容，你可能会直接拉黑删除。

为什么你会这样做？

因为，即使他说的道理或许是对的，但他说话的方式却令人无法接受。你抗拒的，其实不是保险本身，你抗拒的是这个人。更确切地说，你抗拒的，是这个人说话的方式，是他表达的方式。

人是感性的动物。只要让客户不舒服了，哪怕销售人员说得对，也变成错的了。在销售过程中，客户的这种“不舒服”几乎有一票否决权，销售人员很难有回旋的余地。

所以，销售人员挖掘客户痛点时，一定要注意方式方法，不要用错误的方式毁了你的初衷。

那不用这种方式，又该用什么方式去表达呢？

有一句话是这样说的：鸡蛋，从外打破，是食物，从内打破，是生命。

这跟销售有什么关系呢？其实，这恰恰可以代表挖掘痛点的两种方式。

从外打破，代表的是灌输式的沟通方式，是由外而内的强制灌输。从内打破，代表的是启发式的沟通方式，是由内而外的启发引导。

如果你跟客户沟通的时候，更多采用讲道理、说教的方式，直接告诉客户，他的问题是什么、应该怎么做、不做就会有什么后果，这样做的结果是，引发客户的对抗和反感，成交就更不可能了。

但如果你跟客户沟通的时候，更多采用提问的方式，让客户自己意识到风险，让客户自己意识到需要，让客户自己意识到问题的严重性，从而产生购买动机，这样做的结果是，客户不仅会购买，还会感谢你帮助他解决问题。

举个例子，灌输式的沟通方式就是，你自己拿起锄头、铁锹，去挖客户的痛点。而启发式的沟通方式是，你把锄头递给客户，客户自觉自愿、主动去挖自己的痛点。同样是痛点，但谁来挖，结果有着天壤之别。如果是销售人员挖的，客户不仅不会承认，还会很反感、抵触；但如果是客户自己挖的，客户就会被自己说服，成交就会变成他的想法，而不是销售人员的想法了。

两种沟通方式的本质区别是什么？灌输式是正向用力，启发式是反向用力。两种沟通方式的结果是什么？灌输式是“要我买”，启发式是“我要买”，高下立见。

本书所倡导的挖掘痛点的方式就是启发式沟通。

如果你挖掘痛点效果不好，原因基本就是这三个：

- **购买理由不充分；**
- **购买情绪不充分；**
- **沟通不是启发式。**

本章接下来将会通过挖掘痛点的五类问题，即目标型问题、现状型问题、行动型问题、感受型问题、解决型问题，为客户找到百分之百的购买理由，同时也激发出客户百分之百的购买情绪，为最终的成交打下坚实的基础。

04 目标型问题：不要轻描淡写，而要浓墨重彩

客户不是在为你的产品买单，而是在为他的目标买单。

工地上有3名建筑工人在砌墙。这个时候，有人路过，问他们在干什么。

第一名工人没好气地说："你没看到吗？我在砌墙。"

第二名工人平静地说："我在盖一间房子。"

第三名工人骄傲地说："我在建设一座美丽的家园。"

10年后，第一名工人还是砌墙的建筑工人，第二名工人成为这支建筑队的队长，第三名工人成了一家房地产公司的老板。

相信这个故事很多人都听过，说的是工作目标的重要性。

如果工人的目标是砌墙，那么他愿意付出的努力就只能让他的职业生涯稳定在建筑工人层级；如果工人的目标是盖房，那么他愿意付出的努力就能让他的职业生涯提升到建筑队长层级；如果工人的目标是建设家园，那么他愿意付出的努力就能让他的职业生涯提升到房地产公司老板层级。

但在这里，我想从销售的角度来重新解读。

如果客户的目标是砌墙，可能他只愿意为水泥买单；如果客户的目标是盖房，那么他就愿意为钢筋买单；如果客户的目标是建设家园，那么他就愿意为"爱"买单。

在销售的过程中，你可能也会发现，一些客户面临的问题明明是一样的，但不同的客户选择的解决方案却大相径庭。比如一些客户都面临"团队业绩差"的问题，有的客户就是喜欢简单粗暴的话术型销售课程，要求老师在课堂上不要有太多分析，也不要有太多演练，直接给一套标准话术让学员去背诵就好。但有的客户却明确要求课程有一套系统的销售逻辑，要有演练有答疑，要让学员尽量能

够举一反三、灵活运用。还有的客户则会要求老师以工作坊的形式深入剖析他们目前面临的实战难题，启发学员在课堂上形成高质量的解决方案，并用于指导实战。

为什么会这样？因为目标不同。第一类客户要的只是短期的业绩，不考虑学员能力的提升；第二类客户既要业绩，也要学员能力的提升，以便未来的业绩能持续稳定；第三类客户不仅要业绩，也要学员能力的提升，更要学员在这个过程中形成解决问题的思维方式，从而形成公司无形的知识资产。

说到底，客户不是在为你的产品买单，而是在为他的目标买单。

目标决定了客户会选择什么层级的产品。

这就引出了本节要重点讲的“目标型问题”。

具体而言，就是问客户的目标和动机：**你的目标是什么？你为什么想要实现这样的目标？**

接下来举例说明。

案例1：汽车销售行业

你可以这样问：

张女士，不知道您最想要的车大致是什么样的？

如果客户说：“我喜欢漂亮的、安全的、性价比高一些的车。”你就可以接着说：

了解了。您刚刚提到“漂亮”这个词，我一点都不意外，因为一看您的形象气质就知道，只有足够美的东西才入得了您的法眼。不知道在您心中关于“漂亮”这一点，有具体的画面吗？

这里的重点是，抓住客户回应中的关键词将其具体化，进而了解客户的深层动机。深层动机基本都是产品之外的东西，会跟客户的价值观相关联。

如果客户的回应内容很多，如何才能识别出关键词呢？通常客户不假思索说出的第一个词，或者以非常郑重的态度说出的词，抑或是在之后的沟通中反复强调的词，以及一些比较“冷门”的词，都可能是关键词。抓住关键词深度挖掘，必有收获。

案例2：房产销售行业

你可以这样问：

张先生，不知道您想要的房子大致是什么样的？

如果客户说："我喜欢海景房，大阳台，一起床就可以看到日出。"你就可以接着说：

这景观听起来实在是太美了。看到您脱口而出这样一幅场景，我相信它在您心中一定存在了很长一段时间了吧？如果这次真的如愿以偿，不知道拥有这样的一个家对您而言究竟意味着什么呢？

案例3：培训咨询行业

你可以这样问：

张总，不知道您想通过这次培训实现怎样的目标呢？

如果客户说："我希望团队下半年的业绩比上半年增长50%。"你就可以接着说：

50%是一个什么样的概念？具体来说下半年需要做到多少呢？

客户回应之后，你可以继续问：

要实现这样的目标，压力应该不小。但看张总一副踌躇满志的样子，问题应该不大。不知道这个目标对您而言究竟意味着什么？

案例4：保险行业

你可以这样问：

张姐，不知道您有想过退休以后的生活吗？大致是什么样子的？

如果客户说："我就喜欢全世界旅游，把年轻时没去过的地方都去一遍。"你就可以接着说：

我感觉您平时的业余爱好就是看书，我还以为您是一个特别宅的人呢，没想到您是想着以后一次性玩个够啊。这跟您现在的生活好像很不同，我很好奇，您为什么会这么向往这样的生活？

很多小伙伴在问目标型问题时，最大的误区就是：

错把表面陈述当作深层目标。

我就见过一些做保险销售的小伙伴，听到客户说："我想要买一份养老险。"他会觉得"买养老险"这个目标已经很清晰了，于是直接开始介绍产品。当然有的也会问一下："那您想每月领多少钱，是3000元、5000元，还是10000元？""您想分几年缴费？是3年、5年，还是10年？"之后就进行产品介绍。

其实，买养老险只是客户为他的目标找到的一个解决方案，并不能算本节所说的目标型问题里面的目标。本节所说的目标，与产品无关，是一个专属于客户自己的愿景。这个愿景寄托着客户的情感，让客户充满动力，并愿意为之努力、付出代价。而产品只是实现这个目标、这个愿景的一个工具。所以，买养老险本身是不会令客户兴奋的，真正令客户兴奋的，是买养老险之后的美好生活，是对那种美好生活的向往推动着客户去寻找合适的解决方案。

所以，即便客户来咨询了，也不代表他真的认准了养老险，他很有可能只是想了解更多的信息。作为销售人员，如果你不能将客户想要的美好生活和买养老险两者紧紧结合在一起，让客户从内心深处觉得，买养老险就是实现他美好生活的最佳途径，那么客户咨询完之后改变主意就是一件再正常不过的事了。

因此，如果我接到这个咨询，我头脑中会立刻冒出一个问题：为什么早不买晚不买，偏偏在这个时间段想要买一份养老险呢？

如果客户说，是为退休做准备。我会想，他为什么不是选择买房，或者投资，抑或高端养老院，而是选择买保险的方式呢？

如果客户说，子女在国外，很少回来。我会想，为什么他的子女在国外，他就会想到要用买保险的方式来照顾自己呢？

如果客户说，是想要更安心一点。我会想，为什么他会觉得，买保险可以让他安心呢？他的考量点是什么？安心的生活，在他的想象中，是一幅怎样的画面？

你有没有发现，以上问题的提问思路，是跟传统销售模式完全相反的。传统的销售模式，对客户释放的积极信号通常会选择无条件相信、求之不得地相信。但上面问题的提问思路，似乎不是在相信客户，而是在质疑客户——为什么要这样做？

因为，一旦你相信了，你就无法去验证事情的真伪了。只有通过质疑，你才可能透过现象看到本质，透过表层看到深层，透过行为看到动机。这就是反向用力。

当然，以上的问题不一定要全部问出来，这里展示的只是一个即时思考的过程。同时，如果要让这些问题获得比较好的回应，还需要特别注意提问技巧，这个我们会在后面的章节中专门讲到。这里只是聚焦于问题本身来做探讨。

通过这样的深度挖掘，你会发现，客户的目标会越来越清晰，随之而来的成交动力会越来越足，你的销售格局也在悄悄发生改变。

05 现状型问题：不要自以为是，而要用心聆听

客户的痛点，不是藏在目标里，就是藏在现状里。

一个醉汉在路灯下不停地转来转去找东西。

路人问他，丢了什么？他说，家门的钥匙丢了。

于是路人帮他一起找，结果找了几遍都没找到。

路人就问：你在哪儿丢的钥匙？醉汉说：我出了家门钥匙就丢了。

路人大怒：那你到这里来找什么？

醉汉振振有词：因为这里有光啊。

这是一个管理咨询界经常讲的小故事。说的是很多咨询公司，并不清楚企业真正的问题是什么，于是就把经过多年实践提炼出来的咨询产品和模型当作“路灯”，来找客户在“路灯”下的莫须有的问题，甚至杜撰客户的问题。

于是衍生出了一句名言：你手里有什么锤子，你眼里就有什么钉子。

其实，用上面的理念来剖析我们在销售中遇到的问题，也非常合适。

很多销售人员并不清楚客户的问题究竟在哪里，更没有能力挖掘出客户的问题，于是他们就简单粗暴地用自己的产品来“套”客户的问题，销售的过程就演变成了销售人员想尽办法用各种证据来证明客户有问题的过程，于是，各种套路、洗脑，甚至骗子戏码就产生了。

其实，这样做只是自欺欺人，如今越来越聪明的客户已经很难再掉进陷阱。如果你绕过了客户的问题，你的销售将会变成无源之水、无本之木，成交也将变成一场赌博。所以，如果你想让销售变得更有掌控感，那么了解客户到底在遭遇什么、经历什么，到底难在哪里、痛在哪里，就是你作为专业销售人员非常重要的功课了。

这就引出了本节要重点讲的“现状型问题”。

具体而言，就是问客户的现状和原因：**发生了什么？为什么会发生这样的事？**

接下来举例说明。

案例 1：汽车销售行业

你可以这样问：

您现在有车吗？开的是哪一款？

如果客户说：“我现在开的是 ××。”你可以接着说：

我觉得这款车很不错的，不仅……（优点 1），而且……（优点 2）。不知道您为什么想要换？

这样，客户就会跟你道出实情。

这里的重点是，千万不要诋毁客户的现状或曾经的选择，甚至要通过赞赏来肯定客户的眼光。你越肯定客户，客户就越愿意对你敞开心扉。你越打击客户，客户就越容易跟你硬怼、辩论。

案例 2：房产销售行业

你可以这样问：

您现在住在哪里？房子是买的还是租的？

如果客户说：“我现在住在郊区的 ×× 小区，10 年前买的。”你可以接着说：

我知道这个小区，虽然在郊区，但环境很好，各方面的配套很齐全，基本的生活需求在小区里就可以解决，在那生活应该很方便吧？不知道您有没有想过，在那个小区或附近选购一套？

案例 3：培训咨询行业

你可以这样问：

您现在的销售团队业绩表现怎么样？

如果客户说：“我们现在的业绩下滑得很厉害，已经连续 3 个月低于 500 万元了。”你可以接着说：

原来是这样。这 3 个月期间或者在这之前，是发生什么特别的事件了吗？您觉得，导致这个情况的根本原因是什么？

案例 4：保险行业

你可以这样问：

目前您为退休生活都做了哪些准备？

如果客户说："谈不上什么具体的准备，只是有一些存款，还有一套现在正在住的房子。"你可以接着说：

如果是这样的话，看来您也不需要为养老生活发愁啊。毕竟您现在离退休还有很多年，到时候储蓄存款就更多了。不知道您是基于怎样的考量想要找我来咨询一下呢？

很多小伙伴在问现状型问题时，最大的问题是：

蜻蜓点水，不深入。

比如，有的学员是卖课程的，他问客户："您现在最想解决的问题是什么？"客户说："我就是想要提升一下员工的销售技能。"他就觉得问到了，可以了。其实这只是表面陈述，没有触及核心。

如果我来问，我可能会想到如下的一些问题："您希望将团队的销售技能提升到一个怎样的水准？有衡量标准吗？比如总业绩提升到多少，或者件均业绩提升到多少？"

如果客户说："我希望总业绩比去年提升 30%。"我会问："为什么是 30%？达成这个数字对您的团队意味着什么？对您个人又意味着什么？"

如果客户回应了，我会接着问："那您觉得，您目前的团队，最影响销售目标达成的核心问题是什么？能举几个具体的例子吗？"

如果客户回应了，我还会问："这个问题持续多久了？您觉得，产生这一问题的具体原因是什么？"

当然，要让客户愿意回答这些问题，还需要特别注意提问技巧，注意柔化语气。这个我们会在后面的章节中专门讲到。这里只聚焦于问题本身来做探讨。

通过这样的抽丝剥茧，客户真正的问题才会浮出水面。而你的产品，才有了最好的托底。

看了上面的话术示例，你可能也会发现，目标型问题和现状型问题其实并不是孤立的，两种类型的问题总会有一些交叉，这是非常正常的。因为客户的痛点，不是藏在目标里，就是藏在现状里。有时是因为目标实现不了，所以痛；有时是因为现状很糟糕，所以痛；有时是因为两者都不满意，所以痛。而目标和现状，就像一枚硬币的正反两面，它们通过各自的角度，帮助你精准定位客户的痛点。

06　行动型问题：不要评头论足，而要了解真相

客户的行动，藏着他的态度、偏好和价值观。

一个女孩来到闺蜜家做客，看到闺蜜家里有点乱，就说："你是不是最近工作太忙没时间收拾啊，要不要我帮你？"

闺蜜却说："我老公就喜欢家里乱一点。他说家里太干净了，就太像宾馆了。随意一点，更温馨，更像家。"

这个小故事带给你的启发是什么呢？

不是所有的问题都需要解决。

每一个选择背后，都藏着一种价值观。在你不了解别人的价值观之前，不要轻易对别人的选择指手画脚。因为，你眼里的问题，或许在别人眼里，正是某一个问题的解决方案。如同上面这个小故事，家里"乱一点"是让家变得更温馨的解决方案。

这就提醒我们，做销售的时候，不要一诊断出客户的问题，就立刻上演"你有病我有药"的戏码，而要去仔细甄别，到底这个问题，客户要不要解决。如果要解决，客户采取过哪些办法，效果如何？如果不解决，背后的原因是什么？是因为多次尝试效果不好而放弃解决，还是因为主要矛盾已经转移了所以不需要解决？

当你了解了这些，你就了解了客户的态度、偏好和价值观。他喜欢什么方式、不喜欢什么方式，他满意的是哪一点、不满意的是哪一点，他看重什么价值、不看重什么价值，这样知己知彼，才可以为你下一步更加精准地渗透你的竞争优势做好铺垫。

这就引出了本节要重点讲的"行动型问题"。

具体而言，就是问客户的行动和效果：**你为解决这个问题采取过什么行动或措施，效果如何？**

接下来举例说明。

案例 1：汽车销售行业

你可以这样问：

您最近去其他的 4S 店看过吗？

如果客户说："没去看过。"你可以这样说：

看来您跟我们家还真是有缘呢，一想到买车就来我们家了。那您现在应该会有几个正在考虑的品牌吧？不知道您愿意跟我说说吗？虽然我谈不上有多专业，但就是喜欢车，咱们可以简单交流一下，或许可以给您一些参考。

而如果客户说："我已经去过两家，×× 和 ××。"你可以这样说：

它们都是很棒的品牌呢。不知道您有没有找到您最满意的车型？

您最看重的是它们的哪些优势呢？

您之所以还会来到我们家店是因为在某个方面还有更高的要求吗？

通过这样的探讨，你就可以大概了解到，客户是真想买，还是随便看看；是刚刚有了想法，还是已经多家对比；是新手买家，还是经验丰富的专业买家。这些对于你之后沟通的深度和推荐的方向都会产生很大的影响。

案例 2：房产销售行业

你可以这样问：

您最近去看过其他的楼盘吗？

如果客户说："没去看过。"你可以这样说：

那不知道您之所以会来我们家，是因为朋友介绍吗？还是因为看到了哪里的宣传广告？具体是哪一点吸引您来到了我们这里？

而如果客户说："我去看过 ×× 楼盘。"你可以这样说：

那个楼盘很不错的，不仅……（优点 1），而且……（优点 2）。您应该感觉也很好吧？您之所以还会来到我们楼盘是因为在某个方面还有更高的要求吗？

案例 3：培训咨询行业

你可以这样问：

您为提升团队的销售业绩都采取过哪些措施？

如果客户说："我们今年确实搞过几次培训，但效果都不太好。"你就可以说：

原来是这样。那就您个人的角度而言，您觉得这几次培训效果不太好，最主要的原因是什么？是课程内容脱离学员的实际情况，还是老师的授课方式学员不适应，或者是别的什么原因？

如果您还是选择用培训的方式来解决问题，您对这次新的培训的具体要求是什么？

案例 4：保险行业

你可以这样问：

在退休规划方面，您还有哪些设想？比如投资、买房？

如果客户说："我确实不知道还可以做什么，在这方面了解得不多。"你就可以说：

其实，只要不是金融领域的专业人士，在这方面了解不多是很正常的，您不用觉得不好意思。

不过，因为我们公司在这方面对我们做过很多专业的培训，我也考取了相关的资格证书，所以，在退休规划这个话题上，我的确有一些很棒的理念可以跟您分享一下，未见得您会很认同，但至少可以给您一些参考。不知道您愿意听听吗？

……（分享退休规划理念及分析各种投资理财方式的优缺点）

不知道到目前为止，您对这几类工具的大致评价如何？

而如果客户说："我现在确实在考虑要不要再买一套房。"你就可以说：

您这个想法很好，很多客户在考虑退休规划时都会想到买房这种方式。

因为我们公司在这方面对我们做过很多专业的培训，我也考取了相关的资格证书，所以，在退休规划这个话题上，我的确有一些很棒的理念可以跟您分享一下，未见得您会很认同，但至少可以给您一些参考。不知道您愿意听听吗？

……（分享退休规划理念及分析各种投资理财方式的优缺点）

不知道到目前为止，您对这几类工具的大致评价如何？

这个案例的重点是，不管客户有想法还是没想法，你都可以客观中立的立场跟客户展开探讨，从而探测出客户的真实态度。

很多小伙伴在问行动型问题时，最容易犯的一个错误就是：诋毁竞争对手。只要客户一提到竞争对手，一提到其他的解决方式，就忍不住打击、否定、贬低，忍不住想踩上一脚，借机抬高自己。

这种做法是非常要不得的。试想一下，如果客户本身很认同你的竞争对手，那么你的诋毁，会让客户非常反感，也会因此质疑你的格局和素质。你不仅达不到争取客户的目的，反而会让客户跟竞争对手绑得更紧了，因为他们产生了一种“同仇敌忾”的共鸣感。如果客户本身不太认同你的竞争对手，那么你的过度反应，反倒会让客户觉得，好像你的竞争对手也没那么差，甚至会想起一些对方的优点。

那你应该如何应对呢？我们的策略是：**反向用力，说反话。**

比如客户说：我们采购过 ×× 老师的课程。

你一听，这是竞争对手公司的人，千万别脱口而出“那个老师不行，还被学员投诉过”，等等。相反，你要这样说：

虽然我没有听过那位老师的课，但我听说那位老师很不错，那次合作，效果应该很好吧？

可能有的小伙伴会说：“如果这位老师很差，你这样说不是很违心吗？”其实一点都不违心。因为，差不差，看用什么标准来评价，看谁来评价。好和差，永远都是相对的。

你这样说完，客户会怎么回应呢？两种：一种是，效果不好；另一种是，效果很好。

第一种情况，客户说，效果不好。

你可别一开心，脱口而出：“是吗？难怪我最近也听说他口碑下滑了，原来是真事。”这样的说法就显得太着急了，会压制住客户继续有声有色爆料的欲望。相反，你可以提出合理的怀疑：

不会吧？我听说那位老师也是一位很有经验的资深培训师，不会出这样的事吧？

听到你这样说，会不会激发客户跟你爆一下料的冲动？他可能觉得自己掌握了什么别人不知道的小秘密，会有点想显摆的小得意。这样，你不就掌握更多竞争对手的信息了吗？

第二种情况，客户说，效果很好。

你可千万别掩饰不住你的失落，随口来一句："哦，那好吧。"一听语气就知道你是多么失望。相反，你要站在客户的角度为他高兴，甚至比他还兴奋：

那太好啦，我知道，培训市场上老师虽然多，但要找到一位真正能解决问题的好老师却并不容易。那既然上次培训效果那么好，这次你们也依然会选用那位老师吧？

可能客户会说："是的，我们会继续选用他。"如果真是这样，这就是客户的决定，你也改变不了什么。但得到一个真相，总比一直被吊着强。当然，也不要客户一说你就信，你可以用追问细节的方式，去探测一下这个说法的真实性。

而如果客户说："其实我们还是想换一下新面孔，让我们的伙伴有点新鲜感。"你的机会不就来了吗？你可以顺势追问一句：

不知道对于这位有新鲜感的老师，您的具体要求是什么呢？

你看，只要你善于反向用力，整个过程，你稳坐钓鱼台。不需要去诋毁、贬低任何人，自有别人替你发声、为你主持公道；也不需要主动去争取任何机会，自有别人把机会送到你的面前。

一旦你悟透了这一点，天下哪有对手？全是朋友。天下哪有阻力？全是助力。

07 感受型问题：不是为做找理由，而是为不做找理由

找不到不做的理由，做，才会成为必然。

非洲草原上，一头狮子正在追赶一群羚羊。

狮子说：今天我要不停地跑，追上跑得最慢的羚羊，把它吃掉。

羚羊说：今天我也要不停地跑，避免成为跑得最慢的羚羊，这样才不会被狮子吃掉。

有好事者问狮子和羚羊：这么累，可以不跑吗？

狮子说：不行，因为这样我会饿死。

羚羊说：不行，因为这样我会没命。

这段对话给你的启发是什么？

只有找不到不做的理由时，做，才会成为必然。

生活中，我们每个人每天都会做很多必须做的事，也会有很多想了很久、拖延了很久却一直没做的事。

必须做的事和可以拖延的事，区别究竟是什么？

这里要明确一点，这两类事情都是有好处的，如果没有好处，我们就不需要纠结了。但是，只有那些做了有好处、不做却有重大损失的事，才会成为必做之事。而那些做了有好处，但不做也没什么明显坏处的事，就会被拖延。

人性都是追求快乐、逃避痛苦的。但显然，人们对痛苦更为敏感、更不容易忍受。

今天你捡到了100元，你会很开心；今天你丢了100元，你会很难受。但沉下心来，仔细感受一下，哪个情绪波动更大？一定是丢掉100元。你甚至会反复

沉沦在这个旋涡中，反复思考到底怎么丢的、丢哪了、还能不能找回来？

购买行为也一样。对客户而言，如果拥有这个东西会更好，但不拥有也没什么损失，客户就会倾向于拖延，或者不拥有。但如果，拥有这个东西会更好，不拥有则会有重大的潜在损失，客户就会选择拥有，甚至立刻拥有。因此，深度挖掘客户“不行动的代价”，会成为推动销售的重要路径。这正是反向用力的极致体现。

这就引出了本节要重点讲的“感受型问题”。

具体而言，就是问客户**不行动的后果和感受**。本质是探讨客户的情绪动力，让客户的需求上升到痛点的层面，让客户的状态从有一种想要改变的想法，上升到有一种想要改变的强烈情绪。

那具体要怎么问呢？我见过有的小伙伴是这么问的：“您有想过，如果不采取行动，会有怎样的后果和影响吗？您的感受如何？”

各位，道理是这么个道理，但你可不能这样问啊，这样的问法也太直白了点。简直就是明明白白告诉客户，你在套路他。

那么到底该怎么问？接下来我们举例说明。

案例 1：汽车销售行业

你可以这样说：

您刚才说车子太小，一家人出行不太方便。我在想，您家不就一家三口吗？车子应该够坐啊。难道是孩子的爷爷奶奶经常跟你们一起吗？

客户听完会怎么回答？两种，一种是，是的；另一种是，不是。

如果回答是“是的”，你就可以跟他多聊聊关于父母的事，和一些关于孝顺、旅游之类的话题。慢慢地，痛感就可以被聊出来。因为人的行为背后必有动机，他既然想带父母出来旅游，换车也是为了父母，背后一定有情感的支撑。

但如果回答是“不是”，那他也一定会告诉你，原因是什么。因为人是这样的——你让他直接告诉你答案，他未必愿意说。但如果你猜一个答案，无论猜对猜错，他基本都会回应你。对了他会认同，错了他会纠正，反正他都会说点什么。这样聊下去，痛感自然就聊出来了。

案例 2：房产销售行业

你可以这样说：

虽然我是卖房的，但我个人觉得，你们家这个问题似乎也没到非要通过买房来解决的地步吧？毕竟老人家过来住也是暂时的，又不是长期的。

客户听完会怎么回应？他可能会说："你不知道啊，老人家过来，大家住在一起实在是太挤了。而且，老人家的生活习惯跟我们不太一样，在相处中难免会发生一些矛盾。每次因为这样的一些事情惹得母亲不开心，我内心深处都觉得很对不起她老人家。"

有了这样的一番话，痛感不就出来了吗？

案例 3：培训咨询行业

你可以这样说：

张总，说句不该说的，我个人感觉，虽然您觉得团队不专业，但他们总体的业绩表现还是不错的，换成别的老板，肯定是不会有动力来提升团队专业度的，毕竟销售团队，结果为王嘛。所以，我很好奇，您是出于怎样的考量一定要费时费力来提升他们的专业度呢？

客户听完，可能会向你道出他这样做的深层理由。比如："其实这个问题，我确实已经拖了很久了，就是觉得业绩还可以，没必要提升团队的内功。但是，其实我内心一直有一个想法，想把我的店做成高端代理，而不是小打小闹。就在今年，我终于谈妥了一个高端品牌，产品线将会全面升级，客户也会全面升级。在这样的情况下，如果还是靠以前的那些做法，成交小客户小单没什么问题，但要成交大客户，可就难了。"

案例 4：保险行业

你可以这样说：

张姐，其实我有一个小问题想请教您一下。坦白说，对于养老保险，很多客户都觉得很重要，但似乎都不紧急，好像早买晚买差别不大，我估计，您会不会也是一时心血来潮找我咨询，过后可能就又搁置了呢？

客户听完，可能会说："其实，不瞒你说，我原先确实觉得这件事不紧急，慢慢来，挑好了再说。但是，最近一两年，我老公的工厂一直在亏损，经常只有出项，没有进项，我也真的开始担心未来的生活了。万一把赚到的钱都赔进去了，下半辈子怎么办？所以我就想，如果能够通过保险提前锁定一些资产，总比什么都没有强点吧。"

看了以上 4 个案例的演示，大家在提出感受型问题方面应该找到一点感觉了吧？其实，提问的方式，就是反向用力，通过找到一个客户不会买的理由，来试探客户内心最真实的想法，以此提升购买行为的必要性和迫切性。

可能有的小伙伴刚开始用这样的方式去提问的时候，心里会有点虚，担心如果客户直接认同了自己的说法，那可怎么办？这不是搬起石头砸自己的脚的吗？

对于这个问题，我想说两点：

1. 千万不要高估了你对客户的影响力

如果客户的决定是合作，绝不会因为你给他找到一个"不合作的理由"就作罢。人生是他的，生活也是他的，他比任何人都想让自己变得更好。你作为看客都能轻而易举看出来的问题，你觉得他作为主角会看不到吗？他只会比你看得更深刻、更真切。

但如果客户在听你这样说完之后就真的认同你的说法了，不合作了，那就只有一个原因——他早就已经这么想了，只是没有告诉你。既然你说出来了，那就借坡下驴，把"功劳"归你吧。你可不要傻乎乎地觉得，真的是你点醒了客户。

所以，本质上，你的试探起到的作用，是让客户对自己的决定有一个更加清醒的认知，对 YES 更坚定，对 NO 也更从容，但并不会从根本上改变客户的决定。所以，请放心去试。

2. 用"目标引导"的方式再次测试客户

如果客户最终做出了不合作的决定，但你总觉得这个决定不太认真、不太严谨，还有引导改变的空间，你就可以用"目标引导"的方式做进一步的测试。

什么是目标引导？前面我们说过，客户的痛点，不是藏在目标里，就是藏在现状里。既然客户觉得自己不需要，很显然是认为现状没什么问题。那既然现状没什么问题，你又不能逼着客户承认他有问题，你就可以**引导客户创造出一个目标**。只要他认可了这个目标，基于目标和现状的一体两面，他立刻就会觉得，问题出现了。

比如客户说："我觉得你的说法也对，我们团队的销售能力还行，暂时不培训也没什么问题。"

你就可以说：

那真的很好。做培训对于很多客户而言，确实是一个大工程，组织起来不容易，如果没什么必要，轻易还是不要做。

所以我在想，现在是6月，到年底还有半年时间，以这样的状况发展下去的话，您的团队到年底是肯定能完成全年任务的吧？

这样一说，客户会怎么回答？两种答案：一种是，能完成，没问题；另一种是，有点悬。

如果是第一种，客户表示能完成，没问题。无论他说的是不是真的，你都可以接着往下说：

哇，太好了，真为您感到开心！那不知道您有没有想过超额完成呢？

不瞒您说，在我接触的客户中，确实有一些客户比较求稳，觉得能完成任务就行，不必给自己那么大压力。但也确实有一些客户，非常希望超额完成，因为他们很渴望通过短期的努力就能拿到升职加薪的资本，快速晋升。不知道您是想稳一些、慢一点，还是愿意挑战一下呢？

这样一测，就可以测出真相。如果客户确实是想稳一些、慢一点，你也改变不了什么，那就接受。如果客户经你这么一提醒，他心中的那股想要拼一拼、冲一冲的劲儿，被你激活了，你的机会不就来了吗？

如果是第二种，客户觉得有点悬，这于你而言绝对是一个利好消息。这说明，客户之前可能并没有将自己的现状和目标联系起来思考过，经你这么一问，才意识到问题。那么接下来，你就可以用"为什么"为开头展开对话挖掘痛点了。

当然，这里需要重点提示一下，客户真实的状态，销售人员基本上是改变不了的。

如果客户骨子里就是一个安于现状的人，你想通过几句话就把他改变为一个有高目标、高追求的人，不太可能。或许激励大师可以做到，但那也需要天时地利人和各种因素的加持。

但如果客户本来就很有上进心，只是因为某些原因产生了一种挫败感，表面上看似乎没有了锐气，那么你的话在时机合适的情况下，就很有可能重新点燃他的斗志。不过，你要明白一点，之所以说“点燃”，是因为有火种。如果完全没有火种，任凭你怎么点，都是不可能点燃的。

所以，**销售人员要做的，不是去改变，而是去发现**。发现真相，发现那些因为种种原因被客户忽略的真相，才能对症下药。

08 解决型问题：不要去主动推销，而要去协助购买

客户不希望你为他做主，客户想做自己的主。

一位女士来到一个家具商场，想买一套沙发。

她每走进一家店，销售人员都会跟她主动介绍："我们这款沙发是 ×× 知名品牌产品、工艺很强、超级畅销，有好多客户喜欢……"刚开始听还有点吸引力，但听了几家之后，她发现销售人员说的大同小异，慢慢地就没什么感觉了。

直到她走进一家店，销售人员并没有立刻紧跟其后、热情似火地向她介绍，只是在她刚进门时跟她简单打了个招呼，就让她自己去逛了。等她逛了一会儿，在一款沙发旁停下来时，销售人员才端着一杯水走过来，把水递给她之后，这样问道：

"这位女士，如果我没猜错的话，您应该是想选购一款沙发吧？其实您今天一进商场我就注意到您了，我看到您已经逛了好几家，不知道逛到现在，您有没有看到相对满意一点的呢？"

这位女士无奈地摇了摇头。

销售人员接着说："我想，如果您还算信任我的话，可否跟我大致说说您家的装修风格，如果有照片的话那就更好了，我帮您参谋一下什么样的沙发更适合您。不敢保证一定会选到令您满意的，但我毕竟在这个行业工作了 10 年，至少可以从一个相对专业的角度，给您一些建议。即便最终我们店没有适合您的款，您再到别家去选购时，效率也会更高一些，您说是吗？"

经过这样的沟通，结果可想而知，这位女士最终在这家店完成了一次满意的采购。

这个故事给你的启发是什么？

有一句话是这样说的：**人们喜欢购买，但不喜欢被推销**。意思就是，客户不

希望你为他做主，客户想做自己的主。

可能有的小伙伴有疑问了：那万一客户不专业，他根本不会选，怎么办？很简单，通过你的沟通，**让他觉得，他是会选的**。

这就引出了本节要重点讲的“解决型问题”。

具体而言就是，**询问客户的购买标准，以及渗透你的竞争优势**。目的是帮助客户凭借他自己的思考选出令他自己满意的产品。

那具体该怎么做呢？这里提供两种策略。

策略 1：总结反馈式

如果在沟通中，客户已经透露出他的一些要求和想法，那么你就可以用总结的方式来跟他确认，比如你是卖车、卖房的，你可以这样说：

在刚才的交流中，您提到了几个对车子 / 房子的要求，我做了一个记录，要不我复述一下，您看看对不对？

客户回应之后，你再问：

除此之外，您还有什么补充吗？

这样两个问题问下来，会让客户觉得，既然你这么清楚他的要求和标准，那么你接下来就一定会按照这个标准来做推荐，且你的推荐一定是符合他的需求的。

但是，如果客户提的这些标准中，并没有涉及你产品的优势，你又该如何巧妙地提出来，以渗透自家产品独特的竞争优势呢？你可以这样说：

很多客户会觉得……很重要，但您却一直没有提到，是对这一点没什么要求吗？

你这样问，会提醒客户立刻注意到这一点，让你有机会为客户展示你的独特优势，尤其是那些客户事先没想到，但对解决问题有极大帮助的优势。

这样的提问方式，是不是比你强力推销好多了？表面上，你没有在介绍产品，但句句都在突出你产品的优势。这样，不仅不会给客户你在王婆卖瓜的感觉，还会让客户觉得，他要的，正好是你有的。

策略 2：询问标准式

如果你在跟客户的沟通中，发现客户的要求和想法并不十分具体，无法直接总结，你就可以询问客户的购买标准，比如你是卖保险/课程类产品的，你可以这样说：

根据我跟客户打交道的经验，很多客户在选购保险/课程的时候，多多少少都会有一些自己的标准，他们会通过这些标准来判断这份保险/这门课程是否适合自己。不知道您是否也有一些自己的标准或条件呢？

这样问，客户基本上都会给出一些他自己的答案，那么你就可以借此找到一些他的标准和你的方案之间的关联，让他感觉，你的方案正好符合他的要求。

但是，如果有些客户确实没有想过这个问题，他自己也没有什么购买标准，那么你就可以引导一下：

很多有经验的客户通常会这样选择，不过也不一定适合您，您先听听看，看能否给您一些启发？

接着你就可以讲一个和客户同类型的其他客户的故事，来启发客户的思路。

看到这里，有的小伙伴可能会担心：

万一客户是有标准的，但他的标准和我的产品完全不匹配，怎么办？

比如卖房时，客户要的楼层你们没有；卖车时，客户要的车子颜色你们没有；卖保险时，客户要的缴费期限你们没有；卖课程时，客户要的老师的类型你们没有。

这里我们先分析一下，出现这种情况，有两个原因：

第一，客户虽然有需求，但确实不需要你的产品，因为你的产品解决不了他的问题。如果是这种情况，那么你基本只能放弃，做不了什么。

第二，客户不专业，他的标准根本就不对，或者不是最佳的，那么你就可以用如下的“探询动机”的方式，来启发客户修改标准。

比如，客户说：“我们想找有同业背景的老师。”而你们没有。你就可以这样说：

我理解，确实，如果老师有同业背景，会更懂学员的实际销售场景，会更有共鸣，这一点是非常重要的。

不过，我想您之所以会特别关注这一点，一定还有更深层次的考量吧，不知道您是否愿意分享一下，您最主要考量的点是什么呢？

如果客户回应说：“我希望课程更落地，可以拿来就用。”你就可以说：

原来是这样。如果您是为了课程更落地，何不直接看课程的落地效果，这样不是更简单吗？我们有一些老师，没有您这个行业的背景，但却辅导过您这个行业的客户，效果还不错。不知道您是否愿意听听他们的案例？还是说，只要不是同业背景您都不会考虑？

这样，你就可以通过找到客户行为背后的真正动机，为他匹配合适的替代方案。

第四步

反向议价，轻松化解压价

为什么客户喜欢讨价还价?

因为客户想要值得的感觉，

所以总想挤掉水分。

为什么客户即便决定买了也依然不够爽快?

因为客户想要便宜的感觉，

所以总想多要一点。

01 预算问题：不要被动应对，而要主动出击

永远不要去揣测客户的实力，确认才是硬道理。

小张是一名保险代理人。有一次，他通过打陌生电话的方式接洽了一位企业老板。后来，他去实际拜访的时候，发现这名老板的公司在郊外，他花了2个多小时才到达对方的公司。聊完之后，他觉得这位老板很有实力，老板也很认可他所说的保险理念，于是他就提出为老板做份计划书，老板同意了。回来之后，他估算了3个金额，做了3份计划书，心想，提供3个选择，总能成功一个吧。

于是，小张带着3份计划书，第二次约见了老板。但是，当小张展示完计划书，问老板哪个更合适时，老板却说："感谢小张，但我这次并没有打算买这份保险。因为我的公司现在还在负债经营，资金不是很充足，我只是想提前了解一下这方面的信息。如果我的公司未来经营上正轨了，我会再联系你的。"

小张懵了……

这样的事情在销售中是不是挺常见的？因为前期没有谈钱，销售人员总是一厢情愿地认为客户对产品有兴趣就一定会买，最终在快要成交的时候才被告知"没钱"，白白浪费了太多的时间和精力。

充足的资金是销售成功的最重要因素之一，一个人再需要你的产品，但他没钱，也无济于事。这个道理其实并不难懂，但我发现，有些小伙伴即便知道也很难采取行动。他们的想法是：谈钱伤感情，谈钱显得没有人情味。

其实，在现代商业社会，如果谈钱会伤感情，那顶多是小伤，不谈钱最后伤感情的，才是大伤。比如情侣之间，感情好的时候不分彼此，一旦撕破脸要一拍

两散时，翻起旧账，那才是“刀刀见血”。再如二人合伙做生意，生意小时很能共苦，等到生意做大，有钱分了，才发现分配制度并没有定好，那时再扯皮，可谓伤筋动骨。

而在销售中，我们迟早都要谈钱的。既然如此，不如早谈。

那多早比较合适呢？

如果可以选择，最好在挖掘痛点之后。

为什么是这样的一个时间点？举个简单的例子：一瓶矿泉水，在超市卖，价格就是几元钱。但同样是这瓶矿泉水，在一个旅游景点卖，卖给一群沿途爬山却没有带水的游客，就可以卖十几二十元。更有甚者，如果这瓶矿泉水在沙漠里卖，卖给一群在沙漠中长途跋涉的人，可能就能卖几百元甚至更多钱。

到底是什么决定了水的价格？绝对不是这瓶水本身，否则就无法解释 3 种场景下的不同价格。决定这瓶水价格的，是客户的痛点。客户的痛点越痛，他愿意付出的价位就越高。

你充分挖掘痛点之后，就是客户的痛感最强烈的时候。这个时候，客户付钱的意愿也是最强的。因此这个时候谈钱，销售人员会占据很大的优势。

那是否可以在销售过程的一开始就谈钱呢？最好不要。因为，对于一个肚子完全不饿的人，即便你给他介绍满汉全席，说打五折，他也未必愿意买。

当然，不能选择的情况，其实只有一种，就是客户一上来就主动谈钱。这个问题在咱们反向成交的第一步“反向开场”中，就有非常明确的话术示例。忘记了的小伙伴，可以到前面的章节中复习一下，这里就不重复了。

既然要谈钱，那如何提出钱的事才会比较自然呢？很简单，你可以这样说：

张总，刚刚我们一起探讨了解决方案，达成了很多共识，您也给了我很多思路和启发，非常感谢。您看接下来，我们谈谈预算，可以吗？

不知道您在这个项目上的预算，大致是多少？您方便说说吗？

你说完这句话之后，客户一定是有回应的。接下来，我们就专门来应对一下这些回应。

回应 1：我们没有明确的预算。

如果客户这样说，到底反映了一种怎样的心理？一种可能的情况是，他真没有明确的预算。另外一种可能的情况是，这是他自我保护的表现。他会想：“如果我告诉了你，不就被你拿捏了吗？你还不得把价格使劲儿往上抬啊。”

针对客户这样的心理，我们可以釜底抽薪，直接挑破，让客户不好意思再跟你玩儿虚的。你可以这样说：

非常理解，张总，我之前也遇到过很多和您类似的客户，他们的心里的确也没有一个明确的数字。

只是，张总，您千万别误会啊，我之所以问您预算，绝对不是想要通过了解您的预算去尽可能多挣您的钱、去抬高价格，绝对不是的。我只是想了解一下，咱们在价格方面是否匹配，如果匹配当然好，如果高了或者低了，咱们再适度调整方案。反正要不要合作，决定权都在您，这一点不会变。

所以，张总，您愿意告诉我一个您觉得比较能接受的价格范围吗？

你这样说了，客户通常还是愿意松一松口的。

回应 2：我们的预算是……（非常低）

如果客户真这样说，核心思路是获取真相。因为只有获取了真相，你才好制定对应的下一步策略。你可以这样说：

张总，说实话，您的这个预算跟我们的产品价格差距确实有点大。

只是，张总，我想确认一下，这个预算是您真实的预算，还是说，是您开玩笑说出来测试我的？其实您作为客户，有点戒备心理很正常。只是，您可能误会我的意思啦。我绝对不是想要通过了解您的预算去尽可能多挣您的钱、去抬高价格，绝对不是的。我只是想了解一下，咱们在价格方面是否匹配。如果匹配当然好，如果高了或者低了，咱们再适度调整方案。反正要不要合作，决定权都在您，这一点不会变。

所以，您方便告诉我一个大致的价格范围吗？

如果到了这一步，客户依然坚持，这个就是最终的预算，而你完全接受不了。那么你可以再一次试探客户：

张总，如果这就是您真实的预算，我可不可以理解为，我们在价格上确实没什么交集，合作的可能性其实已经不大了呢？

这样反向用力，主动提出“不合作”的可能性，以退为进，去测试客户的态度。如果结果真是价格不匹配，你也只能接受，说明这就不是一个对的客户。但如果客户也想试探你，那么他看到你这样的态度，大概心里也会有所判断了，正所谓兵不厌诈。

02 价格问题：不要轻易降价，而要有条件让步

值得的感觉＋便宜的感觉＝客户迅速付款

你在旅游景点买东西时，是不是也有如下的经历？

比如，你想买一款手镯，卖家要价5000元，你还价2000元，卖家没怎么讨价还价就答应了。你心里一定会想：完了完了，买亏了，还价还少了啊，应该再砍1000元的！

但是，如果他说："您也不看看这成色，怎么可能是这个价？要是这个价格，要不我向您买吧，您有多少我要多少。"你心里想："看样子，这个价格应该到底了，要不，再磨一磨？兴许能成。"于是你跟老板拼命说好话、套近乎，最后，老板在你的软磨硬泡之下，同意只加价200元，以2200元的价格把手镯卖给你。你拿到手镯之后，心里还美滋滋的，觉得自己应该占到了便宜。

结果，晚上你遇到当地人，对方一看这手镯，说这东西在他们这连500元都不值。你傻眼了……

这就是人与人之间在价格方面的一个博弈。

当然，这里要澄清一下，上述小故事中的销售方式明显是一种坑蒙拐骗的做法，是我的价值观所不能接受的。事实表明，这种销售方式基本也只会出现在各种风景区，商户赚游客的钱，一生赚一次，做不了回头客的生意。如果是正经做生意，用这种方式肯定长久不了。这里我只想聚焦**人性**，谈谈人在价格博弈中的不同心理状态。

我们来思考一个问题：客户为什么喜欢讲价？

很多小伙伴会脱口而出：想要便宜。是的，没错。那为什么明明是同类产品，比如包，卖几百元的并没有比卖几千元的卖得更轻松？甚至有时候，卖百元

包的店门可罗雀，卖千元包的店门庭若市，卖万元包的店里更是一包难求？当然，这里面的影响因素有很多，但我们不能忽视的一点是，无论客户买的是包本身，诸如面料、做工或设计，还是这个包带来的美好感觉，诸如尊贵、荣耀、众星捧月，他都想要一个字——值。

那如何判断值不值呢？最便捷的试探方法就是，跟销售人员讲价。

大部分客户的心理是这样的：如果一讲价，销售人员立马就降价了，那这东西一定不值这个价。因为销售人员的轻易降价会让他觉得，产品价格水分一定很大，他总想把水分挤干。所以你会发现，通常这种情况下，客户都会要求你再降价，甚至会要求你一而再再而三地降价。

如果讲价时，他磨了很久，你才肯降一点点，他就觉得这个东西应该是值这个价的。因为你的为难仿佛在告诉他，你赚得也不多，请他高抬贵手。

但是，如果讲价时你分毫不让，宁可失去客户都不肯降价，那他会觉得，这东西一定是超值的。因为他会想，哪有为了一点点的让价就失去更多利润的人？如果真的这样做了，那一定是因为，要么价格是降无可降的底价，要么东西有着好到不能再好的品质，要么就是价格是全球、全国、全网统一价，反正自己买了都不会吃亏。

所以，**客户要的不是降价，而是你的产品值这个价**。当然，值不值不是由你讨价还价的表现直接决定的，你的表现只是海面上的冰山一角，真正起决定作用的还是海面下的部分，即客户的痛点。在痛点的层面塑造出值得的感觉，客户才有付款意愿。

同时，在价格博弈的过程中，你还会发现一种现象，那就是，即便客户觉得你的产品值这个价，有了付款的意愿，但有些客户还是不会干脆利落地付款，还是会有点犹豫。但是，当你告诉他原价是多少，现在已经是很低的折扣，或者给他送赠品、送优惠券，抑或延长服务期限、增加服务内容，等等，他就会比较爽快地付款。这是为什么？

这是因为，**客户要的不是便宜，而是便宜的感觉**。你不得不承认，有些东西虽然很贵，但却卖出了便宜的感觉，而有些东西虽然很便宜，却传递不出这种感觉。千百年来，商家营造这种感觉屡试不爽，客户沉浸在这种感觉中不能自拔。虽然这种感觉不太可能让一个不需要你产品的客户变得更需要你的产品，但却会让一个需要你产品的客户付款更爽快。

值得的感觉 + 便宜的感觉，共同塑造了客户极致的购物体验。

当然，这里需要提示一下，值得的感觉，是交易的本质属性，它跟客户的痛点直接相关，客户越痛，买这个东西值得的感觉就会越强烈，而你对价格的坚守就会越有底气。而便宜的感觉，是交易的附加属性，它能在客户觉得值得的基础上，起到一种加速度的效果。所以，只有值得，客户可能不会那么爽快，只有便宜，客户可能不会那么心动，值得 + 便宜，客户才能迅速付款。

明白了这样的心理之后，当遇到客户讨价还价时，我们该怎么处理呢？

这里我提供了五种策略，前四种是不降价的，最后一种是真的降价，你可以结合自己公司的价格政策，单一使用或者组合使用。

策略 1：澄清实情

澄清什么实情呢？澄清你们无法降价的实情、澄清你们的价格是底价的实情。你可以这样说：

理解理解，我们的价格的确不便宜，价格也的确不是我们的优势。

我知道有些机构的价格策略是，先报出一个比较高的价格，后期再进行砍价。我们完全不是这样的。我们报出的价格基本都是实价，没有什么砍价的空间，给跟我们合作的客户也都是这个价。

不知道这是不是意味着，由于价格上的不匹配，咱们这次合作的可能性已经不大了呢？

可能有的小伙伴会担心，万一这样说完之后，客户真的不考虑了，怎么办？

如果你这样说完，客户真的不考虑了，我大胆估计一下，即便你降价，客户依然很难满意，最后还是会拒绝成交。

因为，虽然客户纠结价格是常态，但最终，客户买的是效果，是为效果付费。所以，效果不好，才是一票否决制的。价格虽然很重要，但只要在客户的能力范围之内，就不会是最重要的影响因素。更多时候，客户纠结价格，不是担心贵，而是担心买贵了、当个冤大头。

所以，如果你的产品效果真的很棒，客户也非常认可，那么你的试探只会暴露他真正的态度，要么他同意你维持原价，要么他在原价基础上再争取一点好处，就是占到一点便宜。但他绝对不会在你一开始试探的时候就撤退。

但是，如果你的产品效果稀松平常，客户并不是特别满意，只是没有很明显地表露出来，那么只要价格谈不拢，就容易立刻崩盘。这只是客户借价格表达拒绝而已，他真正拒绝的不是价格，而是效果。因此，这样的说法不会让你失去一个真正的客户，只会让你得到一个更准确的客户。

如果客户真的拒绝了，而你还想进一步探究一下真相，你可以问问他拒绝你的原因。这样说：

张总，感谢您能如此坦诚地告诉我您的想法。只是，我感觉，除了价格方面，一定还有其他更重要的方面让您做出了这样一个决定吧？不知道您可不可以跟我分享一下，您最主要考量的点是什么呢？

如果客户说了其他方面的顾虑，你就判断一下，到底这个问题是误会还是硬伤。如果是误会，就解除误会。如果是硬伤，那你也只能接受。

但如果客户说，就是价格的原因。你就可以结合公司的价格政策做个判断，是只能放弃，还是可以在公司价格政策的范围内优惠一点。

总之，重要的不是说什么话术可以把客户搞定，而是获取真相。因为只有获取了真相，才有所谓的策略制定。否则，一切话术都只是“自嗨”、自欺欺人。

策略 2：提示风险

什么意思呢？客户不是想要便宜吗，但便宜有风险啊，所以你可以把这个风险跟客户客观阐明，让客户自己做出判断。下面以装修行业为例来说明。

你可以这样说：

我理解，其实您也不是第一位跟我这样说的客户了。

不过，相信您也知道，装修是一个特别复杂的工程，涉及的环节和因素都非常多。或许有些同行会用低价吸引客户，但根据我的了解，他们中有的给出的其实不是真正的低价，而是在某些环节进行了一些特殊操作，反正客户不专业、看不出来。这样做的后果，就是导致客户在后期居住的过程中，总会遇到这样或那样的问题，非常影响心情。

而我们公司，走的的确不是低价路线，而是品质路线，务求通过良心服务换来客户的良好口碑，成为一家真正令客户放心的装修公司。

所以，即便您最终不选我们，可能我们也没有办法在价格方面做出更多让步了。不知道这是不是意味着，我们之间合作的可能性，其实已经不大了呢？

一定要大胆去测试。你要相信，真客户，不怕试，但假客户，一试就现出原形。当然，前提是，你所提示的风险，确实是客户在乎的，甚至是客户的切肤之痛，客户越痛，你的测试效果就会越好。

策略 3：降低配置

这个策略你可以理解为降价，因为价格确实降了。但实质上并没有降，因为配置少了。

这个策略比较适用于那种产品可以拆分、项目可以拆分的情况。例如，保险行业为降低保费而减少保额，培训行业为降低费用而减少培训内容和时间，都属于这一类情况。

你可以这样说：

好的，我大概了解了。

如果价格一定要降下来，那您看这样可以吗？咱们在刚才聊到的这些问题中再仔细斟酌一下，哪些问题是需要优先解决的，我们就保留，哪些问题其实不是那么紧急的，我们就往后放一放，您看行吗？

意思就是，把刚刚讨论的痛点的解决方案再拿出来评估一下，减少一些内容，或降低一些配置。

其实，这一招也是一种试探，但试探的重点不是“价格能不能接受”，而是“痛点是不是真的很痛”。如果痛点真的很痛，那么客户大概率不会同意“降低配置”这样的安排。这样就可以帮助我们再次确认客户需求的迫切度和强度，为以后酌情使用其他策略提供了空间。

但如果客户居然同意这样做，那就说明你在之前挖掘痛点的时候，可能挖掘得不是特别充分，客户居然觉得有些问题不必处理、有些内容可以砍掉。这个时候，你就需要高度重视了。你最好不要顺着这样的思路往下走，而要重新回到挖掘痛点的环节，再一次去厘清客户的问题和痛点，再一次去确认，到底是，只是这个问题不够痛，还是所有的问题都不够痛。因为，如果痛点不扎实，成交环节肯定会出现这样或那样的问题。与其后期再处理，不如在发现时尽早处理。

策略 4：给予特权

这也是不降价的处理方式，但会给客户一些好处，也就是让客户占到一点便宜。

你可以这样说：

张总，我们能聊到现在，其实我非常感谢您对我的认可。

感情上我的确很想降一降价算了，但我面临的实际情况是，我真的无能为力。

您看这样可以吗？咱们能不能都别在价格上面纠结了，我们一起探索一下，还有没有什么其他的附加价值，让您这一次的采购性价比更高一点，您同意吗？

如果客户同意，接下来双方就展开讨论。如果讨论有了一个大致的结果，你可以接着说：

张总，我一定会帮您极力争取这些附加价值，只是能不能争取到，我真的不敢保证。

但无论如何，还请您答应我一件事，就是无论结果是什么，都请您给我一个明确的答复，行就行，不行就算了，我都能接受。您看可以吗？

为什么要这样说？因为如果你不这样说，万一客户对结果不满意，或者觉得还是亏了，就很有可能要你再次去进行申请，这样，事情就变得很复杂了。你还不如一早把这个漏洞给堵上，这样，只要几天之后再跟他反馈结果，你就能拿到一个明确的答复，不用总是悬着心。

其实，这招激发的就是客户的“购买感性”。前面我们说过，购买的本质是**感性冲动＋理性评估**，这个策略特别适合那些在理性方面购买理由很充分，就是缺一点感性冲动的客户。说到底，客户要的不是便宜，而是便宜的感觉。只要你能够让客户感觉到他占到便宜了，他就不纠结了，成交就顺畅了。

策略 5：真的降价

如果你们公司有价格优惠，你就可以使用这招。

但要记住两个前提：

第一，一定要确认客户的真实态度，确认他纠结的真的是价格，还是其他。如果他纠结的是其他的点，只是借价格的说法表达出来，那么即便你降了价，也不会成交。

第二，一定要对结果有明确的约定，要让客户知道，这是有且仅有一次的行为。

你可以这样说：

张总，我特别感谢您对我的信任，让我们有了这次非常愉快的沟通。只是，我想确认一下，您是真的对我们的产品非常满意，只是觉得价格太高呢，还是其实除价格之外，您还有一些别的顾虑点？

我的想法是，如果您对我们的产品还有一些别的顾虑点，您不妨现在就提出来。如果我们能解决，当然最好。如果不能解决，咱们也不用在价格方面纠结了，您说是吗？

这样设计的作用是，厘清客户的问题。有顾虑，处理顾虑；没有顾虑，再处理价格。**在有顾虑的情况下急于处理价格，就是白处理。**

确认客户没有顾虑了，只是在价格上卡住了，你就可以接着说：

张总，说实话，我给您报的这个价，的确是我这个层级可以给您的最低价。但既然您跟我提出这个要求了，那我就尝试着跟领导申请一下，看能不能再优惠一点。

但你这样说，容易让客户抱有很大的希望，所以，你需要降低客户的预期：

但是，我还需要跟您提前说明一下，具体能不能拿到优惠，以及如果能的话，最终能优惠多少，我真的不敢保证。不过您放心，我绝对会全力以赴去争取，毕竟我也非常希望能做成您这一单。

最后，锁定结果：

只是，我也希望您能帮我一个忙，就是在您得知结果之后，无论结果是什么，都请您一定给我一个明确的答复。行就行，不行就算了。我尽力了，任何结果我都能接受。您看可以吗？

这样步步为营地设计降价策略，你的降价才有意义，也才会有效果。

最后，在价格处理方面，我要提醒两点：

1. 千万不要轻易让步

这里所说的让步，不仅指价格本身，还泛指一切可以给予客户的优惠。如果你不想陷入无休止的讨价还价，你就要拿出你的坚持，拿出你的态度，明示或者暗示客户，你们的价格是没什么水分的，让客户在心里慢慢调高自己的价格预期。

2. 即便要让步，也应让客户付出一定的代价

千万不能让客户觉得，这样的优惠很容易拿到，这样客户就不会太珍惜。

那要让客户付出什么样的代价呢？比如前文的案例中，你需要向领导去申请的行为，就是客户需要付出的代价。客户具体付出的是等待的时间。再如，得知结果之后，客户需要给你一个明确的答复，也是他需要付出的代价。他具体付出的是，不能无限期地拖延，而要当场做出决定，或者确定明确的答复时间。另外，你还可以与客户商量，如果拿到价格优惠，可不可以请他帮忙介绍几个客户给你，等等。

总之，代价是什么不重要，客户的举手之劳都行，重要的是让客户知道，让步不容易，从而让他对你的要求适可而止。

第五步
反向决策，明确决策标准

如果你不想要“商量商量”，

请务必弄清楚，

决策人到底是谁。

如果你不想要“考虑考虑”，

请直接告诉客户，

你要的是 YES 或 NO。

01　明确决策人：不要想当然，而要主动甄别

找对人，才能办对事。

你买水果的时候会不会有这样一种感觉：如果你喜欢吃甜的橘子，你会倾向于买黄皮橘子而不是青皮橘子。虽然试吃之后发现，两种橘子一样甜，一样好吃，但在你的感觉中，青皮橘子好像总是还没成熟的或者酸的。

这就是刻板印象。刻板印象主要是指人们对某个事物形成了一种既定的看法，就直接把这种看法推而广之，认为这类事物都具有该特征，忽视了个体差异。

刻板印象有积极的一面，也有消极的一面。积极的一面表现为，在对于具有许多共同之处的某类人，在一定范围内进行判断时，可以不用探索信息，直接按照已形成的既定看法即可得出结论，这就简化了认知过程，节省了大量的时间和精力。消极的一面表现为，刻板印象以偏概全、忽视个体差异，在需要精准判断的时候，往往会导致错误的结论，致使据此制定的策略失效。

销售中也一样，判断到底谁是决策人，绝对不能根据你对家庭、对公司、对职场的某些刻板印象得出结论，否则你一定会追悔莫及。

在**判断谁是决策人**这件事情上，很多小伙伴存在如下两个误区：

第一，他们会把看起来像决策人的那个人，直接当成决策人，而不进行甄别。

比如，有些小伙伴会想当然地认为，一个家庭里负责赚钱的男主人肯定是决策人，却没想到负责在家带孩子的女主人才是决策人。还有的小伙伴，会想当然地认为，企业老板肯定是决策人，却没想到企业的副总才是真正的决策人。

第二，即便他们问了客户，但听到客户比较含糊的回答，诸如“大概、应

该、也许、可能”之类，不进行信息澄清，带着模糊的信息就去成交了。可想而知，成交的风险会有多大。

其实，决策这件事，每个家庭、每个公司都不太一样，不能一概而论。作为销售人员，一定要有甄别的意识。由于找错决策人导致最后丢单的案例数不胜数。

那具体要怎么甄别呢？接下来举例说明。

案例 1：汽车销售

你可以这样说：

张先生，看得出来您对这款车还是挺有兴趣的，也很有诚意，但根据我服务客户的经验，很多客户都还是会跟家人商量一下再做决定的，主要也是体现一下对家人的尊重，估计您这边的情况也差不多吧？

主动抛出“和家人商量”这个石子，投石问路，你就知道他们家是什么情况了。如果他说：这事不用商量，我们家我说了算。你就知道，他是决策人。但如果他说：差不多吧。你就知道，决策人可能另有其人，或者至少是共同决策。

案例 2：少儿培训课程销售

你可以这样说：

张姐，看得出来您对这个培训班还是挺有兴趣的，但根据我服务客户的经验，通常为孩子报读培训班这样的事情，一般的家庭都还是需要夫妻俩商量之后再共同决定的，不知道你们家是怎样的一种情况呢？

主动抛出“夫妻俩商量”这个石子，投石问路，那么，到底需不需要他们夫妻商量再决定，就一目了然了。

案例 3：ToB 销售（面对企业老板）

假如你做的是 ToB 业务，直接面对企业老板，你就可以这样说：

张总，虽然您是企业老板，说话一言九鼎，但根据我服务客户的经验，通常这样的一个项目，大多数公司的老板都还是会跟管理层商量之后才会做出决定的，估计你们公司也差不多是这样的吧？

主动提出“跟管理层商量”这个问题去进行测试。如果他说，不需要，当然就简单了。但如果他说需要，那就说明，你还需要面对他公司的管理层。

案例 4：ToB 销售（面对项目接洽人）

假如你做的是 ToB 业务，面对的是项目接洽人，你就可以这样说：

张经理，根据我服务客户的经验，咱们这次在谈的这个项目，对贵公司来说也不算是一个小项目，不知道贵公司除您以外，后续还有哪些其他决策人会一同参与进来呢？

主动提出“其他决策人”这个问题，这样一问，你就大概知道这家公司的决策情况了。

可能有的小伙伴会担心：万一客户明明可以自己决定，却因为我的提醒去跟家人商量、去跟团队商量，结果家人不同意、团队负责人不同意，而把单给搞砸了，怎么办？

温馨提示：千万不要高估了你对客户决策的影响力。

如果客户是个人决策，绝对不可能因为你提醒了他，就变成群体决策，或找人商量，甚至还用别人的意见来左右自己，这绝对不可能。

如果客户是群体决策，也绝对不会因为你刻意不提醒这件事，就突然变成个人决策，他自己一个人就可以做主，这也不可能。

但如果你感觉，客户本身是决策人，也许并不需要和别人商量，但在经你提醒去商量之后，回来却告诉你，因为家人不同意，因为管理层不同意，因为某人不同意，无法合作了，你可千万别信。因为不合作的真实原因只有一个，就是他自己改变主意了，不关别人的事。他这样说，只是不想过于直接而伤了和气，换了一种表达方式来拒绝你。也就是说，拒绝你的，不是别人，正是他自己。

所以，你需要做的是，处理客户本人的态度，而不是让你的提醒来为你背这个锅，因为实在是冤枉。

那如果客户表示需要和别人商量，你接下来该怎么办呢？当然是请他引荐新人。

可能有的小伙伴立刻就有了疑问，尤其是 ToC 销售的小伙伴。他会觉得，自己要多见一个人，太麻烦了，可不可以让面前的这个客户，自己去搞定其他决策人呢？

我的建议是，除非你不太在乎这一单，或者这一单金额太小，不值得你花太多精力，抑或你实在见不到人、无法约见，否则，一定是你亲自接洽其他决策人更为稳妥。ToB 销售的小伙伴那就不用说了，一定是非常清楚这一点的重要性的。如果见不到最高决策人，这个订单就只能碰运气。

那具体怎么请求引荐新人呢？

引荐新人有三个要点，分别是：确认态度、提出引荐、正式约见。

可能有的小伙伴看到“确认态度”时，又有点疑惑了：对方这么一路聊下来，也没表示拒绝，如果真拒绝了，也到不了这一步，这不就是他的态度吗？为什么还要再确认一次呢？

其实，客户的态度通常有三种：支持、反对、中立。不反对，并不代表一定是支持，也有可能是中立。因为人群中有些人，本来就不擅长拒绝别人。还有的人觉得，反正不是自己做主，自己也只是牵线搭桥的，没必要那么不给别人面子，所以，态度含糊，保持中立。

但是，你想象一下，一个中立的人，会真心帮你引荐真正的决策人吗？答案是，绝对不可能。

首先，他自己都是一半认同、一半否定的态度，又怎么可能有动力去帮你引荐呢？其次，其实他的态度也多少会反映出真正决策人的态度。如果他贸然帮你去引荐，最终他的老板也觉得不合适，还怪他没有甄选、办事不力，那他不是自找麻烦吗？所以，如果你的接洽人只是持中立态度，他是绝对不会真心实意帮你去引荐的。即便答应了，最终也是“各种忙、约不到”的结果。

这个时候，你需要做的第一件事，就是确认他的态度。如果是支持，皆大欢喜。如果不是，就要想办法先搞定他。搞定之后，接下来就很顺畅了。

那请求引荐的话具体要怎么说呢？我们分 ToB 和 ToC 销售的情形来举例说明。

案例 1：ToC 销售的客户

你可以这样说：

特别感谢您愿意去跟太太商量一下。只是，我想确认一下，如果我没理解错的话，到目前为止，您个人的态度应该还是倾向于支持我们的吧？

很明显，这段话的目的就是测试态度。所以，听完这段话之后，客户通常会出现两种反应，一种是支持，另一种是不支持。当然，不要光听字面意思，要注意结合客户的语音语调和微表情，听出背后的潜台词。其实只要你留心，判断起来并不难。

如果客户的态度是支持的，你可以接着说：

感谢您的支持。那我可不可以了解一下，您打算如何跟太太商量呢？

他肯定没想过这个问题，他觉得商量不就是直接商量吗，难道还要做准备、打草稿吗？但他肯定会有点好奇，你就可以接着说：

没有冒犯您的意思哦。只是根据我多年服务客户的经验，我发现夫妻双方由于信息不对称，关注点往往是不一样的，双方通常没有办法说服彼此。

您看这样可以吗？可否帮忙引荐一下您的太太，咱们三人一起做个交流？如果她询问一些专业方面的问题，我也好做个解答。

这段话的亮点在哪里？为请求引荐找到了一个充分的理由，“由于信息不对称，关注点往往是不一样的，双方通常没有办法说服彼此”，这样，就为你顺利请求引荐铺平了道路。当然，理由还有很多，可以根据不同的客户、不同的销售场景找到不同的理由，但重点是，一定要有，并且合情合理。

如果客户听完之后，有点顾虑，没有立马回答，你可以接着说：

不过您放心，这次的交流，绝对不是为了说服她，只是起到一个交换信息的作用。即便交流结束，你们俩决定不买，也没有任何关系，我会充分尊重你们的决定，绝不会浪费你们的时间。您看行吗？

这样，你能约到人的概率是不是就大很多了？

如果客户的态度是不支持，你需要做的就是，询问客户不支持的原因，你可以这样说：

看来，您对我们还是有一点顾虑的。其实，有顾虑很正常，我非常理解。

只是，不知道我是否可以了解一下，您真正顾虑的点是什么呢？请千万不要误会啊，我绝对没有强迫您的意思。我只是想，如果您的顾虑是一个误会的话，那我们也好解释澄清一下。但如果您的顾虑确实是一个我们解决不了的问题，那我也会明确告知您，并主动退出和您的合作，绝对不会浪费您的时间。所以，您方便跟我说说吗？

这样的一段话，非常诚恳，没有给客户任何死缠烂打的信号，一般情况下，客户还是愿意告诉你他的顾虑的。你再根据他的顾虑，决定下一步的行动。这里的重点是获取真相。因为只有获取了真相，你之后的策略才可能是有效的。如果你获取的本身就是假信息，又何谈真策略呢？

案例 2：ToB 销售的客户

如果你想让经理为你引荐老板，你可以这样说：

张经理，我想确认一下，如果我没理解错的话，到目前为止，您个人的态度应该还是倾向于支持我们的吧？

如果对方表示支持，你可以接着说：

特别感谢。根据我跟客户合作的经验，通常一个这样的项目要最终确定，都是需要大老板亲自拍板的，贵公司应该也是如此吧？

您看可不可以帮我一个小忙？就是帮忙引荐大老板给我认识一下？毕竟我们这个项目说大不大，说小不小，如果老板连供应商的面都没见过，估计他心里也是不踏实的，您说对吗？

如果这样说完之后，客户就同意了，当然是最好的。如果客户有点犹豫，你可以接着说：

我就是觉得，如果由于没有考虑到老板的关注点而把这次合作给搞砸了，确实很遗憾，同时我们也挺对不起您的，白白耽误您这么长时间。所以，不知道您是否方便呢？

有没有发现，这个理由很巧妙，明明是我方自己的损失，却暗示，这也是接洽人的损失。这就把接洽人的立场悄悄地跟我们的立场绑到了一起。而且，这样轻微的绑定也不会引起对方反感，反而会提醒对方意识到，自己也确实花了很多精力，如果最终能促成，自己对老板、对公司是有功劳的，在供应商这里，也有一个人情。

同理，如果客户不支持，一定要弄清楚原因，搞定他再说。具体话术可以参考 ToC 销售的案例。

如果客户同意引荐了，接下来就到正式约见环节了。

在这个环节，过去线下培训的时候，我被问得最多的问题就是：

拜访决策人，销售人员到底应该说什么？

很简单，挖掘痛点。挖掘痛点的目的，就是让对方有动力去做出改变。如果你约见决策人的目的就是争取决策人的支持，那么你只有挖掘痛点，才能达到目的。反之，只是闲聊一下、唠唠家常，或者简单做个汇报，甚至直接进行产品介绍，都是不可能达到目的的。

那具体要怎么做呢？同样是使用挖掘痛点的五类问题：目标型问题、现状型问题、行动型问题、感受型问题、解决型问题，来一遍即可。

可能有小伙伴又要问了，这些问题我跟接洽人已经聊过了，难道要重来一遍吗？

当然不是。每个人有每个人的痛点，每个角色有每个角色的痛点，每个层级有每个层级的痛点。你拜访的是决策人，那么你就需要站在决策人的角度来重新审视你们的合作，了解对决策人而言，痛点是什么，然后据此设计五类问题的具体问法。主题都是挖掘痛点，但角度不同，深浅不同。

其实，不止是销售领域，其他的领域，比如职场领域、社交领域、夫妻关系领域、亲子关系领域，只要你想说服一个人做某事，只要你想改变一个人的行为，你就需要去挖掘痛点。只是，你不需要每次都一板一眼地把五类问题全部走一遍，而要根据实际情况，进行一定的压缩或扩展，但本质不变，宗旨不变，一定要撬动对方心中那个“不得不做这件事”的痛点，对方才可能做出你希望他做出的行为。

或许有的小伙伴又要追问了：那我不了解决策人的痛点怎么办？

这就需要你提前做功课去了解了。说白了，这样的约见，本质上就是一次销售面谈，销售对象就是这个大老板、决策人。你可以理解为，它是整个大的销售流程中套的一次小的销售流程。只是，它比普通的销售流程占了一些优势，那就是有人给你引荐，而且引荐的人支持你。但至于拿下大老板，却实实在在是一次销售的过程，而不是一次普通的对话。

如果能从这个层面来理解拜访决策人的过程，我相信你就知道该怎么做了。

02 明确决策信息：不要含糊其辞，而要坚定有力

让终极约定为你的成交保驾护航。

小明和小刚比赛下象棋，小明输了，不服气，于是他说：不行不行，咱们再比。小刚答应了。

结果，小明又输了，他还是不服气，说：不行，我还是不服，咱们再比。这个时候小刚说：那咱们这次说好了，三局两胜定输赢，不许悔棋、不许赖皮，否则我就不跟你玩了。

三局过去，小刚赢了，小明愿赌服输。

这样的小故事在生活中是不是很常见？

这个小故事告诉我们，任何游戏，如果规则不明确，就会导致结果不明确。

这跟销售有什么关系呢？

其实，销售本质上也是一场游戏，是一个你跟客户不断博弈的游戏。如果你没有跟客户约定好明确的游戏规则，那数不清的“考虑考虑”、“商量商量”、不理不睬、不了了之，就会成为你的家常便饭，而在这个过程中，你可能会被折磨得心力交瘁。如果你不想遭遇这些，请务必明确游戏规则。

但请注意，这绝对不是让你逼迫客户成交，相反，明确规则是在告诉客户：你可以接受我，也可以拒绝我，但请明确告知。

那具体怎么做呢？我们用“终极约定”来实现。

终极约定本质上就是我们前面一直在讲的事先约定，只是因为它出现在销售的后期，又极其重要，所以我们习惯上叫它终极约定，它和事先约定的性质是一样的。

那要约定什么呢？一句话，**成交需要什么，这里就约定什么。**

也就是说，客户到底要看到什么、要了解什么、要掌握一些什么样的关键信

息，才能做出决定，那我们就在这里约定什么。约定的基本要素依然是：时间、地点、人物、内容、结果。

当然，具体要约定什么，每个行业是不一样的。有的就是做个方案说明，有的是产品试用，有的是实地考察。比如，卖房，就是实地看房；卖车，就是试驾；卖护肤品，就是试用；卖保险，就是讲解计划书；卖课程，就是呈现方案；卖工业品，就是现场测试；等等。

本质上，这就是一次对成交的约定。意思是告诉客户，这一步完成之后，就是成交。

这里需要特别提示一下，只要客户不同意终极约定，无论是时间、内容，还是结果，都一定要处理到他同意为止，才能进行下一步，尤其是对结果的约定。因为，如果客户不同意对结果的约定，说明客户对最终的成交还没有做好准备，他心中肯定还有顾虑。如果你对这个顾虑视而不见，那么这个顾虑就很有可能成为你这一单无法成交的最终原因。所以，与其把这个顾虑拖到后面再去处理，不如提前处理。**再严重的事情，只要提前面对，杀伤力就会减弱很多。**

因此，如果你不希望你的订单进入遥遥无期的等待和拖延中，那么，最好和客户达成百分之百的共识，让终极约定为你的成交保驾护航。

接下来，我们分情况举例说明。

情况 1：由销售人员先提出决策信息，再请客户补充信息。

这种方式适用范围很广，通常适用于有行业惯例或者通用做法的情况。

具体而言，你可以这样说：

张总，如果我没理解错的话，到目前为止，您应该都是比较认同我们的方案的，对吗？

如果客户认同，就继续。如果不认同，就一定要找出客户的顾虑，解决之后再进行下一步：

那接下来咱们这样安排，您看可以吗？

我会按照咱们之前形成的共识，给您出一个终极版方案。然后，咱们再约个时间进行一次沟通，针对这个终极版方案的一些细节内容，进行最后一次确认。您看行吗？

如果客户同意，就再约定时间：

那您觉得，这个沟通的时间定在什么时候会比较方便呢？

内容和时间都约定好之后，就约定最后的结果：

最后，我还想请张总您帮我一个小忙，就是请您在结束之后，能够给我一个明确的答复，可以是决定合作，也可以是决定不合作，都没有问题。但千万不要是“考虑考虑”这种比较含糊的回答。因为，如果您真的这样答复我了，我会觉得很为难，不知道该怎么办才好。如果跟进，我担心打扰您，如果不跟进，我又担心怠慢您。所以，能否请您帮我这个小忙，在结束的时候给我一个明确的答复呢？

这样说完，就把结果牢牢锁定了。当然，如果客户不同意，我们就不能着急往下走，需要处理其顾虑之后再进行下一步。

情况 2：请客户先提出决策信息，再由销售人员补充信息。

这种方式适用于一些非标品的销售，或者客户要求比较高的情况。

具体而言，你可以这样说：

张总，如果我没理解错的话，到目前为止，您应该都是比较认同我们的方案的，对吗？

不知道接下来您是否愿意投入一些时间和精力来评估一下我们的方案呢？

稍等客户回应，再往下说：

我可不可以先问一下，过去对于类似的项目，您这边通常会用什么样的方法来评估、大概是一个怎样的过程呢？

如果客户有想法，就先记录客户的想法，有不同意见可以在客户讲完之后再补充。

如果客户暂时没有想法，你可以接着说：

我也接触过很多和您类似的客户，他们通常是这样做的，您先听听看，看有没有参考价值……

把你的想法通过这样一种方式讲出来，启发客户也可以这样做。达成共识后，再接着说：

最后，我还想请张总您帮我一个小忙，就是请您在结束之后，能够给我一个明确的答复，可以是决定合作，也可以是决定不合作，都没有问题。但千万不要是“考虑考虑”这种比较含糊的回答。因为，如果您真的这样答复我了，我会觉得很为难，不知道该怎么办才好。如果跟进，我担心打扰您，如果不跟进，我又担心怠慢您。所以，能否请您帮我这个小忙，在结束的时候给我一个明确的答复呢？

有没有发现，这样约定下来，你的心，就稳了，有那么点胜券在握的感觉了？

当然，在进行终极约定的过程中，客户可能也会提出一些异议，接下来我们逐一解析。

异议 1：我可能给不了你确定的答复，我还想对比一下。

客户说要对比，一定是内心还有顾虑，否则他为什么要对比？所以，你的处理策略就是，解除他的顾虑。你可以这样说：

我理解，买东西嘛，确实需要谨慎一点，货比三家是正常的。

只是，我在想，您之所以想要对比，一定是因为我们的产品在某一点上令您不是特别满意，不能很好地解决您的问题。如果真是这样的话，不知道您是否可以告诉我，究竟是哪一点让您不太满意呢？

如果客户有点犹豫，你可以接着往下说：

我的想法是这样的，如果是误会，那我会给您解释澄清一下。但如果真的有问题、我们确实没有办法达到您的要求，那我会明确告知您，并且主动退出与您的合作，绝对不会浪费您的时间，您看可以吗？

假如客户告诉你他的顾虑，你就有机会去处理。处理完之后，再次跟他进行终极约定就好。

但假如客户含糊地说："等我对比之后再说。"你就可以跟客户约一个反馈的时间，到时候根据反馈结果再决定下一步行动。

异议 2：我们公司内部可能还需要再商量一下，不能那么快答复你。

这个问题其实就是关于回复时间的再次约定。你可以这样说：

我理解，完全没问题。

那您看这样可以吗？您预估一个大致的时间，无论您这边最终的决定是什么，是决定合作，还是决定不合作，都可以。到了这个时间点，您都派人给我们一个明确的答复，您看可以吗？

总之，原则就是：如果客户不同意终极约定的内容，绝不进入后面的方案呈现环节。

第六步

反向呈现，用痛点塑造产品

什么样的产品介绍才会让客户惊喜兴奋？

请记住，千万不要直接介绍产品，

要为产品提一个问题，

要为产品讲一个故事，

要为产品找一个场景，

要为产品塑一个痛点。

痛让客户欲罢不能

01　走心呈现：不要基于产品，而要基于痛点

挑战场景越痛，产品越鲜活，客户越尖叫。

在销售领域，直到现在，都有很多小伙伴依然在用 FABE 的逻辑来介绍产品。这套逻辑应对低单价商品或简单型销售还行，但如果应对高单价商品或复杂型销售，效力会大大减弱，甚至完全失效。

到底什么是 FABE 呢？ FABE 指的就是：F——特点（Features）、A——优势（Advantages）、B——利益（Benefits）、E——证据（Evidence）。

比如，介绍一款冰箱时，使用这样的话术：

（特点）这款冰箱最大的特点是省电，它每天耗电才 0.35 度，也就是 3 天才耗 1 度电。

（优势）很多其他的冰箱每天耗电都在 1 度以上，质量差一点的可能每天耗电达到 2 度。

（利益）假如 1 度电 0.8 元，这款冰箱 1 天可以省约 0.5 元，1 个月就可以省约 15 元，特别省电费。

（证据）这款冰箱为什么那么省电呢？因为它的输入功率很小，才 70 瓦，相当于 1 个电灯泡的功率。而且，这款冰箱销量也非常好，您可以看看我们的销售记录。假如合适的话，我就帮您试一台机。

你觉得上面这套说辞如何？

乍一看还觉得挺不错的，表述清晰、明确，还用了诸如数字和类比这些比较好的呈现技巧。但细细品味一下，总觉得缺乏一种触动人心的力量，让人觉得虽然哪都对，但就是勾不起特别强烈的购买欲望。尤其是，如果同行都在这么说的话，就更令人无感。

而客户在购买的时候，往往感觉是最先被触发的，有了感觉，才会再找理性的理由作支撑。但如果感觉没有在第一时间被触发，估计理性的理由再多，也是起不到什么实质性的作用的。

问题到底出在哪儿呢？

大家有没有发现，FABE 里面的具体内容基本是正确的，但结构上却有一个致命的硬伤，那就是**以自我为中心**。无论是特点、优势还是利益，都没有与客户的实际情况产生任何结合或交集，有一种浮于表面、不接地气的感觉，还有一种无论客户接受与否、认同与否都强加给客户的感觉。这样做的结果就是，如果说错了，客户会有明显的反感、抵触，如果说对了，客户也会是一种不认同也不反对的态度。

那到底要怎么进行产品介绍呢？

挑战场景＋客户利益。

这是一个完全**以客户为中心**的结构，销售人员通过对挑战场景中的痛点描述，与客户产生极强的共情。可以说，挑战场景越痛，产品就越鲜活，客户就越尖叫。说到底，客户不是为你产品的优秀买单的，而是为解决自己的问题、达成自己的目标而买单的。你的产品再厉害，如果这些厉害的点跟客户产生不了直接的关联，客户大多只会“随便听听、不置可否、微笑路过”。只有这些点跟客户产生了关联，尤其是强关联，客户才会“全神贯注、兴奋不已、惊喜尖叫”。这就是结构的力量。内容还是那个内容，但结构一变，结果有着天壤之别。

其实，这个结构也是最顶尖的企业家在产品发布会上都在使用的结构。接下来我们举例说明。

案例 1：乔布斯在 2010 年发布 iPad 时的产品介绍（节选）

现在我们每个人都在使用笔记本电脑或智能手机。最近出现的问题是，在两者间是否有第三类设备的空间，介于笔记本电脑和智能手机之间的东西，它比笔记本电脑与人更亲密，比智能手机功能更强大。我们已经思考这个问题很多年了。

要真正创造这样一个新的设备类别，我们发现门槛相当高。因为这个设备必须在完成一些关键任务方面做得更好。什么样的关键任务呢？比如浏览网页、收发电子邮件、欣赏和分享照片和视频、欣赏音乐、玩游戏、阅读电子书等。如果有第三类设备，它必须在这些任务上做得更好，否则它就没有存在的理由。

可能有些人认为，这就是一个上网本。问题是，上网本在任何方面都没有优势。它们速度很慢，它们有着低质量的显示器，它们运行笨重的旧电脑软件。它们在任何方面都比不上笔记本电脑，它们只是更便宜，它们顶多算是廉价的笔记本电脑，我们不认为它们是第三类设备。

但我们认为我们已经有了第三类设备，今天我们想首次向你们展示它，我们称之为 iPad。接下来让我给你们概述一下。

iPad 的使用体验是非凡的。你可以用它来浏览网页，这绝对是你所拥有的最好的浏览体验。看到整个网页就在你面前，你可以用手指操作，这是令人难以置信的方式，比笔记本电脑更好，比智能手机更好。你可以把 iPad 转到任何你想要的方向，上下左右，它会自动调整。你使用它，既可以看到网页的局部，也可以看到整个网页，就在这里，把互联网握在你的手中。

如果你想回复邮件，你可以轻易看到你的收件箱，只需把 iPad 转到一边，就可以看到你的邮件的不同视图，按下编辑窗口，键盘就会自动弹出，它几乎跟真的键盘一样大。

你可以展开你的相册，看看你所有的照片，翻阅它们，这里内置了一些很棒的幻灯片形式，这是与朋友和家人分享照片的绝佳方式。你可以看到你 1 个月的活动或 1 天的活动，以及其间的一切。

iPad 也为你的联系人内置了一个很棒的地址簿，有一个非常出色的地图应用程序，它可以显示卫星视图，放大建筑图片。

iPad 也是你欣赏音乐的绝佳工具，我们在 iPad 中内置了 iTunes 商店，你可以在里面搜索音乐，你也可以购买它。电影、电视节目、播客、iTunes 大学，一切都内置在 iPad 中。你可以在上面观看 YouTube 的高清视频，用它来看电视和看电影更是超赞。

想象一下，在 2010 年，在那个连智能手机都还没有普及的年代，你正好在发布会的现场亲耳聆听这段演讲，你感受如何？你一定是感到非常震撼的。这里虽然只用了文字呈现，魅力已减弱大半，但依然难掩其光芒。

接下来咱们梳理一下这段文字的结构。

不难看出，它的结构其实就是“挑战场景 + 客户利益”的扩展，共有五步，分别是：提出问题→挑战场景→现有解决方案→新的解决方案→客户利益，接下来我们具体分析一下。

第一步，提出问题。“有没有介于笔记本电脑和智能手机之间的第三类设备，比笔记本电脑与人更亲密，比智能手机功能更强大？”成功吸引客户的兴趣。

第二步，挑战场景。如果有的话，它需要在处理关键任务诸如“浏览网页、收发电子邮件、欣赏和分享照片和视频、欣赏音乐、玩游戏、阅读电子书”方面更出色，否则就没有存在的理由。这样的高标准说出了观众的心声，和观众形成了共鸣。

第三步，现有解决方案。通过对上网本的描述，明确指出上网本不过是一台廉价的笔记本电脑，绝不是符合要求的第三类设备。把观众心中仅有的解决方案击碎，进一步吊足观众的胃口。

第四步，新的解决方案。告诉大家，“我们创造出了这样的第三类设备，它叫 iPad”。

第五步，客户利益。陈述客户在新设备上获得的具体利益，包括浏览网页、收发邮件、欣赏照片、查看卫星地图、欣赏音乐和视频，和前面的问题形成了首尾呼应。

这样五步下来，划时代的第三类设备 iPad 惊艳亮相，引起了所有人的尖叫。

你有没有发现，真正关于产品的介绍是从第四步才正式开始的。但你可以想象，如果没有前面三步的铺垫，直接从第四步开始，将会是一个多么令人遗憾的产品展示，那些让你屏息凝神、尖叫喝彩、惊奇感叹的瞬间将不复存在，或许你也会有一丝兴奋，但绝对达不到震撼的程度。然而，当有了前面三步的层层铺垫之后，这个其貌不扬的 iPad，居然具有了一种石破天惊的颠覆性，似乎通体都在闪闪发光。

案例 2：雷军在 2013 年发布小米 2S 时对电话功能的介绍（节选）

我们在设计产品的时候，一个同事提到，人生有些遗憾在于错过了应该接的电话。他讲完这句话之后，我们脑海里就出现了很多的镜头，各种各样的因为错过了电话而造成的遗憾。我问他们，你们觉得最遗憾的是什么？开发组觉得最遗憾的是，中午饥肠辘辘的时候订了麦当劳午餐，到该吃晚餐的时候还没有送来，因为他压根就没有听见麦当劳送餐员的电话。有了痛苦的经历之后，我们做了第一个功能设计——“30 秒未接听，铃声自动放大”，这样就确保了你能听见重要的电话。然而，这个功能做完以后，我们办公室电话铃声此起彼伏的，大家烦得不行，于是，我们又设计了“接起电话的一瞬间铃声自动减弱”，大家觉得这个功能怎么样？

人生更大的遗憾在于接了不该接的电话。我们创业3年，很忙，好不容易放个假到国外去度假，结果来了一个陌生电话。我忍住了不接，他过一会儿又打过来了，我想了想，就接了，怕人家有什么重要的事情，结果人家问：“你的房子卖不卖？”这个时候，我的心情无法用语言来形容，整个心情都被破坏了。所以我们决定做“标记陌生电话”，也鼓励网友标记：这个是中介，这个是广告，这个是骗子。这样你接到陌生电话的时候，一下子就知道它是什么电话，有了这个功能以后，大家舒服了很多。

但是，什么电话接、什么电话不接，还是一个难题。有个朋友跟我说：“你们的手机有没有这种功能，就是我可以只接通讯录里某些人的电话？因为我很忙，每天有很多人骚扰，能不能不接他们的电话？”每个人都有很多的想法，给我提了各种各样的意见，后来我就做了一个拦截电话的工具。反正你是拦一个人也好，拦一群人也好，是全部不接也好，还是只接某些人的电话也好，这个功能全部都支持。甚至你可以不接某人的电话，只看他的短信，或者你只接他的电话，不看他的短信，这些都可以设置。

还有一种场景：有时候你在路上、在公交车上，接到一个重要的电话通知你在什么时间、什么地点，开什么会、做什么准备，这个时候你手忙脚乱，怎么办？去找笔记本、找一张纸、找一支笔记下来吗？这时，首先你可以立刻录音，其次你可以立刻启动便签，马上开始在便签上记录。这是两种非常好的方法。开发组还设计了一个功能，可以指定联系人，他一打电话你就录音。有了很多通信记录之后，有时候你的录音和便签不好找，于是我们又把录音、便签与通信记录合并到一起了，这样更方便查找。

还有个好用的功能是什么呢？是用T9智能搜索联系人，大家都会T9输入法吧？比如你要找刘新宇——刘新宇是这个功能的开发者，你只需要输入599就可以了。以前我用iPhone的时候，因为我通讯录里有2000多个人，我最痛苦的就是找人，我相信很多人都有这样的痛苦。但你要是用T9输入法，你就可以只输2个字或3个字，就可以迅速找到人，我们还支持全拼、简拼、混拼和数字搜索，搜索功能做得非常不错。

你要是输入“信用卡”，你还会发现惊喜，你会发现所有信用卡公司的电话都能查到；你要是输入“麦当劳”，马上就显示麦当劳的电话；你要是输入“肯德基”，也会显示肯德基的电话。这些常用的服务热线我们都已经内置了，而且是云同步云更新的，这样你就不用随身带着电话黄页了。你要订酒店的房间、订机票，什么电话你都可以找得到，我们这个功能叫“超级黄页”。

介绍“声控拍照”功能时，他这样说：

跟我们米粉节相关的聚会总是需要合影，遗憾的是你可能找不到摄影师。现在我终于明白我为什么要做手机了，因为人生总有很多遗憾。所以我就决定自己干了。

3 年前的 4 月 6 日，在海淀区宝福寺桥银谷大厦的一个小房间里，有 14 个人煮了一锅小米粥，怀抱着“小米加步枪”的革命浪漫主义情怀，准备开创他们的伟大事业。

其实那一天我们到了 14 个人，但当同事把我们的合影发在微博上时，细心的网友却发现了问题，说照片里只有 13 个人。我们一看，确实是这样，因为有一个人在拍照。我们找遍了所有的照片，想找到一张我们 14 个人的合影，居然一张都没有，这也成了我们小米公司永远无法弥补的遗憾。所以我们决定要做一个功能来解决这个问题，那就是声控拍照。所有人站好以后，喊一声拍照，手机就自动拍了，或者喊个茄子，就自动拍了。

以上的片段中，雷军总共介绍了小米手机的 7 个功能，包括 6 个通信功能和 1 个拍照功能，但无论是哪个功能，都是按照“挑战场景 + 客户利益”的结构来讲的。

第一个功能，“30 秒未接听，铃声自动放大”。挑战场景是：程序员中午饥肠辘辘的时候订了麦当劳午餐，到该吃晚餐的时候还没有送来，因为他压根就没有听见麦当劳送餐员的电话。

第二个功能，“标记陌生电话”。挑战场景是：到国外去度假，来了一个陌生电话，你接了，结果人家问你的房子卖不卖，好心情瞬间被破坏。

第三个功能，“电话拦截”。挑战场景是：“你们的手机有没有这个功能，我可以只接通讯录里某些人的电话？因为不想总被人骚扰。”

第四个功能，“电话录音和便签”。挑战场景是：你在路上或在公交车上，接到一个重要的电话，需要记录与会议相关的重要信息。

第五个功能，“智能搜索联系人”。挑战场景是：用其他品牌手机的时候，通讯录里有 2000 多人，最痛苦的就是找人。

第六个功能，“超级黄页”。挑战场景是：查找热线电话，以及订酒店、订机票。

第七个功能，“声控拍照”。挑战场景是：在一个颇具历史意义的时刻，却因为拍照时找不到摄影师帮忙而没有办法得到一张包含所有成员的合影。

如果平铺直叙地讲手机的这些功能，就太乏味、太琐碎了，观众听着听着就感到疲倦了。但雷军的这种讲法，让每一个功能都生动了起来，让观众在他的讲述中一边体验着同样的困扰，一边收获着更大的惊喜，这些小功能不知不觉就深入人心了。

从上面的案例可以看出，无论你的产品是什么类别，呈现产品最有效的方式，一定是站在客户的角度，将你产品的卖点融入客户能够感同身受、共鸣的挑战场景中。这样的介绍才能彻底跳出“王婆卖瓜”的怪圈，让客户发自内心地认同和肯定你的产品。

02 迎接结果：不要“考虑考虑”，而要 YES 或 NO

明确的结果是管理出来的。

当你向客户呈现方案之后，就需要有一个结果了。

那什么样的结果才是可以接受的呢？当然是 YES 和 NO。

YES 代表着成功，这很好理解，但为什么 NO 也是可以接受的结果呢？

因为如果你在前期的沟通中每一步都做到位了，NO 这个结果就代表着，客户经过了深思熟虑，依然觉得这次合作不太合适，无论是基于怎样的原因，这都是非常正常的。而你得到结果之后，除了询问原因、总结经验教训，最好的做法就是尽快收拾心情，投入下一个目标。所以，NO 是一个快刀斩乱麻、不再浪费你时间精力的好的结果。

那不能接受的结果是什么呢？“考虑考虑、商量商量、对比对比”，最后不理不睬玩失踪，这些才是最让人崩溃的，不给你结果，拖着你，让你的内心承受巨大的煎熬，销售进程陷入停滞状态。

怎么做才能得到一个明确的结果呢？有两种方法。

一种是预防法，另一种是治疗法。

预防法的核心是前面讲过的**终极约定**，它可以把问题统统扼杀在摇篮里，让它们连出现的机会都没有。治疗法的意思就是问题出现之后再给出应对措施。

如果你前期已经做好了终极约定，你就可以在讲完方案之后这样说：

张总，方案我已经为您讲解完了，不知道您还有什么想问我，或者想进一步明确的吗？

如果客户有问题，你就解答，没有，就继续：

您之前也答应过我，会在方案讲解完成之后给我一个明确的答复。所以，我想问一下，不知道您现在的决定是什么呢？

正常来说，如果你的终极约定做得比较扎实，客户也是明确表示过同意的，这段话说完之后，至少有 80% 的客户会给出明确的答复。

但是，也有可能因为你前期工作做得不够扎实，或者客户临时反悔，还是无法得到明确的答复，这时候，你该怎么办？我们可以用治疗法来应对。我整理了 3 个常见的问题，下面依次来解答。

问题 1：客户说要考虑一下，如何应对？

我们先分析一下，客户为什么要考虑？

可能是他还有顾虑，暂时做不了决定。如果是这个原因，当然是最好的。但这也可能是拒绝的信号，客户这么说只是不想伤了和气。如果是这个原因，那么你成交的可能性已经不大了。

针对这个问题，这里提供两种策略。

策略 1：询问顾虑

你可以这样说：

买东西嘛，谨慎一点是好事，考虑考虑是非常正常的。

只是，我感觉，您应该是对我们的产品还有所顾虑，但没有直接说出来。

其实没关系的，您有任何顾虑都可以直接告诉我。如果能解决，我会尽量帮您解决。如果不能解决，我也会非常坦诚地告诉您，绝对不会给您任何压力，也不会浪费您的时间，您看行吗？

这样一番说辞，让客户把心中顾虑的点告诉你，你就可以对症下药了。

当然，如果客户的回应是："我确实想要再慎重考虑一下。"你就可以使用策略 2。

策略 2：测试态度

你可以这样说：

好的，我理解，那就请您费心啦。

只是，我有一种感觉，不知道对不对。我总觉得，其实您已经做出了决定，不会再考虑我们了。只是您人特别好，不愿意直接告诉我让我失望，所以才用这样的方式来委婉表达，不知道我猜得对吗？

如果你很诚恳地说出这番话，客户一般是愿意给你一个明确的态度的。

如果客户对于这个问题的回复是“我确实不打算购买了”，你就可以接着说：

好的，没有问题。既然您已经做出了决定，那我也就不再给您继续做推荐了。只是，在谈话的最后，可否请您帮我一个小忙？可不可以请您告诉我，您之所以做出这个决定，真正考量的点，究竟是什么？我也想不断地提升我们的服务品质，以便未来再为其他客户提供服务的时候，能够更加心中有数，不知道您可以帮我这个小忙吗？

知道被拒绝的真实原因，你才会有靠谱的下一步。要么绝地反击，抓住最后的机会，挑战客户的错误认知，看看能否让这笔订单起死回生。要么感觉到回天乏术，那就果断放弃。只要你已经付出了百分之百的努力，就没什么可遗憾的了。

但是，如果客户说“还是等我考虑一下再说”，你就可以跟客户约一个大致的反馈时间，这样说：

好的，我完全理解。只是，我可不可以问一下，您估计大概需要多久才会有一个结果呢？您别误会啊，我没有半点催您的意思。只是，我确实有点不好把握，担心问早了，太打扰您，问迟了，又太怠慢您。所以，我想知道一个大致的时间。

问到大致时间之后，你按照时间跟进即可。如果问不到时间，你也可以自己预估一个大致的时间去问一下。虽然，根据经验，这种情况下成交的可能性不大。不过，既然你已经做了所有你能做的事，那么，谋事在人，成事在天，坦然接受就好。

问题 2：客户说要对比一下，如何应对？

其实这个问题跟上一个问题有点像，原因差不多，策略也差不多。所以将上面的两个策略，修改一点措辞之后，基本可以直接使用。

但是，因为客户提到了不同的关键词“对比”，所以，我们也可以使用如下策略。

策略：协助对比

你可以这样说：

我理解，买东西嘛，确实需要谨慎一点。

我想冒昧地问一下，您是已经看过其他家，想要更仔细地对比一下，还是目前还没有看过，正准备去看一下其他家呢？

你问出这个问题，客户可能有点意外或抵触，所以接下来，你可以解释一下你的意图：

您别误会啊，我的意思是，如果您已经看过其他家，不妨我们在这里就拿出他们家的方案，进行一个简单的对比。如果我的方案确实不如人家，那我会自愿退出，不再浪费您的时间。如果您还没有看过其他家，那我今天在这里，也可以协助您简单梳理几个您最关注的指标，这样您再去做对比的时候，就能轻松很多。您看行吗？

为了进一步降低客户的顾虑，你可以接着说：

您放心，您最终选不选我们都没有关系。只是，我作为行内人，愿意为客户做点力所能及的事情。不知道您同意这么做吗？

你看，你非常真诚，也非常坦荡，真正会去做对比的客户十有八九会答应你的。

如果客户坚持自己去做对比、暂时不麻烦你，你就可以测试一下他的态度，争取到一个 YES 或 NO 的结果就好。

问题 3：客户说要和家人商量一下，如何应对？

其实，如果在前面的决策环节你做得比较扎实，基本是不会遇到这个问题的。但如果你做得不够扎实，或者客户反悔了，我们也可以在这里处理一下。

我们来分析一下原因，为什么会产生这个问题？不外乎两个原因，他可能是真的想要商量一下再做决定，也可能是在委婉地传达拒绝的信号。

针对这个问题，上文问题 1 的“询问顾虑”和“测试态度”两种策略都可以使用。除此之外，再补充一种策略。

策略：请求引荐

这里再强调一下，不要指望由接洽人去搞定关键的决策人，除非实在见不到决策人。你可以这样说：

感谢您愿意去和家人商量一下。只是，我想确认一下，如果我没理解错的话，到目前为止，您个人的态度应该还是倾向于支持我们的吧？

先确认客户的态度。如果客户的态度是不支持的，或者含糊的，那“和家人商量”就只是个挡箭牌，不需要搞定，搞定他就好。但如果客户的态度是支持的，你就可以接着说：

冒昧地问一下，您打算跟家人怎么说呢？因为说实话，我也接触过很多客户，夫妻俩由于立场不一样，关注点往往也是不一样的。很多时候，双方很难说服彼此。

您看这样可以吗？不如，您引荐您的爱人给我认识一下，咱们 3 个人一起做个简单的交流。如果您爱人是支持的，当然很好；如果您爱人不支持，我也会充分尊重你们共同的决定，绝不会因为这件事让您为难。不知道您同意这么做吗？

如果客户还是不愿意引荐，你也应当理解。毕竟这牵扯到客户的家事，每个人的家庭情况都不太一样，这时你可以跟客户约定一个反馈的时间，这样说：

没关系，我完全理解。

那您看，大概多久之后会给我一个准确的答复呢？可以是决定购买，也可以是决定不买，都没有问题，我会充分尊重您和您家人的决定。

我只是担心，怕问早了打扰您，问晚了又有点不礼貌。所以，想知道一个大致的时间。可以告知一下吗？

问完之后，你就不需要总是天天悬着心等结果了，该忙什么忙什么去，到了约定的时间去问一下结果即可。

当然，如果客户说，有结果了会告诉你。你可以看情况，看是否适合再主动建议一个时间，或者 1 周，或者 2 周。如果不适合，你也可以先答应客户，过了 1 周或 2 周来问一下结果。总之，原则就是，只要还没成交，就一定要有个明确的下一步，不能是没结果的状态。

以上所有策略的核心就是一句话：要么 YES，要么 NO，绝对不要“考虑考虑”。

第七步
反向成交，让客户无悔签单

怎么做才能防止客户反悔？

给他一次反悔的机会。

怎么做才能让客户愿意转介？

让他成为满意的客户。

成交两次，消灭反悔

01 签约之后：不要兴奋过度，而要防止反悔

想让客户无悔，请给他一次反悔的机会。

小王是一名保险业务员。有一次，他刚签完单，从客户家里出来。由于过于兴奋，他直接从客户家的二楼楼梯三步并做两步地跳了下来，跳的过程中嘴里还念叨着："终于成功了！"因为速度太快，他跳到一楼的时候差点撞到了一位正要上楼的陌生人。

这位陌生人是客户的朋友。他一进客户家门，就听客户说，刚刚买了一份保险。于是这位朋友就问："业务员是不是刚刚走？"客户说："是啊，你怎么知道？"于是朋友就把在楼梯口发生的那一幕顺口告诉了这位客户。没想到客户听完，突然感觉哪里不对了，他觉得业务员那么兴奋，会不会是赚了他太多钱，这笔订单是不是有什么问题。于是，他当即拨通了小王的电话，说自己刚刚考虑不周，还是决定不投保了。结果，就因为这样一个小小的细节，一张本来签好的单被搅黄了。

类似这样的客户反悔的事件在销售中屡见不鲜。虽然原因各不相同，但客户在刚刚签完单时，确实是有一定的反悔概率的。尤其是，如果这单是在一种比较感性的氛围中成交的，当客户恢复理性时，就特别容易反悔。

所以，签约之后的重要一步，就是为成交"上一把锁"。

这个锁究竟怎么上呢？怎么做才能防止一个人反悔呢？

其实，**防止一个人反悔最好的方式，就是给他一次反悔的机会。**

如果你给了他一次光明正大反悔的机会，而他也确实反悔了，那么对于你而言，也是好事。因为你可以及时找到原因，即时进行补救。但是，如果他当时没有反悔，而是成交了，事后想了想，又想反悔，他可能就会觉得，人家明明给过

自己一次机会，自己没有把握好，如果再反悔，太不地道了，因此会打消这个念头。这是人的正常心理。当然，可能也有给了机会没反悔，最后又反悔的客户，但那毕竟是小概率事件，咱们就忽略不计啦。

明白了这种心理之后，我们具体应该怎么做呢？

反向用力，为对方找到一个合情合理的反悔理由。

接下来我们举例说明。

案例 1：反悔理由是，竞争对手干扰。

你可以这样说：

张总，非常感谢您对我的信任和支持。但我确实还有一个小担心，方便对您说说吗？

我遇到过这样的情况，就是在我离开之后，竞争对手公司的人跑来找到我的客户，跟他们说了一些话。由于客户对一些重大的决策通常也会持比较谨慎的态度，所以每次碰到这种情况，客户很容易一下子就被他们的话给镇住了。我很担心我们后续也会出现类似的状况。

所以，我的想法是，如果您对这笔订单还有任何疑虑的话，不妨现在就提出来，我们做一个交流，您看行吗？

如果客户还有疑虑，他就一定会提出来，这样你就有了现场补救的机会。但如果客户没有疑虑，那就基本说明，客户确实想清楚了，这笔订单就会十拿九稳了。

案例 2：反悔理由是，身边朋友劝阻。

你可以这样说：

张总，非常感谢您对我的信任和支持。但我确实还有一个小担心，方便跟您说说吗？

我遇到过这样的情况，就是在我离开之后，我的客户跟身边的朋友提起这笔订单，有的朋友出于好心，会从他的认知角度发表一些观点。由于客户对一些重大的决策通常也会持比较谨慎的态度，所以每次碰到这种情况，客户就很容易犹豫不决。我很担心我们后续也会出现类似的状况。

所以，我的想法是，如果您对这笔订单还有任何疑虑的话，不妨现在就提出来，我们做一个交流，您看行吗？

案例 3：反悔理由是，客户临时变卦。

以销售课程为例，你可以这样说：

张总，非常感谢您对我的信任和支持。但我确实还有一个小担心，方便跟您说说吗？

其实您订的这两天课程的时间，也有一位客户想订。但因为我先接洽的是您，所以我把时间优先安排给您。您定了之后，我才会去安排别的客户的时间。所以，我有点担心，万一我回绝了那位客户，您这边的培训又延期或者取消了，我对那位客户有点不好交代。

所以，我的想法是，如果您对这笔订单还有任何疑虑的话，不妨现在就提出来，我们做一个交流，您看行吗？

其实，理由不止这三种类型，还可以有很多，关键是合情合理。这样，你就可以测试出客户的真正态度，成交就稳了。

在这里，有的小伙伴可能会提出这样一个问题：会不会有这种可能性，就是客户都没想到这个点，我一说，反倒提醒了客户，让客户犹豫了，甚至最终取消合作，那我的提醒不是画蛇添足吗？

对这个问题我们可以这样理解：你的订单绝对不会因为你多说了一句话或少说了一句话而产生决定性的变化，关键是客户的内心有没有这样想。种子不在你这里，种子在客户的心里。你能做的，只是浇水、施肥，只是顺势而为，最多是推波助澜。

如果客户的内心本来就有顾虑，你当面点破的好处，就是你可以在现场即时处理。但如果你没有当面点破，而是任由这个顾虑在客户的内心发酵，那么等他最终做出决定时，可能就会是一个板上钉钉、无法逆转的决定，到时候你就再也做不了什么了。

而如果客户的内心没有顾虑，那么你的提醒顶多就是让客户再一次确认了自己的选择，也是一件好事。同时还会让客户觉得，你这个人特别实诚、特别靠谱，会对你增加一分好感。

所以，请大胆地去测试吧！

02 自然拓客：不要结束交易，而要开启转介

客户满意，就是转介的最好时机。

客户开拓的重要性，我想不用我强调，做销售的你一定也非常清楚。但你知道进行客户开拓时，什么样的方式是成本最低、效果最好的吗？

那就是转介绍，**来自满意客户的转介绍是最好的拓客方式，没有之一。**

所以，不要把转介绍当作一件“想起来就做、想不起来就不做”，或者“缺客户了就做、不缺客户就不做”的事，而要把转介绍这个步骤纳入销售流程的闭环中。也就是说，**如果这件事没做，就意味着你这次的销售工作还没有完结。**

那具体什么时候才是转介绍最好的时机呢？

交付项目或产品后，客户表达满意的时候。当然，客户表达满意，有可能是你主动询问的，也有可能是客户主动表达的。这个时候，就是获得转介的最好时机。

你可以这样说：

张总，能让您成为我的客户，我真的特别荣幸，再次感谢您。

只是，我一直有一个小问题想向您请教一下，其实我感觉刚开始的时候，您对我们的产品好像兴趣不大，我很好奇，究竟是什么原因让您最终下定决心与我们合作的呢？

只要客户一回答，就等于他自己告诉自己，也提醒了自己，他是很满意你们的，你们是很不错的。然后你可以继续说：

非常感谢您的认可，我一定会努力为您提供最优质的服务。

张总，有一个不情之请希望您不要介意。您能帮就帮，暂时帮不上也没有关系。

不知道您身边是否还有一些比较熟的朋友、同学，或者供应链上下游的合作伙伴，也和您面临同样的问题，所以有可能会需要我们的服务？如果有的话，您是否愿意给我几个名单？我可以尝试着跟他们联系看看，希望也能够帮他们解决问题。

上面这段话有三个要点：

1. 请求转介绍的前提是获得客户比较高的满意度

当然，这有赖于你们的交付确实是令客户满意的。所以，转介绍这件事其实不是孤立存在的，不是说几句提前准备好的话术就可以搞定的，而是建立在实打实的效果之上的。有了这个效果，转介绍就是一句话的事，没有这个效果，再高明的技巧都无济于事。

2. 消除客户的转介绍压力

比如上面话术中的“您能帮就帮，暂时帮不上也没有关系”，这样的话可以在一定程度上消除客户的转介绍压力。这种设计其实跟“解除成交”类似，就是客户担心什么，你就提前消除什么，让客户可以更安心。

3. 为客户划定一个转介绍的大致范围

比如上面话术中的“比较熟的朋友、同学，或者供应链上下游的合作伙伴”就是一个大致的范围。当然，你也可以根据更适合你产品的客户人群设计更适合的范围。为什么要划定大致范围呢？因为如果你让客户在转介绍这件事上费脑筋去思考，客户就很有可能会因为暂时想不起来，用“以后想到再跟你说”这样的话搪塞过去。而如果你让客户觉得，很轻易就能想到适合转介绍的人，给你转介绍完全是举手之劳，那么你当场获得名单的可能性就会变得很大。

兼顾以上三点，相信你会获得一个不错的结果。

模块二

能力篇

信任力

为什么有的客户特别配合、有的客户特别抗拒?

除了性格的原因，就是对你信任度的不同。

信任你的客户，

如同戴了一副美颜镜，

会有意无意地美化你及你的产品。

不信任你的客户，

如同戴了一副放大镜，

会无时无刻不在质疑你及你的产品。

01 安抚：不要强硬直接，而要柔化表达

指责激起对抗，安抚让人顺从。

一位妈妈看到自己5岁的孩子摔倒之后哭了，说：“走路要看路，不要东张西望，快起来。”

另一位妈妈看到自己5岁的孩子摔倒之后哭了，说：“这样摔下去，一定很疼吧？来，勇敢一点，站起来。”

第一位妈妈就是只讲道理的妈妈，第二位妈妈就是会安抚的妈妈。

一位妻子看到自己的丈夫因没有评上职称而沮丧，说：“你也不想想，单位里那么多人，怎么可能轮得到你？”

另一位妻子看到自己的丈夫因没有评上职称而沮丧，说：“我特别理解你的感受，你为此准备了整整1年，现在希望落空，心里肯定很不是滋味。不过没关系，虽然领导暂时还没发现你的才华，但你在我心中一直是一名非常优秀的专业人士，我相信你的实力一定会被看到的。”

第一位妻子就是只讲道理的妻子，第二位妻子就是会安抚的妻子。

到底什么是安抚呢？

安抚就是对他人表达安慰、理解、认同、肯定等。

安抚带给他人的心理作用是，让他人感到**“我是对的”**。

你可千万别小瞧这4个字，它的威力简直超出你的想象。无论你有没有觉察到，我们每一个人在内心深处，都拥有这个信念，而且根深蒂固。这个信念几乎是一个人赖以生存的最重要的信念之一。其实这很容易理解：如果一个人连自己都不认为自己是对的，他还怎么立身处世呢？因此，意识到这一点，几乎对所有人际关系的质量，包括夫妻关系、亲子关系、职场关系、社交关系，都会产生巨

大的影响。

可能你会说，但人会犯错，也会认错啊，这又怎么解释？其实，“我是对的”这个信念，与承认自己有错或者改正错误，一点都不冲突。因为这里的“我是对的”，不是指具体的某种想法或行为，而是指一种对想法和行为的自由选择权。意思就是，只要是我主动选择的，而不是别人强加给我的，那我就是对的。即便选错了，在当时的我看来，没觉得错，那我就是对的。即便我认错了，那也是我自己愿意承认错误的，所以，我也是对的。

但很多做销售的小伙伴，却严重忽视了这一点，或者说，他们完全没有意识到需要去保护客户内心的这样一种诉求。只要客户的想法跟自己不一致，他们就本能地否定客户、打击客户，最终导致赢了辩论，却输了订单。

那销售人员到底应该怎么做到安抚呢？

请记住一句话：**所有的说服，都是从认同开始的。**

如果你无法认同对方，那么你连跟对方对话的机会都不会有。我们要做的，就是**用一种认同客户的方式去改变客户**。这句话乍一听有点自相矛盾，其实不然。这句话要表达的意思是：我们在跟客户的沟通中，句句都是认同，没有一句不认同，但却总能通过各种角度的启发，让客户自己意识到他是需要改变的，并且他也心甘情愿做出改变。这个策略，就叫安抚。

这里总结了 5 个常用话术技巧，分别是：

表达感谢、表达理解、“这很正常”、“比你更甚”、总结反馈。

技巧 1：表达感谢

这个技巧太简单，这里就不举例了。唯一要提醒的是，感谢一定要足够真诚、发自内心。

技巧 2：表达理解

句型的重点是，要加上充分理由。如果你只说“我很理解”这 4 个字，而不说出一个具体的理由，客户就不会觉得你真的理解了，而会觉得，你只是在敷衍他。

比如，客户说：“你们的价格太贵了。”你可以说：

我理解您的感受，这个价格确实不低，价格也的确不是我们的优势。

再如，客户说：“我要考虑一下。”你可以说：

我理解您的想法，买东西嘛，谨慎一点总是没错的。万一买错了，即便可以退换，还是太折腾了，这个我深有体会。

技巧 3：“这很正常”

这个句型的重点是，要加上你认为正常的理由，通常我们会说：“很多人都是……”或者“我也是……”

比如，客户说：“我们的员工沟通能力特别差……”你可以说：

其实您提到的这个情况很正常，很多团队领导都遇到过，之前就有一位客户……

你可以讲一个跟客户同病相怜的案例，以证明你真的理解他。

再如，客户说：“你们这个产品质量怎么样啊？我很担心质量问题。”你就可以说：

其实您有这个担心很正常，不瞒您说，我刚接触这个产品时，也有这个担心……

技巧 4：“比你更甚”

这个技巧能够给客户一种感觉，即，似乎你比客户本人还认同他的说法。

比如，客户说：“你们的价格太贵了。”你就可以说：

不瞒您说，不光您觉得贵，连我都觉得贵。我刚接触这个产品的时候，还因为价格问题跟领导起了一次不小的争执呢。但当我跟我们的工程师聊完之后，我真的大为震撼，从内心深处为这个产品叫好，您知道令我震撼的是哪一点吗？

这样一说，客户可能会很有兴趣听听这个令你“大为震撼”的产品特点，你也就有了在价格方面说服他的机会。

再如，客户说：“我想跟家人商量一下。”你就可以说：

我理解。说实话，如果您一时半会儿不提，我都要主动跟您提了呢。因为将心比心，我自己买东西时也会跟家人商量一下。即便不商量，告知一下总是要的，这也能体现一下对家人的尊重，您说对吧？

这样一说，客户就会放松戒备，也更愿意回答你接下来的问题了。

技巧 5：总结反馈

你的总结反馈会让客户觉得你在认真听他说话、用心对待他。因此，在客户讲完一段话之后，你可以说：

您刚才说想要……好的，我明白了。

或者，你可以说：

您刚才提到了 3 点，我简单复述一下，您看看我有没有记错。

最后，对安抚技巧做一个实操要点提示：

1. 技巧本身很简单，养成习惯更重要

安抚这个技巧非常简单，也非常实用。你会发现，几乎在任何情景下，面对任何人、沟通任何话题，你都可以用安抚来开始你的第一句话。它既起到了承上启下的作用，还会让你的语言显得没有什么攻击性，让人感觉很舒服、很柔和。所以，你可以将安抚的技巧内化成自己的语言风格，养成一个好的说话习惯。

2. 正常情况下使用很简单，被客户冒犯时使用更显功力

安抚这个技巧说容易也容易，说难也难。如果在酒桌饭局上，大家不谈正事，单纯娱乐的话，可能不用任何人提醒，你也会说这样的话。但是，难就难在，你被客户冒犯的时候、被客户挑衅的时候、被客户打击否定的时候，你还会记得这个技巧吗？你有能力在一个与你对立的人面前，找到他话里你可以理解的点、可以认同的点、值得被肯定的点吗？这才是我们最需要修炼的。**别人正确时，你认同，那叫本能；别人错误时，你依然能认同，而且是有理有据地认同，那才叫本事。**

02 示弱：不要咄咄逼人，而要得理饶人

愚蠢的人总是逞强，聪明的人都在示弱。

一位打扮非常讲究的女士走进了一家高档服装店。她连续试了好几套衣服，但似乎都不是很满意，正要走出店门时，刚才为她提供服务的年轻导购快步跑上来，涨红了脸，满怀歉意地说："这位女士，请留步。是这样的，其实我才刚刚开始做销售，现在还在试用期，很多地方都不专业，不知道是不是我刚才的服务有什么地方让您不满意了，所以才导致您没有买？您能否帮帮我，告诉我是什么原因，也好让我有一个提升的方向？"

这位女士见状，说道："其实并不是你做得不好，只是我这几天确实买太多衣服了，这几套可买可不买。但既然你这么说了，那我就买了吧。"说完，她就把这几套衣服全买走了。

不知道你从这个小故事中获得了什么启发？

我看到的是：示弱的力量。反向用力，以柔克刚。

不难想象，在这个案例中，如果换一个销售人员，留住客户的方法可能就是各种夸奖、各种赞美，但显然这些对案例中的客户是很难奏效的。而换个角度，一份傻傻的真诚、一份弱弱的退让，反倒为客户找到了购买的理由。

什么叫示弱呢？其实就是字面意思，即表示自己很弱。

示弱给予对方的心理暗示是什么呢？

"原来，他还不如我呀""原来，他比我还惨啊"，大概就是这样的一种感觉。

在生活中，我们每个人，在很多时候似乎都在本能地比强，比谁房子大，比谁车子贵，比谁赚钱多，比谁更成功。但是，你有没有发现，其实最讨人喜欢的人，往往不是那个最强的人，而是那个强中带弱的人。这个该怎么理解呢？

很多人在面对强者的时候，尤其是无懈可击的完美强者的时候，都会有一种隐秘心理，那就是，见不得对方好，想看对方的笑话，似乎内心总铆着一股劲儿，总想找点对方的缺点、挖点对方的黑料，让对方从神坛上跌下来，以求得自己内心的平衡。这就是为什么网上一旦有人红了，无论是娱乐明星，还是专家学者，抑或是别的什么人，随之而来的就是网友们不知道从什么地方挖出来的一堆黑料。反正，人无完人，如果人家铁定要挖，那总是可以挖得到的，挖不到也可以捕风捉影，先造谣一番。这就是很多人都有的一种隐秘心理。听起来或许有点不堪，但确实普遍存在，只是每个人的程度不同而已。

但是，只要那个强者愿意承认自己也有弱的地方，愿意承认自己的缺点和不足，愿意“自黑”，愿意拿自己“开涮”，那么他瞬间就变得可爱多了，变得讨人喜欢了。因为，这样的他，更接近人们心中普通人的样子。人们的心里会有一种感觉：虽然他这么优秀，但他也有难处啊；虽然他这么厉害，但他也有苦衷啊。就是这样的一些难处、苦衷，让他和普通人产生了共鸣，因此，他才会更受欢迎。

那这样的一种心理跟销售有什么关系呢？

你跟客户沟通的时候，由于你很想把自己的产品卖出去，你会不由自主地强化自己的优势，或者是公司，或者是产品，抑或是自己。你强化的目的，当然是让客户知道你的产品有多好。但这样的强化也必然突出了客户的弱、客户的不懂行、客户的不专业，客户就会本能地感到不爽。这就是你越渲染产品的卖点、优势、利益，客户的反对意见就越多的原因。有的时候，不是因为他真的不认同你的产品，而是你的这种过于自夸、过于炫耀、过于志在必得、过于自我感觉良好的状态，让客户不爽。所以，他就是要对抗你、就是要挑剔你，甚至有的时候，他的挑剔是站不住脚的、是没有理由的，但他依然任性妄为。试问，面对这样一个铁定要跟你唱反调的人，即便你浑身是嘴，又怎么可能说服他呢？

那要怎么破这个局呢？最好的一招就是，示弱。通过示弱，让对方获得心理平衡。

比如，你讲完自己的观点后，示弱；说完自己的建议后，示弱；演示完自己的产品后，示弱；甚至在客户表达对产品的好感之后，你都可以示弱。在沟通的全程，你把该传递的都传递出去了，该表达的都表达到位了，同时还能保持一种示弱的状态，这不就是“强中带弱”讨人喜欢的表现吗？

那具体怎么做呢？

这里总结了 5 种比较常用的话术技巧，接下来依次举例说明。

技巧 1：“我不确定 / 我不知道”

这句话，我相信大家一点都不陌生。本书前面的章节里用得很多了。这句话的效果是，减轻质问感，让对方更愿意回答你的问题。

比如，你在“30 秒广告”中询问客户的困境时，可以说：

通常对我们这款产品感兴趣的朋友，基本都会遇到如下的一些问题……我不确定您这边是否也面临类似的一些挑战呢？

再如，询问客户的购买标准时，你可以说：

根据我跟客户打交道的经验，很多客户或多或少都会有一些自己的标准，他们会用这套标准来衡量这个项目到底值不值得做。不知道您是否也会有一些自己的标准或条件呢？

这样的用法其实很简单，就是把你知道的变成你不知道的，把你确定的变成你不确定的。因为确定的说法给人一种说服的感觉，往往会招致客户的反驳，而不确定的说法却给人一种中立的感觉，客户无法反驳，同时会将关注点聚焦在沟通内容本身。只需做这么一点点调整，沟通效果立刻就不一样了。

技巧 2：“我说的不一定对”

这样说的效果是，减轻对立感，让对方更容易听进去。

前文中我们分析过，人一辈子都在追求“我是对的”，而如果你先说自己可能不对，其实就等于在暗示对方，他是对的，那对方瞬间就有安全感了。在有安全感的情况下，对于你的观点，他会更有兴趣一探究竟。因为，好奇是人的本能，只要你不强迫他接受，他的好奇心就会自然地出现。

比如，当你要表达自己的观点时，加一句：

我说的不一定对，仅供您参考。

我说的不一定对，您先听听看。

我说的不一定对，欢迎您随时更正 / 打断我。

这样，就把你随后表达观点时的说教意味成功地化解掉了，让别人更容易抱着接纳的心态去听，而不是抱着对抗、挑毛病的心态去听。

技巧 3：“我不是来成交的”

这招非常好用，它的效果是，解除成交感，让对方放松戒备。其实这招在本书前文的章节中用得也是非常多的，这里再提示一下。

比如，当你想要争取跟对方稳定的沟通机会时，你可以说：

如果您时间还算方便的话，您看这样可以吗？我们先简单聊聊，您可以说说您面临的具体问题，我也可以说说我的解决思路。如果您觉得合适，咱们就接着往下聊，如果您觉得不合适，您也可以随时告诉我，我会充分尊重您的决定，绝不浪费您的时间，您看行吗？

再如，当你面对特别警惕的客户，或者你特别担心对方抗拒时，你可以再强调一下：

张总，我想先澄清一下，其实今天我来的目的跟成交没有半点关系。我很清楚，您现在对我们的产品还一无所知，我对您这边的情况也完全不了解，我甚至都不知道我们是否有能力解决您的问题。所以，咱们都不要有压力，轻松地聊一聊，您看可以吗？

这样说完，再说你的正事，客户就会放松很多。

技巧 4：“不一定适合所有人”

这一招的效果是，让对方潜意识中更想成为那个适合的人。

当一款产品，比如护肤品，宣传广告声称，这款产品适合全中国的人，0~80 岁都能用，男女老少皆宜。你会相信吗？你可能不仅不会相信，还会觉得，它肯定是为了卖产品而在夸大宣传、虚假宣传。但是，如果产品做个用户细分，称这款适合 15~20 岁肌肤娇嫩的少女；这款适合 20~35 岁比较年轻的女性；这款适合 35~50 岁比较成熟的女性；这款适合皮肤干燥、想要补水的女性；这款适合胶原蛋白流失、希望皮肤恢复弹性的女性。你立刻就会觉得它靠谱很多，至少比那个什么人都适合的产品靠谱。

虽然没有哪一款产品适合所有人，但所有人却都找到了适合自己的产品。

底层逻辑是什么？没有人喜欢被分在“所有人”这个标签下，每一个人在潜意识中都在寻找自己属于某个人群的归属感。因此，你越说“适合所有人”，就越是让所有人都觉得不适合，因为没有人会相信你。但是，当你有了区分，表面上好像拒绝了一部分人，但实际上，拒绝的那部分人你本来就争取不到，所以本质上你并没有失去什么。而由于有了区分，反而会让适合的那部分人，有一种莫名其妙地被“选中”的感觉。因此，他们会在自己的内心强化认知，觉得这个产品就是为自己这类人量身定做的。

简简单单的一句话，效果却出奇地好。那具体怎么用呢？

比如，当客户对你的产品表现出初步的兴趣时，你可以说：

其实这款产品还真不一定适合所有人，您可以听听看，看您会不会遇到以下这些情况，再做判断哦……

听到这样的话，你觉得他接下来会不会竖起耳朵认真听？

听完之后，如果确实不适合，客户会觉得你很诚实，对你印象很好。如果适合，客户甚至会暗暗窃喜，觉得自己的问题终于找到了解决办法。当然，作为销售人员，如果你挖掘客户的挑战场景足够充分的话，你是可以最大限度地让客户感觉到，你的产品是适合他的。

再如，你可以说：

虽然这个项目，客户反馈一直都不错，但确实不是所有的团队都适合。咱们不妨再多交流几分钟，了解清楚之后再做决定，这样才最稳妥，您同意吗？

这话看似把客户推远了，实际上是把客户拉近了。如果你是客户，你会不会期待跟他多交流几分钟，以便让你做出正确的决定呢？

技巧 5：“我也很弱”

讲一个“我也很弱”的故事。意思就是，我不但告诉你，我是很弱的，我还要讲一个我也很弱的故事来证明一下。这样做的效果是，引发对方的共鸣，让对方更容易敞开心扉。

比如，客户说：“保险是骗人的。”你就可以说：

您说保险是骗人的，我特别理解，不瞒您说，我就是因为一段“被骗”的遭遇，才阴差阳错最终加入保险公司的。您想不想听听我的神奇经历？

你这样一说，你觉得对方的反应是什么？对方本来是用这句话来打击你的，甚至是来结束话题的，你突然这么一说，反倒激起了他的好奇心，让他想听听你的被骗经历了。当然，讲故事的时候，你讲的内容肯定是你曾经对保险有什么误解，然后某位前辈为你释疑的故事。这样，客户在听你故事的过程中，会不知不觉被你植入的观点说服。你完全不需要直接说出你的观点，甚至你可以和对方一样持一种反对的观点，再通过故事中那位前辈的口，把这个误会解开。这简直是不战而屈人之兵。

再如，客户向你抱怨："我这工作可烦了，简直让人一个头两个大。"你就可以说：

其实您这么说，我真的特别理解，比任何一个人都理解，因为我就做过跟您一样的岗位……

接着，讲一个你在这个岗位上的烦恼故事，引发客户深深的共鸣，你们这对"难兄难弟"之间的信任关系就瞬间建立了。在讲故事的过程中，一定要注意，故事越曲折、越有冲突，效果越好。

最后，对示弱做一个实操要点提示：

1. 示弱的"弱"不是实力的弱，而是态度的弱

很多人以为，示弱的"弱"是真的弱，所以会觉得，真正强的人是不需要示弱的，只有弱的人才需要示弱。其实正好相反。示弱，恰恰是强者的权利，只有强者才有资格示弱、才有本钱示弱，而真正弱的人，是不存在示弱这个概念的。

那问题来了，强者那么强，他又怎么表现自己不强呢？其实这里所说的"弱"，指的不是实力的弱，而是态度的弱。所谓，实力要强，但身段要软。不是让你颠倒黑白、把有实力说成没实力，而是呈现一种态度上的弱、身段上的弱。意思是，不要高高在上，不要咄咄逼人，不要盛气凌人，不要得理不饶人，而是以一种谦和的态度来立身处世。

所以，真要用好这一招，你或者你背后的公司，还真得有点实力才行呢。

2. 示弱不是卑微地讨好，而是一种内心有力量之下表现出的谦卑

有些小伙伴在学示弱之初，会把示弱理解为一种讨好，甚至是卑微地讨好，这是极大的误解。其实，讨好这个行为，不仅讨不了什么好，还会让对方更加轻视你。这里所说的示弱，是一种发自内心的对他人的尊重，凡事不会想当然地把自己的想法强加给他人，更不会想当然地认为他人不如自己，但也并不因此而看轻自己，是一种内心有力量之下表现出的谦卑。

如果你检查你的内心状态，你就会知道你是在讨好，还是在示弱。

如果你是在讨好，那么你的内心是极不舒服的，因为这是一种迫于外力的委曲求全，有一种“人在屋檐下，怎能不低头”的无奈和不得已。但如果你是在示弱，无论你有没有得到自己想要的结果，你的内心都会从容淡定，既不会被任何外力绑架，也不会用自己的力量强行绑架别人，非常独立自由。

3. 示弱不是单纯地退让，而是关于进退的艺术

有些小伙伴学完之后，只懂得一味地退，这不是示弱的精髓。示弱的精髓是，进退有度、一进一退、进中有退，有种柔中带刚、刚中带柔的感觉。比如你阐明一个观点之后，以示弱结尾；提一个建议之后，以示弱结尾。当然，放在开头也一样。目的不是真的承认自己很弱、很无足轻重、很不重要，而是减弱观点的锋芒，让别人更容易接受。

03　自曝缺点：不要渲染优点，而要坦承缺点

承认你的缺点，将使你的优点更加可信。

一位知名男歌手宣布结婚后，发过这样的一条微博：自打我出道以来，拯救了多少长相平平的男士，但凡长得不怎么样的全说像我，而且还玩命 @ 我。另外还有一部分的狗和极个别的猫（也长得像我）。小弟我是不是堪称丑界救星了。

众所周知，他的眼睛不大，尤其是结婚照上大眼睛的妻子在他旁边，两人一对比，他小眼睛的缺点就更明显了。他的小眼睛也被人们数次调侃。一般人面对这样的事情，大概没有多少好脸色、好心情，因为没有人喜欢被别人拿着自己的缺点说事。但是他却自己站出来调侃了自己的长相，认为自己是“丑界救星”。这就让网友觉得，既然正主都承认了，好像再揪着不放也没什么意思了，于是慢慢地，网友也就不再拿这一点来攻击他了，反而更喜欢他了，觉得他是一个幽默、风趣的人。

我们不难发现，那些人缘好的人，都有一个共同点，就是善于自嘲，也就是自曝缺点。事实证明，他们自曝缺点，不仅没有贬低、丑化自己，反而为自己建立了更加积极正面又接地气的形象。

一些很有智慧的年轻人在婚恋中会自然地使用这种策略。比如一个小伙子家庭条件一般，父母收入都很低，但追女孩子的时候，他不仅不会刻意隐瞒自己的家庭条件，反而会主动告知女方。按理说，这样的家庭条件并不是一个加分项，但只要女孩子愿意给他一个机会，她会慢慢发现他身上的闪光点，好感度会越来越高，家庭条件一般的这个“缺陷”反倒不突出了。这绝对比那些刻意隐瞒真相，甚至美化自己，最后人设崩塌的人好太多。

同时，一些很有智慧的求职者在面试时也会使用这种策略。他们会主动暴露自己的一些所谓的缺点，当然这些缺点也是经过精心挑选的。你可能会认为，这不是在增加自己的应聘风险吗？但事实正好相反，这恰恰是在减少他的风险、增加他的胜算。因为，优点或许能够决定他能为用人单位做出多大的贡献，但缺点却能决定他会给用人单位带来多大的麻烦。对于那些把自己包装得十全十美、毫无缺点的应聘者，面试官会因为不确定的风险而下不了聘用的决心。但主动暴露缺点的应聘者，只要缺点在公司可以接受的范围内，则会对面试官形成一种暗示：这个人最差也不过如此了。这反倒能让对方放心录用他。

所以，如果优点代表的是上限，那么缺点代表的就是下限。接受上限，未必能接受下限，但接受下限，一定可以接受上限。

这个策略在销售行业也同样适用。

可能有的小伙伴会有疑惑：销售人员不是应该渲染自己的优点吗？客户难道不是因为我们的东西好而选我们的吗？如果我很诚实地告诉了客户我们的缺点，他果然不选我们了，那不是搬起石头砸自己的脚吗？

其实不然。客户也是明白人，他虽然喜欢好东西，但也不相信这世上会有十全十美的好东西。你越夸你的东西有多好、有多棒，他反倒越担心，会不会有什么未知的风险，所以他越会犹豫不决。但假如，你自曝了缺点，同时这个缺点是他能接受的，他反倒觉得你的东西更真实，你这个人也更靠谱了，这样一来他心里反倒踏实了，觉得风险可控。这是一种很微妙的心理，很多人是觉察不到的，但并不影响它在暗暗地发挥作用，左右人们的判断和行为。

所以，承认你的缺点，将使你的优点更加可信。这个策略的本质依然是**反向用力**。

那这一点在销售中如何运用呢？

既然客户在潜意识中，总想知道你的下限在哪里，那么与其让他自己找出来，打你个措手不及，不如你自己主动暴露，合理控制风险。这样，他也安心，你也安心。

这里总结了 5 种比较常用的技巧，接下来依次举例说明。

技巧 1：自曝产品缺点

案例背景

假如你所在的是培训行业，你卖的是一门技能型课程。市场上的技能型课程通常有两种：一种是讲授型课程，要求老师讲得多一点，学员记笔记就好，回去自己练；另一种是训练型课程，要求老师讲得少一点，学员练得多一点，这样课程结束后可以快速上手。你们主打的是训练型课程。但你并不确定，面前的这位客户到底更喜欢哪种类型，这时你会怎么办？

可能有些小伙伴的做法是，能不提就不提，多一事不如少一事，反正这个课程讲过那么多次，也没出过什么纰漏。而万一提了，客户不接受，这一单不就悬了吗？

但这样做的后果是，如果这个客户就是不喜欢训练型课程，而喜欢讲授型课程，那课程就讲砸了。到时候，客户可能不仅不会付款，还会对课程给予差评，甚至对外宣称课程不好，那你即便有一万张嘴，也解释不清楚了。

所以，正确的做法是，与其被动应对，不如主动提出。你可以这样说：

看得出来您对我们这套课程还是很感兴趣的。

但是，有一个小问题，要跟您提前说清楚。我们这套课程原本的设计是训练型的，老师的讲授和学员的训练大约各占 50%。

有的客户确实对此非常喜欢，甚至还主动要求课程上完之后，要专门安排 1 天时间，让学员演练，老师点评，目的是让学员出了课堂就能立马上手。但有的客户却接受不了，觉得好不容易请一次老师，希望老师能讲得多一点，少互动，甚至不互动，留下资料让学员课后再去练习就好。不知道您对这个问题怎么看？

如果你这样问客户，客户会怎么答呢？两种答案。第一种是，“我要的就是训练型课程”。第二种是，“我还是喜欢讲授型课程”。

如果客户的回答是第一种，不就正中你下怀吗？你求之不得。你可以顺势问问他对训练型课程更深的看法。如果客户的回答是第二种，你也不用紧张。你可以接着问问他，为什么会有这样的想法、这样考虑的出发点是什么。然后，你可以结合客户真实的想法，自行评估，是妥善引导以改变客户不专业的想法，还是微调课程以适应客户的需求，抑或是为了避免交付风险而干脆放弃这一单。三种做法，无论哪种，都于你有利。

所以，无论客户认为这是优点还是缺点，你都不会被动，有一种稳稳的掌控感。

那上面那段话，亮点到底在哪里呢？

第一，把优点包装成缺点。

训练型真的是缺点吗？见仁见智。在懂行的客户看来，这不仅不是缺点，反而是优点。但在不懂行的客户看来，这或许就是缺点。所以，你这么说，如果客户懂行，会更加坚定他采购这门课程的决心，因为这正是他想要的，你的提醒还起到了强调的作用。但如果客户不懂行，你也可以探测出他的更多信息，以便制订不同的对策。你看，表面上你说的是缺点，实际上却是优点，有一种美而不自知的感觉。

第二，说优点的时候，不是通过自己的口，而是通过第三方客户的口。

比如案例中的“有的客户……但有的客户却……”这样的说法，就最大程度降低了对抗感。既把自己摘了出来，也不耽误表达自己的立场，同时还没有什么说教的意味，可以说是一箭三雕。

第三，不要强迫客户接受，而要询问客户的想法。

只要你想把自己的想法强加给客户，你们就会对立。但只要你给客户自由，问他的想法，你就有机会循循善诱，和他一起商量出一个共赢的对策。

技巧 2：自曝服务缺点

案例背景

假如你从事的是房地产行业，要销售房子，而你们公司有一个规定，即定金不能退。当客户对房子很满意，想要交定金时，你会怎么做呢？你会不会主动把“定金不能退”这件事告诉客户？

我知道一定有小伙伴抗拒不了这种诱惑，他们不太愿意告知客户，或提醒客户。因为他们担心一旦告知客户，客户就不交定金了。同时他们还觉得，如果客户交了定金，之后又变卦回来退定金，还可以多一个抓手，以此为由留住客户。

其实，这样的做法是极其愚蠢的。

首先，如果客户真的不想买了，绝对不会因为这么一点定金，去犯一个更大的错误，去买下一套自己不想要的房子。其次，销售人员的口碑是很重要的，总是通过这种带点坑蒙拐骗的方式做业务，对你长期的职业发展绝对是不利的。

那正确的做法是什么呢？当然是直接面对、主动沟通。你可以这样说：

看得出来您非常喜欢这套房子，也确实想现在就交定金。

但有一件事，我还是要提醒您一下，我们公司的规定是定金不能退，不知道您知道这个规定吗？

这个时候，客户如果的确不知道的话，他会感到有点诧异，你可以接着说：

虽然我们的房子确实很抢手、不愁卖，很多客户愿意交定金就是想提前锁定，以防自己看好的房子被别人买走。但客户的情况的确各不相同。我之前就见过一些客户，看到房子，很喜欢，就直接交了定金，之后却后悔了，要回来退定金。但我们公司是退不了定金的，搞得大家都很尴尬。

所以，我也想问一下，不知道这件事会影响您的最终决定吗？

如果你是这位客户，你的感受如何？

这段话，不仅会让客户很信任面前的这位销售人员，觉得这位销售人员很靠谱，还巧妙地为客户的冲动情绪降了温，使其恢复了一点理性，可以再慎重地做一个评估。

评估的结果不外乎三个：第一，客户依然愿意交定金，那么这张单十拿九稳，跑不掉了。第二，客户有疑虑，你正好可以借此机会解答疑虑，疑虑过后，就是成交。第三，客户觉得不妥当，最后也没成交，那么客户也会非常感激你的提醒，同时还感觉欠了你一个人情，说不定什么时候再买，或者他的朋友再买，就把这个人情给还了。所以，无论是哪种结果，都对你有利。

可能有的小伙伴会说，为什么要这样自找麻烦呢？客户是自愿交定金的，难道还有挡回去的道理？

你一定要深刻理解购买的本质，感性冲动＋理性评估，双管齐下，才能真正成交。如果客户只有感性冲动，没有理性评估，或者理性评估不充分，那么等他恢复理性之后，极有可能会后悔。

所以，如果你只追求虚高的成交率，当然可以在客户情绪的最高点促成交易。但如果你同样重视退单率，那么我劝你，一定要让客户的感性冲动合理化，一定要为客户的感性冲动找到客户认可的合理的理由。当然，不是你直接灌输，而是让客户在你的启发、引导下找到，这样订单才会稳。

用一个看似缺点实则中立的特点，帮助客户夯实了购买的理由，还塑造了靠谱的人设，是不是很高明？

技巧 3：自曝公司缺点

案例背景

假如你在一家创业型公司做销售，当面对大型国企，或者“世界 500 强”公司的客户时，你心里会不会有点犯怵、有点没底，怕客户看轻自己？

我想说的是，如果你已经意识到了这一点，那为什么不提前挑破呢？提前挑破，你就不纠结了。

那要怎么说才能既有面子，又让人舒服呢？你可以这样说：

看得出来您对我们这套系统还是很感兴趣的。

只是，有一个小问题，还是要提前跟您说明一下。虽然我们也的确服务过几家像贵公司这样的大公司，口碑也不错，但我们确实只是一家成立时间比较短的创业型小公司。

有的客户对这一点完全不在乎，反而觉得，只要技术过硬、服务过硬，其他不重要，甚至会觉得，小公司内部结构简单，响应速度会更快。但有的客户确实会觉得，我们的实力跟他们的实力根本不在一个水平，还是想找一个规模更大、实力更匹配的公司，这样更加“门当户对”。

所以，不知道您对于这一点是否介意？这会不会成为我们合作中的障碍呢？

猜猜看，客户会怎么答呢？

一种是，客户表示完全不介意。这正中你的下怀，你就可以彻底放心啦。另一种是，客户透露出会介意的信号。当然他可能不会直接说，但你完全可以从他的语音、语调和微表情中捕捉到。

如果是这样的话，你也可以表示理解，并进一步测试一下，比如这样说：

那您的意思是，即便我们主要的产品指标都优于那些大公司的产品，您也基本不会考虑我们，是这样吗？

这样问，你就可以进一步确认客户的态度。然后你再根据客户的回应做出判断，客户真正介意的是什么？到底问题卡在哪里？到底还有没有挽回的余地？如果最终就是输在公司规模上，你也只能接受，毕竟客户的想法不是那么轻易就可以改变的。

再说回缺点的问题。公司很小，真的是缺点吗？好像也未必。刚刚的话术里也说了，“只要技术过硬、服务过硬，其他不重要……小公司内部结构简单，响应速度会更快”——这明明是优点啊。而且，不是用自己的口表达的，而是用第三方客户的口表达的，一点攻击性都没有。表面上是在说缺点，实际上却是暗戳戳在强调优点。谦卑的态度有了，该强调的实力也强调了，剩下的就是客户的选择了。

技巧 4：自曝行业缺点

行业会有什么缺点呢？你会发现，有些行业在普通老百姓的认知中，口碑确实不怎么好，比如保险行业。这里我要郑重澄清一下，我个人对保险行业没有任何负面看法，相反，我曾长期就职于保险公司，我也非常欣赏保险行业里那些真正的精英。在这里，我说的只是一个普遍的市场口碑，出发点是帮助大家解决问题。所以，如果保险行业的小伙伴看到了，千万不要介意哦。

那口碑不好怎么办？我就见过一些做保险销售的小伙伴，只要客户一表现出对保险行业的不认可，就会沉不住气，立刻开启教育模式，搬出一系列政府文件、专家发言、保险法规，反正就是义正词严，要凭一己之力为保险行业正名。

这样做的效果好不好呢？你懂的。即便客户被你驳得哑口无言，也不代表他心里真的认同你。

所以，这样做，完全没有必要。因为客户的这种印象不是一天两天形成的，也不是针对你个人的，你急赤白脸地去教育客户，犯不上。即便对方被你驳倒了，你赢了，你又能得到什么呢？所以，你不用去扭转行业的整体口碑，事实上你也做不到，但你可以做到的是，避免不好的口碑影响到自己，同时让自己的表现为行业未来的好口碑尽一分绵薄之力。

比如，当你在沟通中感觉到客户确实对行业印象欠佳时，你可以这样说：

特别感谢您愿意见我，更感谢您能和我这么坦诚地沟通。

只是，或许您也知道，我们这个行业口碑一般，很多客户一听说我是保险业务员，就很排斥。打电话不接，拜访也见不到人，即便是熟人，只要谈了保险，可能连朋友都没法做了。虽然买保险的人是越来越多了，但对保险业务员的负面评价却并没有改变多少。

所以，我不知道，您之所以愿意见我，是因为您确实愿意给我一个机会聊聊看看，还是说，您只是碍于情面不得不见我，其实早就想打发我走了？

如果你是客户，你会怎么回应？

如果客户确实对你印象很好，你这样说完之后，他对你的印象就更好了。因为他会觉得，你这人很实在。同时，你这个问题，也会让客户不由自主地去找到更多认同你的理由。但如果客户确实是碍于情面才愿意见你的，你的这种说法，也会让客户重新审视，或许你跟他过去认识的那些保险业务员都不一样，他会重新开始认识你。

你看，承认缺点又如何？承认缺点，不仅不会让客户看轻你，反而会让你凭借这种诚实靠谱的态度，让客户更加高看你。

人总会有意无意地追求一种平衡：你的想法越往左偏，他就越会向右找补一点；你的想法越往右偏，他就越会向左找补一点。所以，以后再遇到客户贬低，你只管承认就好。只要你不辩解、敢承认，相信我，他之后一定会为你“洗白”的。

技巧 5：自曝个人缺点

这一招具体而言就是自黑、自嘲。能够自黑、自嘲的人，往往更受欢迎。因为这样做，不仅可以产生娱乐效果，让对方放松警惕，还能让自己获得更多信任。

比如，你想了解客户的关注点，你直接问客户：“在这个问题上，您最关注的是什么呢？”客户可能回答你，也可能不回答你。如果他不回答你，你怎么办？

当然，我们在后面有关提问力的章节中，会分享很多提问策略。但如果你就是想通过自嘲的方式问出来，也完全没问题。你可以这样说：

看得出来，您对我们这款产品还是挺感兴趣的。

其实不瞒您说，我这个人有一个缺点，那就是学东西速度太慢、效率太低。通常别人学一遍就能学明白的，我都要学 3 遍以上。我特别担心，万一被客户问到某个具体的问题答不上来，会很尴尬。

要不您考考我，关于这款产品的任何问题，您想问什么尽管问，我会尽我所能地为您解答，也看看我这个“慢工夫”有没有效果。但万一真的答不上来，您可不要笑话我哦。

这样说的效果是什么？感觉像在和客户玩一个小游戏，客户的心态会非常放松。同时，只要客户一开口，就会暴露他的动机。因为，虽然你让他随便问，但他真的会随便问吗？不会的，他问的问题一定是他关心的，否则他为何要问？这样，你就可以无声无息地把客户真正的痛点问出来。表面上，用自嘲的方式拉近了关系，实际上，却是不折不扣地挖掘痛点。

当然，你要自嘲哪个缺点，是可以选择的。

如果你想突出自己的认真，你就可以自嘲速度太慢、效率太低。如果你想突出自己的专业性，你就可以自嘲特别一根筋、特别固执，为寻找一个问题的答案，居然用了一些很笨的办法。如果你想突出自己的服务好，你就可以自嘲为了给客户做件什么事，居然弄出了个大乌龙，很丢脸。故事很搞笑，但你“服务好”的这个点，确实暗戳戳表达出来了。

总之，正话反说，反向用力，挖掘优点背后的那些缺点、糗事，让客户开心的同时，自己的目的也达到了。

最后，对自曝缺点做一个实操要点提示。

1. 自曝的缺点绝对不能是硬伤

你自曝的缺点一定要是那种无伤大雅、看起来像特点、换个角度又会被看作优点的缺点。如果是硬伤，那一定是一票否决制的，没有任何商量的余地。所以，既然要主动自曝，那对缺点的选择就要非常用心，对于度的拿捏要恰到好处。

所以，你也可以提前做做功课，想一想，关于产品的、服务的、公司的、行业的、个人的，有哪些缺点符合这个要求，是可以拿来用一用的。未来真正需要用到的时候，每一招都能强有力地打消客户的顾虑，推动销售的进程。

当然，如果你的产品对于客户而言的确有硬伤，那就不是通过沟通技巧可以解决的问题了。排除质量差的可能性，很大概率是你找错客户了。你的产品根本不适合这个客户，才导致产品的优点或特点在客户看来是缺点甚至是硬伤。那么这个时候，你需要的不是起死回生的话术，而是换一个更适销对路的客户。

2. 如果想要强化某一角度的优点，请一并暴露另一角度的缺点

为什么“王婆卖瓜”越来越不受待见？因为王婆把瓜吹嘘成天下无敌，堪称完美。这样完美的瓜，又有多少人会相信它的真实性呢？其实，只要王婆能够自曝瓜的一个小缺点，那瓜的优点，立刻就会变得真切无比，可信度会提高好多倍。

人们喜欢好东西，但人们却不相信世上有完美的好东西。事实上，你的东西也绝对不可能是完美的。所以，说缺点，其实并没有丑化你的产品，只是在说一个本来就存在的事实。当你认识到这一点，你就可以在你想要强化的那些优点中，很自然地放入一些合理的缺点，这样既会让优点更可信，也会让缺点更容易被人包容。

当然，你表达的方式最好是借助第三方客户的口。比如："有的客户喜欢，有的客户不喜欢，不知道您喜不喜欢？""有的客户认同，有的客户不认同，不知道您认不认同？""有的客户接受，有的客户不接受，不知道您接不接受？"这样，优点表达了，缺点也表达了，而且还显得特别客观、中立。更重要的是，认同优点的客户，很难被缺点影响，因为缺点是你主动选择呈现的。但认同缺点的客户，却极有可能被优点影响，因为优点也是你主动选择呈现的。结果就是，优点和缺点都是真实存在的，但却都能发挥对销售的正向作用。

3. 如果觉察到客户可能在某一点上与你产生分歧，请你主动自曝缺点

如果你明知道前方有雷，而不提前排雷，那万一到时雷爆了，你就很难挽回了。所以，与其担心、煎熬，不如主动面对。

前文中关于自曝服务缺点、自曝公司缺点、自曝行业缺点的案例，都是这一点的具体运用。这些缺点，其实大多数客户都会注意到，既然如此，为什么不主动面对、提前解决呢？如果客户真的介意，你主动提出来，会减弱这个缺点的杀伤力，同时你也有充分的时间来处理。如果客户不介意，也塑造了你诚实靠谱的口碑。

4. 自曝缺点的时机一定是在客户表现出一定的兴趣之后

大家有没有发现，在上面的话术中，几乎每一段的开头都在告诉你，客户的状态是感兴趣的。

为什么是这样？因为如果客户完全处于一种抗拒、拒绝、否定的状态，那么你的自曝缺点，几乎等于"自寻死路"，而且是加速的"自寻死路"。只有在客户表现出一定的兴趣之后，你的自曝缺点，才有价值，才可能起到以退为进的作用，才是真正的反向用力。

04 情绪疏导：不要判断对错，而要按摩情绪

先处理心情，再处理事情。

如果你的闺蜜失恋了，非常痛苦，你会怎么安慰她？

我们在这里呈现5个可能的回应。

（1）我早就告诉过你，他不靠谱，你偏不信，这下惨了吧？

（2）你这段经历算啥，我比你惨多了，你知道我前男友当时是怎么对我的吗？他……

（3）你长得这么好看，性格又这么好，追求你的人可以从这里排到大街上，你怕什么。

（4）好好的怎么会分手？你有想过原因吗？是他的问题还是你的问题？

（5）我知道你现在一定特别难过，想哭你就哭出来吧，我会一直在这陪着你。

5个回应，你会选择哪一个？我们来具体分析一下。

回应（1）是批评型回应，让人在情伤之余再添内伤。

回应（2）是比惨型回应，处于悲伤中的人看到这样的“演技派”，会觉得胸口堵得慌，想宣泄却没有出口。

回应（3）是夸奖型回应，处于悲伤中的人听到这样的话，会有点哭笑不得的感觉。

回应（4）是分析型回应，这样的问题只会火上浇油，让人在悲伤之余新增一分怒气。

回应（5）是共情型回应，让人感觉找到了知己，获得满满的安全感和踏实感。

显然，回应（5）是让沉浸在失恋痛苦中的闺蜜最舒服的。而其他的4个回应有一个共同点，那就是都没有在情绪层面做出回应，只是在处理事情本身。

这与销售工作有什么关系呢？

在销售的过程中，你有没有遇到过客户情绪特别激烈、特别不给面子的时候？可能有些小伙伴会本能地跟客户较劲或者认怂，但这些方式不是让别人难受，就是让自己难受，都不好。

其实，人有情绪是很正常的。但是，因为别人有情绪，刺激到了你，你就一定要有情绪吗？这无异于把自己的情绪开关交到了别人手里，别人一夸你，你就开心，别人一骂你，你就难受，你不就把自己活成了一个“牵线木偶”了吗？

作为成年人，你需要建立这样一种意识，即要把情绪牢牢掌控在自己手里，成为情绪的主人，而不是情绪的奴隶。要不要生气、要不要发火，不是因为别人的刺激，而完全是自己的选择。选择服务于你的目的。这才是成熟、理性的做法。虽然不容易做到，但不是不可以做到。如果你会情绪疏导，你就不仅可以掌控好自己的情绪、不被别人带偏，还可以把别人的情绪带回来，让他收起情绪、恢复理性。因为，发泄情绪是本能，控制情绪才是本事。

那情绪疏导到底应该怎么做呢？

记住一个非常重要的原则：**先处理心情，再处理事情。**

在事情发生的第一时间，千万不要针对事情去处理，一定要针对情绪去处理。事情层面的处理方式通常是批评指责、分析对错。情绪层面的处理方式通常是分享心情、分享感受。等情绪平复了、理智恢复了，再去处理事情，效果就会非常好。

这个过程具体可以分为三个要点，分别是：理解动机、分享感受、提出建议。

要点一：理解动机。

动机是化解人与人之间对抗的第一关键因素。无论一个人做了多大的错事，情绪多么激动、多么疯狂，其实他的动机对于他自己而言，都是合理的。只要你说出了他行为背后的动机，他瞬间就觉得自己被理解了、被接纳了，就有希望恢复到理智状态。

要点二：分享感受。

感受是化解人与人之间对抗的第二关键因素。与其去责备对方、指责对方、抱怨对方，不如说说自己的感受来得管用。因为感受会让对方感同身受，会引发对方的共鸣，让对方从“对错”的旋涡中解脱出来，对别人多一分理解和体谅。

要点三：提出建议。

意思是，不要沉溺于这件事本身，在情绪平复之后，就要让事情翻篇，往下一步推进。

接下来我们举例说明。

案例 1：刚一进门，客户就劈头盖脸来一句，“我真的特别烦你们这些业务员”。

错误回应：“张总，虽然我只是个小业务员，但我们在人格上是平等的，你应该尊重我。”

这种方式看起来好像不错，也比较解气，但说实话，除了解气，没什么实际的好处，你也很难把事情往下推进。你完全可以这样说：

（理解动机）张总，听您这么说，我猜您过去一定在跟业务员打交道的过程中，有过一些不愉快的经历吧？虽然我现在还不知道是什么事，但您的这份心情我完全理解。

（分享感受）只是，突然听到您这么直白地说出这句话，作为同行，我确实觉得很尴尬，也备受打击，都不知道该怎么办才好了。

（提出建议）张总，您看这样可以吗？既然我今天已经来了，您能不能给我 1 分钟的时间，简单说说我的来意，然后由您来决定，是让我立刻走人，还是暂且留我当个“备胎”，您看行吗？

这样说，不卑不亢，干脆利落。如果你是那位出言不逊的张总，你感觉如何？是不是会突然意识到，自己太过情绪化，有点不应该，甚至有了一丝歉疚的情绪，同时也更愿意配合对方，愿意酌情考虑对方的诉求。这样，1 分钟不到，你就把这种尴尬的局面成功化解，并且把谈话带入正常的轨道。

案例 2：客户说，“保险都是骗人的，你怎么会跑去卖保险啊”。

错误回应：“你怎么能这么说呢？保险怎么可能是骗人的呢？如果保险是骗人的，国家不早就取缔了吗？”

这样的说法确实很爽，但也就只剩下爽了。宣泄了情绪，却一点都不高明，对达成你的目的也没有丝毫帮助。你完全可以这样说：

（理解动机）其实您也不是第一个跟我这样说的人了。我猜您之所以会这样说，不是真的完全不认可保险，而是担心我利用朋友关系道德绑架你、强行给你推销，我猜的没错吧？

（分享感受）其实，每次听到朋友这样说，以这样鄙夷的方式来防着我、告诫我不要卖保险了，我心里都非常难受，都会怀疑自己是不是选错了行业。

（提出建议）坦白说，我这个人谈不上多高尚，但也的确不是会道德绑架朋友的人，您看这样好不好？既然咱们已经聊到保险这个话题了，干脆就直接一点，花个 5 分钟做个简单的交流？如果交流之后，您依旧觉得保险是骗人的，咱们就结束对话，我也不会再来打扰您。您看行吗？

一场危机瞬间化解于无形，这样的说法既不高傲，也不卑微，而是恰到好处。这就是情绪疏导的威力。

最后，对情绪疏导做一个实操要点提示：

1. 情绪疏导的前提是自己保持情绪稳定

如果别人有情绪，而别人的情绪又把你给激怒了，那你是无论如何都处理不了别人的情绪的。所以，要做好情绪疏导，你要先成为一个情绪稳定、能掌控自己情绪的人。

2. 情绪疏导的核心是千万不要讲道理

讲道理其实就是论对错，而论对错永远不可能解决问题，只会激化矛盾。因为每个人都认为自己是对的，也都会坚持自己是对的。所以，当别人有情绪时，无论他是对的还是错的，先搁置对错，只觉察动机、谈论感受。等对方恢复理性之后，再通过设定合适的下一步，将此事翻篇。

05　讲故事：不要刻板讲道理，而要生动讲故事

道理容易遭到质疑，但故事自动潜入人心。

小山羊长大了，想离家学习本领。羊妈妈高兴地说："好啊，孩子，你要记住，每遇到一个人，你都要向对方学一个本领。"

小山羊在外面转了一圈，一个本领都没有学到，只好失望地回家了。

羊妈妈疑惑地问："难道你一个人都没有遇到？"小山羊说："不，我遇到了很多人。"

羊妈妈更疑惑了："既然这样，那你怎么一个本领都没有学到呢？"

小山羊回答："我先遇到了小牛，可他跳得没我高；接着我遇到了小鸭，可他跑得没我快；后来我又遇到了小猴，但他唱歌没有我好听。"

羊妈妈语重心长地说："傻孩子，其实每个人身上都有很多优点和缺点，你光盯着别人的缺点，只会让自己变得平庸，只有多学习别人的优点，才能让自己变得更优秀啊。"

第二天，小山羊又出去学习了。他牢牢记住妈妈的话，多学习别人的优点，结果真的变得越来越优秀。

想象一下，如果一位爸爸或妈妈把这个童话故事讲给孩子听，相信孩子一定能够轻易吸收"学习别人的优点，才能让自己变得更优秀"的道理，并且还能身体力行地做到。但是，如果不讲故事，直接告诉孩子这个道理，效果如何？孩子可能不仅理解得不深刻，也根本记不住，要做到就更加无从谈起。

这就是讲故事的力量。

为什么通过讲故事的方式来传递观点比直接讲道理的方式效果更好呢？

前文说过，人总会坚持自己是对的。但讲道理的潜台词却是："你是错的，

所以你要听我讲。”在这样的心理暗示下，你想传递的观点就特别容易触发对方大脑的防御机制，容易被拦截。对方的大脑中会出现这样的一些质疑：“我为什么要听你的？”“我怎么知道你说的是对的？”但讲故事却完美规避了“对错”的问题，故事会自动绕过对方大脑的防御机制，悄无声息地进入对方的内心。当故事结束时，新的观点已经在对方心中自然而然形成了，赶也赶不走了，这就完成了一次完美的观点植入——没有对抗较劲，只有无声潜入。所以，用讲故事的方式传递观点，不仅效果更好，而且见效更快。

讲故事在销售中的作用也是不言而喻的。会讲故事的人，通常业绩都不会太差。说服不了客户的时候，如果你能够绘声绘色地讲一个合适的故事，扭转战局的可能性就会大很多。

那到底怎么讲故事呢？我推荐用芭芭拉·明托的“金字塔原理”中的SCQA结构。

金字塔原理是一门加强思维逻辑与写作逻辑的技术，可以用于结构化的表达与写作过程。对于如何讲出一个精彩的故事，金字塔原理提供了一个非常好的结构：SCQA。S——背景（Situation）、C——冲突（Complication）、Q——疑问（Question）、A——答案（Answer）。答案中还包括行动、结果、道理、感受等。

没有学过金字塔原理的小伙伴，粗略看这个结构，或许会觉得有点陌生。但实际上，所有吸引人的小说、电影、电视剧，都离不开这个结构。如果你去看金庸先生的武侠剧，会发现几乎每个故事都是按照这个结构展开的。虽然里面的起承转合更丰富、更复杂、更精密，但本质上，都是这个结构的延伸、叠加或变形。这些足以说明，用这个结构来讲一个我们在销售中能用到的简单故事，是绰绰有余的。

我们来梳理一下这个结构：

一，背景。

背景指的是对时间、地点、人物的交代，让听故事的人知道，你要讲的这个故事，发生在什么时间、什么地点、什么人身上，以及当时的情况是怎样的。

二，冲突。

故事，最重要的就是冲突。如果故事没有冲突，就如同一部流水账，是没有任何可读性的。而吸引听众的钩子，就是这个冲突。冲突越精彩，故事就越吸引人。很多故事的叙述秘诀基本上都是，一个冲突刚刚要解决时，另一个冲突就又开始了。

三，疑问。

这里指的疑问，是指听众听到这里的时候，自然而然在心里升起来的一个疑问，而由讲故事的人代替听众问出来。因为这个疑问就是听众心里的疑问，所以听众会迫切想要知道答案，这就牢牢钩住了听众的好奇心。当然，实际讲故事的时候，这个问题既可以问出来，也可以不问出来，关键是要跟听众的心理同步。

四，答案。

这里的答案包含的内容有很多，比如行动、结果、道理、感受等。意思就是，这件事具体是怎么做的，结果是什么，从中悟到了什么道理，有什么样的感受。实际讲故事的时候，并不需要全部都讲到，你可以根据具体的情况，挑选其中的一个或多个来讲。

这就是用 SCQA 结构讲故事的基本脉络。

接下来我们就用销售中最常用的四类故事来举例说明。

第一类：安抚 / 示弱的故事。

安抚和示弱，虽然是两种策略，但讲故事的方式差不多，我们就合在一起来讲解了。

案例：健身行业

客户说：“这个问题（减肥总是失败）真的困扰我很久了。”你可以这样说：

（背景）我特别理解您此刻的心情。不瞒您说，我之前有一位客户，他的情况比您还严重一些，他身高 175 厘米，体重却达到 120 公斤，而且这种情况持续了 10 年之久。

（冲突）后来，在一次聚会上，他遇到了一位心仪的女士，鼓起勇气表白之后，女士却嫌他太胖拒绝了他，备受刺激的他才开始真正下定决心减肥。

（疑问）您知道他怎么减的吗？

（答案）那真的是一段血泪史啊。他试过吃减肥药，但导致身体虚脱，在医院住了1个星期；他也试过节食，但终因受不了饥饿又大开吃戒，不仅没减重反而还增重了；他也试过运动，但因为不专业，折腾到筋疲力尽也没减下几斤。他最后才找到我们这。所以我真的特别理解您。

当然，并不是每一次的安抚或示弱都需要讲一个故事。大多数时候，如果客户的情绪不是那么强烈，你可以简化表达，或者概括表达。而在客户的情绪确实比较强烈，同时也特别希望有人能理解的情况下，讲一个具体的故事效果更好。

第二类：改变想法的故事。

案例：保险行业

客户说："保险期限这么长，万一到时出事却理赔不了，我的钱不是打水漂了吗？"你可以这样说：

（背景）我特别理解您的想法。不瞒您说，我之前就有一位客户，他的想法和您一模一样，也是担心保险能不能理赔的问题，最后他在反复权衡后，试着买了保额5万元的保险。

（冲突）结果，3年后他被确诊患病。于是，他把医生的诊断书发过来，问我是否可以理赔。

（疑问）那到底可不可以呢？

（答案）公司经过评估，确认可以理赔。但因为他只买了5万元的保额，所以也只能拿到5万元。听到这个结果，他是又开心又难过，开心的是可以理赔，难过的是自己当初没有多买一点。后来他告诉我，那次住院花了20多万元，如果当初听我的，家里人就不用为了给他治病到处借钱了。后来，他果断让老婆和孩子都在我这买了保险。

其实，保险合同是一份具有法律效力的合同，只要是在保险责任范围内的事件，保险公司都必须做出赔偿。即便到时真的发生争议，法院也会做出有利于客户方的解释。所以，这一点您完全可以放心。

通过讲故事的方式，把客户的担心呈现出来，同时把故事中的主人公消除担心、改变想法的过程也呈现出来，客户就会产生强烈的代入感。

第三类：提出建议的故事。

案例：培训咨询行业

在深度挖掘客户痛点，但客户并没有形成明确的想法时，你可以为其提供建议：

（背景）其实我之前有一位客户跟您的情况差不多，他们是装修行业的，他的团队是新组建的，大概有50人，员工的销售经验都不是特别多，导致他们在销售业绩上一直没有明显的突破。

（冲突）当时已经到了9月，如果这个问题再不解决，年底完不成任务的话，可能会导致10%的员工被裁掉。

（疑问）时间紧、任务重，怎么办？

（答案）他们经过一番对比，最终选择了我们这个项目，2天培训+为期1个月的辅导。过程中他们让团队分小组进行业务竞赛，每日公布战绩，所有团队成员你追我赶、斗志昂扬。结果，当月就实现了×元的业绩。他们说，这几乎相当于他们过去3个月的总业绩。您觉得他们的做法怎么样？可不可以给您一点参考？

这样，就把具体的行动和结果都呈现出来了。只要这个结果是面前这个客户想要的，那么这个行动建议，客户大概率是会考虑的。

第四类：提示风险的故事。

案例：学历教育行业

客户说别的机构也承诺“保过”（学历考试保证通过），但价格更低，想要在别的机构报名时，你可以这样说：

（背景）我特别理解您的想法，毕竟能够以更低的价格获得更好的服务，谁也不会拒绝。只是，我之前就遇到过一位客户，他也是看到有一家机构和我们机构一样承诺“保过”，但价格比我们低，就报名了。

（冲突）没想到，那个机构的“保过”是有前提的，需要学员参加线下考试，考过了才保过，没考过就不保过。这也是在合同上白纸黑字写着的，只是他没有看清楚。

（疑问）那最后怎么办呢？

（答案）没办法，只能配合。而要参加线下考试，就需要提前复习，考试时还需要考虑交通出行等问题。明明想节约一些时间和精力，最后反而搭进去了更多的时间和精力。

所以，一定要看清楚合同，切不可因小失大啊。

这类故事是用于客户非常执着于自己的想法，而他的这个想法是不明智的、你想让他改变的情况，这时你就可以用讲故事的方式来告知他可能存在的风险。

最后，对讲故事做一个实操要点提示：

1. 故事细节越丰富、冲突越明显，讲故事效果越好

故事要让人有代入感，就一定要有细节，只有一些很空、很虚的话，听众是没什么感觉的。而且，冲突越明显、越引人入胜、越吸引人，效果越好。

2. 讲故事可以和任何技巧结合使用

讲故事的本质是引发共鸣，我们可以借助故事中人物的经历、遭遇或想法，对眼前的这个人说出自己想说的话。这样就避免了直接对立或直接教育的尴尬，达到委婉说服的目的。所以，讲故事这个技巧既可以单独使用，也可以结合其他技巧一起使用，从而加大说服力度。

提问力

客户为什么愿意回答你的问题?

因为你的问题，

有趣、有用、有共鸣。

有趣：客户觉得，你的问题很有意思，想说上两句。

有用：客户觉得，回答你的问题有利于解决他的难题。

有共鸣：客户觉得，你对他的处境感同身受。

01 好奇型问题：不要不懂装懂，而要懂装不懂

"什么都懂"是提问的大敌。

如果你问一个孩子他做错题的原因，你会怎么问？

第一种问法：这道题你为什么做错了？

第二种问法：我很好奇，这道题的难度应该在你的能力范围之内啊，是什么原因导致你做错了呢？

你觉得哪种问法更容易得到孩子坦诚的回答？

显然是第二种。第一种问法暗含了一种责备的感觉，让人本能地想要自我保护和推卸责任。第二种问法则充满探究和好奇，不仅没有责备的感觉，反而有点夸奖和认可对方的意思，让人愿意放心地实话实说。

事实上，如果你充满好奇地向一个人提出问题，只要他没有感觉到明显的危险信号，他还是愿意满足你的好奇心的。因为很多人其实是希望受到别人关注的。只要他觉得你是善意的，不是套他话，也不是想利用他，那么他就很有可能满足你的好奇心。马斯洛的需求层次理论中也阐释了人的这种心理需求，即第四层次的需要——被尊重的需要。

这种表达好奇的问题，就叫好奇型问题。

那好奇型问题究竟要怎么设计呢？

经典问句："我很好奇……"

当然，类似的还有："我很困惑……""我有点不解……""我有点没反应过来……"接下来我们举例说明。

案例 1：如何用好奇型问题询问客户的目标和动机？

比如你是做早教课程销售的，你问家长："您为什么会把孩子送来上早教班呢？"这样的问法就显得比较生硬，因为缺乏过渡，对方可能也没有办法一回答就答到点子上。

你可以这样问：

小明妈妈，我看到您家小明各方面都发展得特别均衡，并没有明显的短板，我就很好奇，您之所以会把小明送来上早教班，是希望他在哪方面有所突破呢？

再如问时间，如果你问客户："张总，您为什么会把培训时间安排在 3 月下旬？"

就不如你这么问：

张总，我有点好奇，您之所以会把培训时间安排在 3 月下旬，只是一个例行的安排，并没有特别的用意，还是说这个时间点其实是一个重要的业务节点呢？

为你的好奇找到一个理由，对方自然愿意满足你的好奇心。

案例 2：如何用好奇型问题询问客户的现状？

假如你问："张总，您这边的具体情况是什么？"

就不如这样问：

张总，听您说到这一点，我有点好奇，我以为只有小公司才会遇到这样的问题。但像贵公司这样的大公司，各方面制度都很完善，照理来说应该不会遇到这样的问题啊。具体是什么情况，您可以说说吗？

你这样问，客户会更愿意向你道出实情。

案例 3：如何用好奇型问题询问客户对竞争对手的评价？

如果你问："您刚才说一些大学老师的课程不接地气，为什么呀？"

就不如你问：

张总，您刚才说一些大学老师的课程有点不接地气，我确实有点不解，因为据我所知，大学里的老师还是经常会被请到企业里去讲课的，按理说他们的课程应该不会不接地气吧，否则哪有人请呢。您是亲自体验过，还是听朋友这么说的呀？

这样，客户到底怎么看待这个问题，以及他的评判标准是什么，你就可以了解了。

案例 4：如何用好奇型问题询问后果和影响？

如果你问："这个问题对贵公司的经营到底有什么样的影响呢？"客户有可能回答得很简单，防备心重一点的客户可能不愿意回答你。

但是，如果你这样问：

张总，听您聊了这么多，我总觉得这个问题对贵公司的整体运营似乎影响不大啊，您看业绩还是一样好。所以我有点不解，是不是您对下属要求太高了呀？

这样问，客户可能就会向你道出他真正的担忧。

案例 5：如何用好奇型问题询问客户有关购买标准的深层想法？

如果你问："为什么您会有这样的选择标准呢？"就太直接生硬了。

你可以这样问：

张总，您说的前两个标准我都觉得比较好理解，但您说的第三个标准，说实话，我还真的很少听客户提到，所以，我确实有点好奇，不知道您会专门关注到这一点，是基于怎样的考量呢？

最后，对好奇型问题做一个实操要点提示：

1. 你的好奇心是制胜的关键

好的好奇型问题，技巧只是锦上添花，制胜的关键是你真的拥有对客户的好奇心。如果你真的拥有对客户的好奇心，那好奇型问题会不请自来、层层深入，像剥洋葱一样带你透过现象看到本质，而你只要稍微注意一下柔化铺垫，就可以取得非常棒的提问效果。

但如果你对客户缺乏好奇心，对很多问题想当然，很多事情客户才讲了个开头，你就似乎知道了结局，那么即便你把技巧运用得很娴熟，你可能依然很难深入了解客户。这就是很多小伙伴即便了解了如何问好奇型问题，依然得不到好答案的原因。

所以，我建议你从今天开始，培养自己的好奇心，从"这个我也懂，那个我也懂”的不求甚解的状态，慢慢变成一种“这个很有意思，那个也很有意思”的想要进一步探索的状态。把你和客户的每一次接触，都当成一次寻找宝藏的旅程。当你可以让自己回归到一种“不懂”的状态，你才可能真正拥有一双好奇的眼睛，到那时，你会“玩”得很开心，成交也会变得更自然。

2. 给出好奇的理由，让好奇变得合情合理

如果你只是单纯地说“我很好奇”这 4 个字，是不会有什么效果的，甚至会被对方识破，认为你是在生搬硬套、用套路。但是，如果你能够结合当时的情景，合理地提出你的好奇、抛出你的质疑，让你的好奇、质疑变得合情合理、情有可原，对方就会很有兴趣为你答疑解惑。

3. 好奇的态度，比好奇的用词更重要

问好奇型问题时，你表现出的好奇的态度，比你的用词更重要。你可能也发现了，在上文的案例中，即便把“我很好奇”这样的话去掉，对效果也不会有太大的影响。因为当你把好奇的态度表现出来时，客户已经被你触动了，你就不一定非得加上这 4 个字了。所以实际运用的时候，只要状态出来了，这 4 个字可说可不说。

02　预设型问题：不要保持中立，而要巧设立场

猜测对方的想法，他绝对不会一言不发。

如果你的闺蜜谈恋爱了，你想问她喜欢这个男生的原因。你会怎么问呢？

第一种：你为什么会喜欢他？

第二种：我猜，你会喜欢他，一定是看上他的高颜值了吧？

两种问法，有什么区别？第一种，对方或许会回答，或许不会回答，主要看心情。

但第二种，对方回答的概率会大大提高。为什么会这样？

其实前后两种问法的区别只有一个，即一个有靶子，另一个没靶子。如果没有靶子，人的答题欲望会大大降低。而如果有靶子，人们有了焦点，就更容易站队，就会给出自己或肯定或否定的看法。所以，要点就是，先猜出一个答案。无论对错，对方都会更愿意把他内心的想法告诉你。

有的小伙伴可能会问了，这种问法，需要猜对才有效果吧，如果猜错了，还有效果吗？

其实，猜对或猜错，都有效果。

如果猜对，对方会觉得，你居然看透了他！那么继续伪装似乎也没什么必要了。所以，接下来他可能就不再遮遮掩掩，而是跟你道出更多实情。但如果猜错了，也有好处，即对方会产生一种纠错的欲望、澄清的欲望，不想在这个跟自己有关的问题上让你产生误解，所以也会向你解释。

所以，无论猜对还是猜错，都有好处。只是，能猜对，还是要尽可能猜对，因为这样对对方心理的拿捏会更直接、更彻底。但猜错了也不要紧，只要你猜的那个理由在对方看来是有理有据、情有可原的，并不是完全没有道理的，对方就

会因为想要澄清和纠正，而释放出更多信息。

这种预设答案的问题，就叫预设型问题。

经典问句：“我猜你一定是……”

预设型问题特别适用于探究客户的深层动机，探究客户的一句话、一个想法、一个行为背后的深层用意。也就是说，但凡你想用“为什么”来提问的问题，又担心问题太直接、尖锐，引发客户的抵触情绪，那你都可以使用预设型问题。

具体如何运用，我们举例说明。

案例 1：早教行业

假如你从事早教行业，客户说：“我希望我的孩子能守规矩一些。”你很想知道客户这样想的原因。如果你这样问：“您为什么会希望您的孩子守规矩一些呢？”这样就太过直接了。

但如果你这样问：

小明爸爸，听您这么说，我猜您家小明一定特别活泼好动吧？居然把老爸都烦恼成这个样子了。我倒是很好奇，不知道他在家里到底是怎样的一种表现，才让您这个老爸觉得需要调整一下。您能跟我具体说说吗？

你看，用猜出一个答案的方式跟客户交流，客户是不是就更愿意道出实情了？

案例 2：学历教育行业

假如你从事学历教育行业，客户问：“你们的学历考试保过吗？”你想跟他聊出更多具体的信息。如果你直接问：“您为什么会问这个问题？”显然效果不好。

但如果你这样问：

可以的。听您这么问，我估计您也是平时工作特别忙、没时间复习，担心交了钱却没过，所以才会特别关注到这一点吧？可以大致说一下您的具体情况吗？

猜出他希望保过的理由，这样客户就更容易跟你多一些交流了。

案例 3：培训咨询行业

如果你从事培训咨询行业，客户说："关于培训内容，只要是员工没听过的就行，你可以自己定。"有一次，我跟一位客户沟通具体的培训内容时，客户就对我说了如上的话。

如果是你，你还想了解得更清楚一些，会怎么问呢？如果你说："这个范围太大了，可以具体一点吗？"这样的说法，也不是不行。不过，我当时是这么说的：

张总，特别感谢您对我的信任。只是，听您这么说，我估计咱们这次培训应该不是为了解决某个具体问题，而是您作为老板很体恤大家，想组织大家出来放松一下，顺便学点东西，不知道我猜得对吗？

如果是这样的话，要不您根据您对员工的了解，提几个大致的主题，这样我也好有个参考的方向，您看行吗？

对于前后两种说法，如果你硬要挑前者的毛病，好像也没有。但你有没有发现，后者会更有随性聊天的感觉，也会让对方更没有顾忌地去表达内心的想法。

案例 4：电子产品行业

如果你从事电子产品行业，客户说："你们产品的价格比别家贵了很多。"你答："哪里贵啊，我们的价格很公道。"或者说："一分钱一分货，我们的产品质量好啊。"这些显然都不太好。

如果你这样说：

张总，您能这么说，我猜您一定是做过功课、专门了解过，才会得出这样一个结论。

所以，张总，如果方便的话，可否请您告诉我，您对比的具体是哪几家？我也想看一下，如果配置果真都一样的话，那您选我们就真的亏了，即便您还愿意给我机会，我也不好意思再继续给您做推荐了。不知道您方便告诉我吗？

猜一下他的情况，然后接着问他对比了哪几家。这个时候，如果客户是骗你的，他根本就没有对比过，只是想试探你一下，那么他就一定会露馅，这对你坚持价格肯定是有好处的。但如果客户果真对比过，你的这一番话也会是一个很好的提醒，让客户觉得，似乎也不能只看价格，还要看看具体的配置。那么虽然你的产品价格贵，你还是有机会成交的。

案例 5：保险行业

如果你从事保险行业，客户说："我想买一款报销型的医疗险。"你想了解一下客户的购买动机，如果你问："您为什么想买一款报销型的医疗险呢？"这样过于直接。

你可以这样说：

张姐，特别感谢您能咨询我。只是，根据我多年服务客户的经验，如果客户主动来咨询保险，基本都是因为家里发生了什么事情，或者朋友发生了什么事情，受到启发，才会来咨询的。我估计您的情况，大致也是如此吧？

你看，把客户的想法猜出来，客户肯定会跟你爆料更多，到时候你就有机会了解他更多的潜在需求、成交更大的订单。

最后，对预设型问题做一个实操要点提示。

1."猜"的本质是懂客户

预设型问题表面上看很轻松，像在玩游戏，但其实这是懂客户的体现。实际上，无论猜对猜错，都是懂客户的体现。猜对了，说明你很懂你面前的这位客户；猜错了，说明你很懂其他的客户，但恰好你面前的这位客户是个例外。在这样的前提下，如果猜对，客户会觉得你是知己，愿意跟你敞开心扉；如果猜错，客户会觉得情有可原，因为他也知道自己的想法跟别人有点不一样。所以，要设计好预设型问题，技巧只是表象，关键是对客户心理的深刻洞察，要了解客户的所思所想，才可能做到一语中的、一句话说到客户心坎里。

2.借助第三方角度柔化表达

如果你猜测的答案比较敏感，你担心会冒犯客户，可以选择用第三方的角度来表达。比如："很多客户都会这样想，我猜您也是如此吧？""很多客户都会这么做，我猜您的情况也差不多吧？"这样就会显得委婉一点。即便客户真的被冒犯了，他也不会针对你。

03 选择型问题：不要出论述题，而要出选择题

论述题太费脑，选择题更简单。

如果朋友来你家做客，你问他："想喝点什么？"

朋友可能一时半会儿不知道要喝什么，也担心自己要的你们家没有，会很尴尬。

但如果你加上一句：咖啡、红茶还是果汁？他回答这个问题就简单多了。

这就是选择型问题。

经典问句："三个选项，您愿意选择哪种？"

或许有的小伙伴会联想到之前被用得比较多的一种销售技巧——"二择一"，这与选择型问题有什么区别呢？仅仅是多了一个选项吗？

其实，二者看似都是选择题，但它们的具体使用场景是不太一样的。

二择一的选择题，是一种典型的封闭式问题，经常被用于销售流程快结束的时候，起到试探客户态度的作用。比如问客户："地址是写家里还是写公司？""扣款账号是招行还是工行？"只要客户选了，就意味着客户有极大的购买意向。当然，这种问题也要慎问，如果连续提问3个或以上，会给客户带来很强的压迫感。

但三择一的选择题，你可以理解为一种开放式问题的变形，因为问题本身比较难、比较复杂，客户一时半会儿可能想不到答案，就用菜单式的方式来启发一下客户的思路。目的不是让客户非得从中选择一个，而是帮助客户找到回答问题的灵感，然后尽快聚焦到一个有价值的方向上进行深入讨论。当然，如果选项恰好能够击中客户的内心，效果更好。

所以，二择一通常被用于一些比较简单的确认信息类问题，而三择一则更多被用于一些比较复杂的深层探讨类问题。

既然是深层探讨，那么选项的设计就变得尤为重要。如果设计不好，可能不仅无法深层探讨，还会让客户质疑你的专业度，觉得你根本不懂他。

那到底应该怎么问呢？我们接下来以培训行业为例进行具体解析。

案例 1：如何用选择型问题询问客户面临的具体情况？

这里可以参考我们在前文中学过的“30 秒广告”。30 秒广告的本质，就是探测客户的痛点，即询问客户的问题。你可以这样说：

张总，通常会对我们这个课程感兴趣的客户，其销售团队基本都会面临以下几个问题——

第一，客户开发成功率太低。销售人员手上明明有一堆好名单，但打电话时总被客户秒挂电话。所以他们希望有一套行之有效的客户开发策略；

第二，沟通方式比较生硬。销售人员经常因为说错话而得罪客户。所以他们希望有一套基于客户心理的高情商的沟通逻辑；

第三，销售的过程太被动。客户总有无数的“考虑”、“商量”、不理睬，销售人员难以应对。所以他们希望有一套科学严谨的销售流程，可以提高成交效率。

当然，每个团队的情况都不太一样，我不确定您这边是否也会面临类似的一些挑战呢？

你看，提前总结好几个客户经常面对的挑战场景，以选择题的形式抛出来，既显得你很专业、很懂客户，又降低了客户回答问题的难度，还能引导客户分享更多的信息。

案例 2：如何用选择型问题询问客户的目标？

假如你想询问客户的培训目标，如果你直接问：“不知道您想通过这次培训，达成什么样的目标呢？”这样也不是不可以，只是，有可能得到的答案比较笼统。有时候，不是客户不愿意回答，而是有些问题他之前没有想这么细致，突然被问到，不一定能答得很具体。

如果你想升级提问策略，可以使用好奇型问题，这样问：

张总，我知道您公司是有培训部的，培训资源很多，优秀老师也很多，所以我就有点好奇，不知道像贵公司这样的大公司要外请培训的话，主要是想通过培训达成什么样的目标呢？

或者，你想用预设型问题，你也可以问：

张总，我知道你们公司培训体系很完善，培训资源也非常丰富，我估计，您之所以还会考虑外请老师来培训，应该是对学员的某些技能还有更高的要求吧？不知道您最希望提升的是他们的哪些专业技能呢？

通常情况下，这两种问法已经可以解决问题。但如果客户说得还是不够具体，或者你想进一步降低客户回答问题的难度、让客户更加畅所欲言，你就可以使用选择型问题，这样说：

张总，根据我的经验，很多客户之所以会选择我们的销售课程，通常是基于如下几个小目标——

第一，现有的客户资源比较丰富，想要提升老客户的复购率；

第二，现有的客户资源严重不足，想要开发新客户，并提升新客户的转化率；

第三，公司近期推出了新产品，想集中火力快速出单。

当然，每家公司的情况都不太一样，不知道您这边之所以想要安排一次销售课程，是希望达成什么样的目标呢？

你看，给客户做选择题，效果更好。只是，这对销售人员挑战较大，需要你提前把这些客户的目标整理出来，以便形成选项。同时，相信你也可以看出，这三类问题——好奇型问题、预设型问题和选择型问题，难度是递增的。实操的时候，可以根据不同的情况、不同的客户，灵活选用。

案例 3：如何用选择型问题询问事件发生的原因？

假如客户提到其过往的培训效果不太好，你想了解一下具体原因，如果你直接问："不知道您这边过去培训效果不太好，大致是什么原因造成的呢？"这样问，估计是问不出什么结果的。因为，探寻原因的问题，本身难度就大，专门分析都未必能分析出结果。更何况，你是在闲聊中突然问客户，客户一点准备都没有，更没有办法给出什么有说服力的解释了。

如果你想升级提问策略，可以尝试使用好奇型问题，这样问：

张总，我确实有点好奇，按理来说，像贵公司这样的大公司，采购流程都是比较严谨的，跟老师本人也会有提前的充分沟通。在这样的情况下，培训效果还是不能达到预期，不知道站在您的角度来看，您觉得大致是什么原因造成的呢？

或者，你可以使用预设型问题，这样问：

张总，我知道像贵公司这样的大公司，采购流程都是比较严谨的，跟老师本人也会有提前的充分沟通，在这样的情况下，如果培训效果还是不太理想，我猜想，会不会是由于没有安排后续的辅导和答疑，导致学员没有办法很好地消化课程内容呢？

当然，如果你想提高效率，或者希望话题的讨论可以更聚焦一些、不要过于分散，你就可以使用选择型问题，这样说：

张总，根据我个人的经验，通常培训效果不太好，可能是以下几个原因导致的——

第一，老师在课堂上提供的碎片化技巧太多，却没有串联成一个有机的系统，导致学员在课堂上学得似乎很带劲，但一旦面对客户，却不知道该用哪招；

第二，有些技巧看似效果很好，但压迫感很强，学员学的时候本身就不是真心认同，所以实际面对客户的时候，即便知道怎么说，也完全说不出口、用不出来；

第三，课后没有相应的辅导和答疑。如果学员在运用一套新方法销售的过程中遇到问题，却无法得到老师的及时解答，那么即使方法再好，学员也会逐渐放弃使用，觉得还不如用老方法更熟悉、更顺手。

当然这只是我自己的经验总结，不一定对。不知道您觉得，您这边过去培训效果不太好大致是什么样的原因导致的呢？

你看，这样提问，通过对“培训效果不好”的原因进行分析，既可以塑造你的专业形象，还暗示了客户，你们的课程绝对不存在刚刚提到的这些问题。

案例 4：如何用选择型问题询问客户曾经采取的行动？

假如你想了解一下客户过去面对这个问题时的应对措施，如果你这样问：“不知道您过去为提升业绩都做了哪些尝试呢？”这样也不是不行，但显得太官方、太正式，也缺乏启发性，有的时候会让客户不知道该怎么回答。

如果你想升级提问策略，可以使用好奇型问题，这样问：

张总，我知道您在这个领域非常资深，在销售管理方面也特别在行，所以我还真是有点好奇，不知道您过去在提升业绩方面，都尝试了哪些特别不错的做法呢？

或者，你可以使用预设型问题，这样问：

张总，现在有一个概念特别火，叫案例萃取，我估计您一定听过吧？就是请老师来公司，将团队里业绩比较好的销售主管和销售精英的成功案例萃取出来，形成课程，供团队成员学习使用。不知道您对这样的做法怎么看？

通过预设型问题猜一个答案出来，投石问路，那么对于客户有没有做过、如果做过是一个什么样的情况，就可以全盘了解了。

当然，同样地，如果你觉得客户似乎说得不够具体、不够详细、有所保留，你就可以运用选择型问题，这样说：

张总，如何提升销售业绩这个问题，在如今的市场环境下，确实令很多客户很头疼。据我所知，大多数客户通常会采用如下几种做法——

第一，案例萃取，请一位老师将团队里业绩比较好的销售主管和销售精英的成功案例萃取出来，形成课程，供团队成员学习使用；

第二，选择网络训练营，比如为期 7 天、14 天或 21 天的那种，有课程，也有老师辅导，而且成本可控；

第三，选择线下课程，请老师直接来公司授课，面对面解决学员的问题。

当然，这只是我看到的情况，不一定符合您的实际情况，不知道您在这方面都尝试过哪些比较不错的做法呢？

即便客户一开始不愿意跟你交底、交心，你都说到这个程度了，似乎也到了他吐露真言的时候了。

当然，设计选项的时候要比较慎重。如果能贴合客户的认知、充分反映客户的心声，效果会非常好。但如果设计的选项跟客户的实际情况相去甚远、不是这个类型的客户会想到的一些解决方案，也可能会弄巧成拙。

案例 5：如何用选择型问题询问客户想要的解决方案？

假如你想问客户关于解决方案的大致思路，如果你这样问："那您大致想怎么解决这个问题呢？"这种问法过于宽泛，很可能让客户不知道该怎么回答。甚至，如果你的语音、语调没有把握好，还会让一些客户反过来质疑你："你不就是来解决问题的吗？怎么反倒问起我来了？"

如果你想升级提问策略，可以试试用好奇型问题，这样问：

张总，根据您刚才反馈的情况，我还真是有点好奇，假如现在有一份最适合您的方案就摆在您的面前，您觉得，这样的一份方案，它大概是什么样的、至少需要达成什么样的标准或条件呢？

这样的问法，虽然也没有提供特别具体的信息去启发客户，但为客户构建了一个想象的空间，对于那种思维比较活跃、点子比较多的客户，这一招会非常好用。

或者，你也可以试试用预设型问题，这样问：

张总，根据您刚才反馈的情况，我大胆猜测一下，最符合您需求的方案，至少应该满足三个特征——第一，课程要有充分的训练；第二，课程要结合刚推出的新产品；第三，课后要有充分的辅导。不知道我猜得对吗？

这样的问法是建立在你跟客户前期的沟通中，客户敞开心扉、聊了很多，你也做了相应记录的基础上。这个时候，你就可以通过概括重点的方式，把客户的意思总结一下，既起到反馈的作用，也可以让客户在此基础上做一个更有针对性的补充。

当然，如果你觉得在你跟客户交流的过程中，你已经能够很好地把握客户的需求，并且也在大脑里形成了几个大致的解决思路，你就可以用选择型问题，来更高效地明确客户的解决方案。比如，你可以这样说：

张总，根据您刚才反馈的情况，再结合我服务客户的经验，我给您推荐几个解决思路，您先听听看，不合适我们再调整。

第一，采用 2 天的课程 + 为期 1 周的辅导，这种设计可以帮助学员将课程内容基本消化，解决学员在使用初期出现的大部分问题；

第二，采用 2 个阶段 4 天的课程 + 为期 1 个月的辅导，这种设计可以确保学员将课程内容全部消化，并且可以回炉检测学员的实际使用效果；

第三，采用 3 个阶段 6 天的课程 + 为期 3 个月的辅导，这种设计就不仅是单纯的训练和辅导了，而是跟业绩直接挂钩，可以体现出课程对业务的贡献度。

不知道您粗略听下来，觉得哪种思路更合您的意呢？

这样问，一旦客户可以从中做出选择，基本就算大功告成了。即便客户不能立刻做出选择，你们的讨论范围也可以被大幅缩小，成交效率会更高。

最后，对选择型问题做一个实操要点提示：

1. 选择型问题对专业度要求很高，越懂客户、选项设计得越好，效果越好

选择型问题，最考验销售人员的功力，也最能体现销售人员的专业度。

很多小伙伴可能会以为，专业度就是对产品的了解，越了解产品，销售人员就越专业。其实，这是对专业度的极大误解。真正的专业度，对产品的了解只是基础，不是说这不重要，而是说，这只是一个入门级的要求。真正充分体现专业度的，是对客户的深切了解，是对客户痛点的敏锐把握，是想客户所想、急客户所急。只有在这个基础上，销售人员的提问水准，尤其是选择型问题的提问水准，才能得到质的飞跃。

2. 选择型问题适用于提问一些回答难度比较大的问题

在提问的时候，你会发现，对于简单一些的问题，往往好奇型问题和预设型问题就能搞定。但复杂一些的问题，即便客户想回答，他也不知道该怎么回答，这个时候就比较适合运用选择型问题。因为这样既可以让客户做选择题、降低回答难度，也可以在这些选项都不对的情况下，起到启发客户的作用。

04 钟摆型问题：不要步步紧逼，而要以退为进

聪明的进攻都像在撤退。

故事1：

有一头牛，窝在牛圈里死活不肯出来干活。几个成年人折腾了几个小时都没法让它出来。一个聪明的小男孩却想到了一个办法，才用了几分钟，就让这牛头冲出了牛圈。

大家猜猜，这个小男孩想到的办法是什么？

很简单，他只是找了一群小孩，聚集在这头牛的身后，拼命向后拉牛的尾巴。他们越向后拽牛的尾巴，这头犟牛就越拼命向前挣脱。于是，当力量积累到一定程度，孩子们手一放，牛就自己冲出来了。

故事2：

一位母亲特别希望自己的孩子能学好钢琴，她为孩子报了钢琴培训班，风雨无阻地送孩子去学琴，在家也积极督促孩子练琴。但她却发现，她越积极推动，孩子越被动懈怠，刚开始还有的一点兴趣，现在也荡然无存。因为钢琴，母子的亲子关系也变得很紧张。

有一天，这位母亲终于"妥协"了，对孩子说，虽然妈妈特别希望你能学好钢琴，但看到你这么不喜欢，妈妈从今往后就不逼你了。反正钢琴就放在那，你想弹就弹，不想弹也没关系。接下来我也会帮你退掉你的钢琴课，未来如果你还想学咱们就再报，不想学咱们就不报了。

孩子听完，卸掉压力的同时，似乎突然找回了想学钢琴的初心。钢琴在他眼里，也从"对抗妈妈的工具"变成了"美妙生活的伴侣"，最终他改变了想法，重新爱上了钢琴。

这两个小故事带给你什么启发？

反向用力，正向结果。

为什么反向用力能取得这么好的效果？因为人有一种普遍的心理，叫逆反心理。这是每个人都有的，只是程度不同。你越让他朝东，他就越要朝西。所以，如果你想让客户尽快成交，你越逼他前进，他就越会后退。但是，只要你把这股高压的力量撤销掉，反向用力，他就会主动向你靠近，并最终带你去成交。注意哦，不是你带客户去成交，而是客户带你去成交，是不是很神奇？用这个原理设计出来的问题类型，就叫钟摆型问题。

为什么会叫"钟摆"呢？

钟摆原指挂钟下面那个会摇摆的小物件。你有没有发现，当你把钟摆拨向左边时，它会有一种极强的力量回弹到右边，而当你把钟摆拨向右边时，它也会有一种极强的力量回弹到左边。钟摆的这个特质，跟上文所说的反向用力是异曲同工的。"钟摆"可以解释为"说反话""以退为进"等意思。

那钟摆型问题具体怎么设计呢？

接下来我们分三种情况来进行说明，对应客户的三种态度，分别是：积极态度、中立态度和消极态度。

情况一：积极态度。

如果客户说："我觉得你们公司的产品还是挺不错的。"你会怎么回应？

我见过很多小伙伴，客户不夸，他都在寻找一切机会自夸，更何况客户主动夸奖，那还不赶紧抓住机会炫耀一番啊？于是脱口而出："是啊，其实我们家产品真的特别好、特别厉害……"一通吹嘘。但是，如果你真的这样做的话，你就不仅浪费了一个绝佳的让客户自我说服的机会，甚至有可能，基于逆反心理，你还会把客户推向你的对立面。

你可以使用钟摆型问题，这样说：

真的吗？听到您这么说，我还真是有点受宠若惊呢。我之前看您表情严肃，还以为您对我们家产品不感兴趣呢。所以，张总，我有点好奇，到底是我们家产品的哪个特点让您觉得还不错，因此给出了这样的评价呢？

你这么说完之后，张总会怎么说？张总会不会很自然地告诉你他认可的那些特点？而他一旦说出了这些特点，不就进一步强化了这些特点对他的价值吗？而且，这是用客户的嘴巴来强化的，比你自己说出来，效果可好多了。

那客户说完之后，你又该怎么接话呢？

有些小伙伴又按捺不住了："是啊，您眼光真好，我跟您说，要是没有这一点会……有了这一点又会……"又是一番大肆渲染。

其实你完全可以稳住，继续使用钟摆型问题：

是吗？张总，您说的第一点我还能理解，这确实是我们家产品的独特优势，但您说的第二点我还真是没想到。因为我一直以为，可能只有一些销售型的公司才会看重这一点，对于像贵公司这样的生产型公司而言，这一点真的重要吗？

于是，客户又会继续告诉你他们公司的现状，以及他对这个问题的看法。这样，客户认可的那些特点和优势就自然而然得到了强化。

所以，未来，当客户对你、你的产品、你的公司、你的行业表现出一定的认可时，千万不要自作聪明地用自己的语言去强化这份认可，而要用以退为进的方式，启发客户用他的语言来强化这份认可。

情况二：中立态度。

如果你销售的是一门企业经营管理类的课程，面对的是一位企业老板，你跟客户正处于接触的初期，客户还没有表现出明显的兴趣或需求。这个时候，你想试探一下客户的想法，你会怎么说呢？

有的小伙伴是这么聊天的："张总，最近几年，生意怎么样啊？我看您的几位同行压力都很大，您这边还好吧？"

这样的话乍一听没毛病，但仔细一琢磨，透露着一种不看好别人的潜台词，仿佛在说"你也好不到哪里去"。所以，对方可能会回一句："还行，马马虎虎过得去。"说完不太会有欲望爆料更多的细节。一个被打击的人，又怎么可能有倾诉的欲望呢？他不反驳你就算好的了。

但是，如果你使用钟摆型问题（高估）：

张总，您做这一行快 5 年了吧？从刚开始的门外汉，到现在已经成为一名资深专家，您有没有想过扩大经营，再开一家店哪？

这个时候，对方可能会说："哪有那么容易啊，本来是有过这个念头的，谁承想，行业政策突然调整……一下子就把利润给拉低了。"

你继续使用钟摆型问题（怀疑）：

不会吧，您当初做这一行不就是因为看到政策的利好吗？怎么可能短短5年时间风向就变了，您是不是对新政策有什么误解呀？

接下来，对方肯定会爆更多的料，以证明自己的理解有多准、自己的生意有多难。这样继续聊下去，客户的痛点不就自然而然聊出来了吗？那你的机会不就来了吗？

这里钟摆型问题的逻辑是，你越夸客户的生意做得好，客户就越会谦虚地说自己的生意做得一般般。然后你找出更多理由来证明，在你的眼中他的生意的确做得非常好，他也会找出更多理由来告诉你，他的生意出现了什么问题、遇到了什么危机。如果你表示完全不相信有这回事，他就会拿出有力证据来证明确实是这样。总之，你越退，客户就越进。

在这个案例中，钟摆型问题的具体表现是“高估+怀疑”，用高估来激发对方谦虚的欲望，再用怀疑来激发对方想要进一步解释的欲望。这样，一个刚开始没什么明显需求的客户，在一次次钟摆之下，居然成了一个有需求的客户。

钟摆型问题绝对可以成为应对中立客户的“撒手锏”。

我在线下做培训的时候，发现很多小伙伴对中立客户，即那种看上去没什么需求的客户，是比较束手无策的。实在没招时，他们就会去刺激客户、教育客户、主动提醒客户，这有风险，那有问题。但越是这样做，效果就越差。

因为人都不喜欢被打击、被否定，即便他真的很差，你也不能否定他。更何况，他也没觉得自己有多差，却被你否定，心中更是充满了抗拒感。

但是，一旦你看好他，尤其是找到很扎实的理由看好他时，情况就完全不一样了。他会不由自主地进入“谦虚模式”。而一旦进入谦虚模式，那些你打着灯笼都找不到的问题和痛点，就自然而然浮出水面了。

所以，面对中立客户时，如果你想让客户承认自己有问题，很简单，你只需要发自内心地告诉客户他很好、他很棒、他很厉害、他很优秀，甚至心安理得地找出一堆客户不需要你的理由。只要你能做到这样，那些你最想听的话，客户都会告诉你。

看到这里，可能有些小伙伴会提出如下三个问题。

问题1：客户的生意明明做得不好，我却说他做得好，会不会很违心？

其实，世间的事物都有两面性，再好的人，身上也有缺点，再坏的人，身上也有优点。客户的生意亦如此，好坏是相对的，参照物不一样，评价的结果就会不一样。即便面对同一个事件，乐观的人也总能从危机中看到转机，而悲观的人却总能从希望中看到绝望。你当然可以选择从负面的角度谈你对客户的消极评价，但这样做的结果就是沟通之门关闭，客户拒你于千里之外。你也可以选择从正面的角度谈你对客户的积极评价，这样的话你们的沟通就可以进行得很顺畅。选择权在你手里，你完全可以自由选择。而钟摆型问题，只是选择了一个此时此刻对你更有利的沟通角度而已。这只是一种沟通策略，跟是否违心无关。

当然，如果是本身性格就比较乐观开朗的小伙伴，要做到这一点并不难，但如果是平时的心态就有点悲观、看待人和事物比较容易第一眼就看到缺点和不足的小伙伴，可能确实需要好好调整一下心态，尽量培养一双能够看到“优秀之处”“卓越之处”“美好之处”的眼睛。这样，你就不仅可以用好钟摆型问题，更可以成为一个与人为善、受人欢迎的人。

问题 2：客户本来没需求，但一番钟摆之后，客户却有了需求，这会不会有点骗客户的意思？

这个问题不存在。如果你看到钟摆成功了，即你问了钟摆型问题之后客户居然有需求了，那只能说明一件事，即客户本身就是有需求的，只是他之前没有觉察到，是你用钟摆型问题帮助他发现了自己的需求。这个时候，客户不仅不会感觉不好，相反，还会感谢你，因为你的出现意味着他有机会让自己变得更好。但如果钟摆失败了，即你问了钟摆型问题之后客户依然觉得自己没问题，这种情况也很正常，那么你要做的就是尊重客户，结束销售流程、做好服务，以待未来更恰当的合作时机。

所以，使用钟摆型问题，并不一定会成功，成败都有可能。你可以有向成功推进的信心，但也需要有接受失败的勇气。本质上，钟摆型问题不是一用就灵的灵丹妙药，也不是屡试不爽的制胜法宝，它只是一种测试机制，或者说筛选机制，筛出对的客户去跟进，筛出不对的客户结束交易。

问题 3：万一我怎么钟摆，客户都不爆料，怎么办？

假如你怎么使用钟摆型问题，客户都表示一切很好，那第一种可能是，客户真的没什么问题，这也意味着，他不是你的客户，你找错人了。那么你就先做服务，等待时机。

第二种可能是，你的钟摆幅度不够大，还没激起客户内心强烈的倾诉欲望和解释欲望。意思是，你认为的“高估”在对方看来就是他的实际情况，那他为什么要谦虚呢？他甚至会觉得你小瞧他，反而开始自吹自擂。遇到这种情况，你就提高一个档次，再往上高估就对了。这跟喝酒的道理是一样的，每个人对酒精的耐受力不一样，有的人喝10度的酒就醉了，有的人喝50度的酒还清醒着呢。如果火候不够，往上调高“度数”就可以了。

情况三：消极态度。

案例1：销售后期，客户态度不明朗、没表态，怎么办？

可能有的小伙伴面对这种情况，会直接开始逼单：“张总，您就放心吧，真的没有任何问题。那么多客户都选择了我们，一定错不了，您就不要再犹豫了。”你以为，你说让客户放心，客户就真的放心了吗？很可能，他不仅不会放心，反而在被你逼迫的过程中，产生了莫名的担心，怀疑自己会做错决定。

但是，如果你这样说：

张总，看得出来您似乎对咱们这次的合作还有一些顾虑。其实，没关系的，您有任何顾虑都可以提出来。今天的交流，不就是为了来判断一下，咱们彼此究竟合不合适吗？

您放心，如果您的顾虑我们能解决，当然很好，如果我们解决不了，我也会明确告知您，并主动退出与您的合作，绝对不会让您为难。所以，您可以把心里的顾虑告诉我吗？

什么叫放心？这才叫放心。“您把顾虑告诉我们”，这叫放心。“您可以不选我们”，这也叫放心。相反，威逼利诱也好，盲目承诺也罢，不仅不能让客户放心，还会让客户担心、把钱包捂得更紧了。背后的原理就是逆反心理。

所以，只要客户不前进，你就撤退。只要客户不表态，你就撤退。只要客户在犹豫，你也撤退。这样的策略不仅可以在客户有顾虑时即时解除顾虑、避免顾虑发酵到无法处理的地步，还可以在客户没有明显顾虑的情况下，给客户一个安稳踏实的心态，让客户在一种理感兼备的情况下从容做出决定、完成签单。

到这里，可能有的小伙伴又要问了：

万一客户本来没有顾虑，这样的问法会不会凭空制造出客户的顾虑，让销售的结果出现变数？

我也听到有些销售培训师这样告诉学员："千万不要主动问客户有什么问题、什么顾虑，这样只会制造问题，相反，要多问客户的满意之处，这样才能让客户顺利签单。"

对于这个问题我是这样看的，强化客户的满意之处绝对是重要且必要的，但不提客户的顾虑点我却不太认同。因为顾虑到底有没有，客户自己心里最清楚，既不会因为你提了，它就凭空产生，也不会因为你不提，它就自动消失。你的提醒，更多的是起到一个"镜子"的作用，如实反映客户内心的想法而已。同时，你的提醒也会集中客户的注意力，让客户有机会直接面对自己的顾虑，做出一个更认真的评估。如果评估之后他觉得问题可以解决或者可以忽略不计，那自然就能成交。但如果评估之后他觉得问题解决不了或者你的方案不是最优的，那当然就会结束交易。

成交，一定是在客户觉得收益足够大，而风险足够小的情况下才能达成的，只强调收益、不重视风险，只强调满意点、不解决顾虑点，这样的订单才会充满变数，要么在签单的时候遇到阻碍，要么在签单之后出现悔约。

所以，如果你只重视成交率，你当然可以只强化客户的满意度，但如果你同样重视退单率，请主动解决客户的顾虑点。

说到底，销售不是坑蒙拐骗，让客户明明白白做决定，签单效果才会更好。

案例 2：客户说要考虑考虑，怎么应对？

这个问题其实在本书前面的章节中讲过了，只是前文讲的时候没有说明原理，现在我们再拿出来分析一下。

如果按照传统的销售模式，有些小伙伴可能会这么回应："张总，您还考虑什么呀？您放心，买了之后您肯定会感谢我的。而且，我们的优惠也马上到截止期了，您可要抓紧时间啊。"这样的回应只会把客户越推越远。

但如果你这样说：

张总，感谢您还愿意跟我说您要考虑考虑。但我有一种感觉，不知道对不对，其实您应该是不会考虑了，只是您人特别好，不想直接拒绝我让我失望，所以才用了这样一种委婉的方式来表达，不知道我猜的对吗？

你这样说，客户本来还想装装样子，现在看来也装不下去了，只好真心相待了。一旦真心相待，你不就可以了解真相了吗？

如果客户回应具体的顾虑，你就可以说：

原来您担心的是这个问题啊。张总，可能是我之前有点疏忽了，真的很抱歉，不知道我现在还有没有机会做一个简单的补充解释呢？

只要了解到真相，你就有了扳回一局的机会。

但如果客户的回应是不合作了，你可以继续询问原因，具体怎么说？可以看下一个案例。

案例 3：客户明确告知不合作了，怎么应对？

有的小伙伴可能还是舍不得放弃，会尽量挽留客户，但通常采取的方式，只是卑微地恳求。这个显然没什么用。

其实这个时候，你依然可以使用钟摆型问题。有的小伙伴可能会疑惑："客户都说不合作了，还怎么用钟摆型问题啊？钟摆的极端情况不就是不合作吗？"这里，你可以把它理解为：摆无可摆，就原地钟摆。这样说：

张总，既然您已经做出了决定，那我也就不再继续给您做推荐了。只是，不知道能否请您帮我一个小忙？就是能否告诉我，您是基于怎样的考量最终做出这样一个决定的？这样我也可以学习一下，以便未来面对其他客户的时候，能够做到心中有数，您看可以吗？

爽快接受客户的决定，再以追问原因的方式来继续话题。这样既可以弄清楚客户真正的想法，也可以在得知想法之后做出判断，看看到底还有没有反败为胜的机会。如果有，就去争取，如果没有，也可以礼貌放弃。但无论是什么，都可以做到干脆利落，不会拖泥带水。

如果听完客户的原因，你发现客户有重大误解，而你是完全有机会胜出的，你可以接着说出下面的话：

张总，感谢您能如此坦诚地告诉我。我知道，您现在肯定不会再选择我们了，所以，在我离开之前，我也想请您暂时忘掉我销售人员的身份，暂时把我当成一个朋友，我想以朋友的身份跟您最后说几句心里话。或许您会觉得有点冒犯，但我绝对是出于真心，您愿意听听吗？

这样，你就可以抓住客户的认知漏洞，快速颠覆他的认知，无论结果如何，都不留遗憾。

接下来，对钟摆型问题的运用做一个策略总结：

1. 对积极态度的客户，钟摆型问题的作用是强化认知

客户态度积极的时候，千万不要顺杆儿爬。放大积极态度的最好方式，就是提出以退为进的钟摆型问题。记住，只要你开始得意、炫耀，客户就有可能走向你的对立面。只有你美而不自知、优秀而不自知，客户才有兴趣向你表达他真正的赞赏。

2. 对中立态度的客户，钟摆型问题的作用是探测痛点

其实这一点和30秒广告的探测痛点有异曲同工之妙。只是30秒广告适用场景更多，应对陌生人、熟人，任何场景都没问题。而钟摆型问题，应对熟人更合适。因为运用钟摆型问题的时候，还是需要对客户有一定的了解、一定的熟悉度的。否则，你的高估、怀疑无从谈起。同时，话题也是在闲聊中展开的，没有那么正式。所以，运用钟摆型问题开拓熟人客户，更能做到润物细无声。

3. 对消极态度的客户，钟摆型问题的作用是了解真相

消极态度的客户，内心肯定是有想法的，要么还有顾虑没有解决，要么已经做出拒绝的决定。这个时候你要做的，就是运用钟摆型问题了解真相。如果他有顾虑，弄清楚他顾虑的原因是什么，如果他想拒绝，弄明白他拒绝的理由是什么。只有了解了真相，你才可能找到解决问题的关键。否则，一切策略只是空中楼阁。

最后，对钟摆型问题做一个实操要点提示：

1. 钟摆型问题有效的关键，是设计钟摆的充分理由

下面针对客户的三种态度来具体解析。

面对积极态度的客户时，你说你不知道客户满意的原因，肯定是要有理由的。是因为他之前对你的态度有点冷淡，还是因为他的那些挑剔，抑或是因为什

么？总之你需要有一个理由来支撑。否则，你用钟摆型问题就会显得很假、很刻意，客户也会感受到。

面对中立态度的客户时，你觉得客户各方面情况都很好，你也需要找到足够的理由去支撑你的说法，指出他到底好在哪里，他到底棒在哪里，他到底优秀在哪里，而不是给出一堆很空很虚的说辞。你高估客户的理由越充分，客户就会越爽，客户对你倾诉难处、倒出苦水的欲望就会越强烈，你才可能从中找到客户真正的痛点。可以说，你高估客户的理由，就是你撬动客户需求的有力杠杆。

而面对消极态度的客户时，这个理由是显而易见的，因为客户拒绝的态度就是你钟摆的理由。你需要做的，就是搞清楚客户为什么会这样想。获取真相，再决定下一步行动。

2. 使用钟摆型问题时，注意度的拿捏

比如，当客户夸你的产品时，你可以谦虚地说，你完全没有想到他会满意，但你不需要直接贬低你的产品。通过贬低自家产品来钟摆，就太夸张了。

再如，当你高估客户时，刚开始的时候，只需要比他实际的情况提高一个档次就可以了，这样对方听起来会觉得比较舒服，也比较容易接受。如果不奏效，就再往上高估，重点是逐级往上。千万不要一开口就把对方夸到天上去，那样会让人觉得很虚伪。

3. 钟摆型问题永远是无可奈何下值得信任的最后一招

这是什么意思呢？我们在销售的过程中，总会遇到一些卡住了、无法推进的情况，或者不知道下一步该聊什么，或者客户完全不回应了，这个时候怎么办？当你把其他招都用完、子弹都打完之后，你还剩下最后一招、最后一颗子弹，那就是钟摆型问题，也就是从客户那里要一个明确的结果回来。钟摆型问题可以让你的订单要么起死回生，要么盖棺定论，但绝对不会半死不活、没有结果。

05 反问型问题：不要直接回答，而要反问动机

看到深层动机，才不会掉入陷阱。

一个女孩来到一家水果店，指着苹果问店员：“你们家苹果甜不甜？”

店员拍着胸脯说：“您放心，特别甜，不甜不要钱。”

女孩却略显遗憾地说：“其实我更喜欢甜中带酸的，这样口感更好。”

一个年轻人来到一家灯饰店，指着一款LED灯问店员：“这款灯是不是彩色的？”

店员连忙说：“我们这款LED灯是全彩的，可以把整个房间装点得如同仙境一般，非常漂亮。”

年轻人却说：“我就是不想要彩色的，颜色越多越容易坏，我只想要单色的。”

不知道这样的尴尬事件你有没有遇到过？

客户一问产品问题，你就立刻脑补他肯定喜欢什么样的，然后大肆渲染一番，结果人家想要的和你推荐的南辕北辙。事实上，你的产品系列也不是真的不能满足客户的需求，只是你担心客户不喜欢，连提都没提。当然，过后找补，也不是完全不能圆回来。只是，明明可以走直线，为什么非要绕远路呢？

其实，在客户跟你的交流中，存在着很多信息迷雾。什么是信息迷雾？就是不清楚动机的问题。每个问题问出来，其实都是有动机的，如果你不清楚问题背后的动机，就很容易踩坑，让自己掉进陷阱。

那如何才能拨开信息迷雾呢？

最好的方式就是反问。但凡你感觉到这个问题可能有风险，就可以暂时不回答客户的问题，或只是简单回答一下，再通过反问型问题，厘清对方的动机，以

决定接下来的应对策略。

反问型问题，具体怎么问呢？

你可以使用如下句型来开头："您这个问题问得非常好。"当然，你也可以稍稍换一换句式，如："这是个好问题……""这个问题问得有水平……""很高兴您能问到这个问题……""很多人都问过这个问题……""这是个有趣的问题……"都可以。

这里需要特别提示一下，因为反问型问题主要用于问一些原因类或兴趣偏好类的问题，这类问题相对比较深入，会暴露客户的真实想法，所以客户警惕性会比较高。为了让客户更放松、更愿意回答你的问题，你需要特别注意**柔化铺垫**。否则，可能你不仅问不到答案，还会遭到客户的反驳。

接下来我们举例说明。

案例 1：少儿教育行业

如果你从事少儿教育行业，客户问："你们这里的老师年纪多大啊？"你会怎么答呢？

有的小伙伴一听到客户问这样的问题，就会先入为主地觉得，客户肯定喜欢年轻的老师，因为年轻的老师比较有童心，能跟孩子打成一片。于是，脱口就说："您放心，我们这里的老师都很年轻，可以跟孩子们打成一片。"结果，客户说："我喜欢年纪大一点、经验丰富一点的老师。"你就傻眼了。

如果你稍微留意一下就会发现，这其实是个烟幕弹问题。因为有的客户喜欢年纪大一点的老师，有的客户喜欢年纪轻一点的老师，不能一概而论。既然如此，你就要先弄明白客户问这个问题的动机所在，然后再针对他的回答设计合适的对策。你可以这样说：

您这个问题问得非常好。其实我有点好奇，很多家长都会比较关心我们的课程设置、课程效果之类的，您是基于怎样的考量会比较关心老师的年纪呢？

客户可能会说："我更喜欢年纪大一点的老师，这样的老师经验比较丰富，比较会带孩子。"

你看，一旦了解了客户的想法，你就知道该怎么做了。如果你们有合适的老师，直接说明即可。如果你们没有合适的老师，就可以进行如下的引导。当然，为了减弱你观点的攻击性，你需要先进行柔化铺垫，然后再提出观点。你可以这样说：

原来是这样，您确实考虑得很周到。不过，小明妈妈，关于这个问题，我倒有一点不同的看法，不一定对，更没有冒犯您的意思，纯粹只是个人看法。不知道您愿意听听看吗？

我总觉得，如果年纪大一些就比较会带孩子，那咱们的爷爷奶奶不是应该最会带孩子吗？但您会发现，事实并非如此，无论是在我们身边还是在书籍、电视剧里，都没有充分的证据证明这一点。其实，决定会不会带孩子的，不是老师的年纪，而是教育的方法。只要掌握了正确的方法，并熟练运用，效果就不会差。但如果没有正确的方法，光凭自己的经验和本能，真的很费劲。您说对吗？

示弱之后，抛出观点，客户是不是更容易听得进去？如果你这样一说，客户就接受了，当然很好。但如果你这样说完，客户似乎还是坚持自己的看法，说“我看 ×× 家的老人就带得挺好的”。你就可以接着说：

原来是这样，看来是我孤陋寡闻了。不知道您是否愿意跟我分享几招您觉得最有用的带孩子技巧，让我也可以偷个师、学习一下？

如果客户分享不出来，可能他自己都会觉得，自己的立场是站不住脚的。但如果客户可以分享出来，那么你正好可以利用你的专业知识去做个案例分析。总之，先以反问获取真相，再见招拆招，这样你不仅不会掉入陷阱，还有机会将客户从他的错误认知中拉出来，使他同意你的观点，可谓一箭双雕。

案例 2：少儿英语培训行业

如果你从事少儿英语培训行业，客户问：“你们这的英语老师都是外教吗？”你会怎么答呢？

我估计有些小伙伴可能会想当然地认为，客户肯定喜欢外教吧。如果你这样想，迟早会吃亏。因为每个人的想法都是不一样的。即便对于某个问题，有 99% 的人都会有一样的想法，也保不齐，你遇到的这个人就是那 1% 的例外。所以，你可以这样说：

您这个问题问得非常好。我猜您之所以会关注这个问题，是因为比较担心课程的效果吧？

客户可能会说：“是的，我担心外教不太懂中国的文化，也不太懂中国孩子的心理，从这一点上说，我更喜欢中国老师。”

接下来，如果你们有中国老师的课程，就可以直接介绍一下。如果你们没有中国老师的课程，就可以进行适当的引导。当然要记得柔化铺垫。你可以这样说：

原来是这样，您的担心确实很有道理。不过，关于这个问题，我倒有一点自己不同的看法，您先听听看，有不对的您可以随时打断我。

我看到的情况刚好相反。有些中国老师对中国的文化其实并没有深入研究，大多是之前上学时的功底。而很多外国的老师之所以愿意来中国当外教，是因为喜欢中国的文化，虽然没有先天优势，但学习的兴趣却很大，几年下来，甚至变成了中国通。

所以，我的想法是，这个问题还真不能一概而论，需要见到具体的老师，互相了解一下，才能做判断。您觉得呢？

虽然你的想法跟客户不一样，但也没有否定客户，还提出了很中肯的建议，让客户不得不认同，这同样是反问的功劳。

案例 3：培训咨询行业

如果你从事培训咨询行业，客户问："你们的培训班，一期大概多少人啊？"你会怎么答？你觉得客户会比较喜欢人数多的还是人数少的呢？

为了不落入陷阱，你可以这样说：

您确实问了一个非常重要的问题。不过，坦白说，其实我很少在这么早期的阶段就听到学员问到这一点。所以我有点好奇，您是基于怎样的考量会在这么早期的阶段就特别关注这个问题呢？

客户可能会说："其实我希望人数少一点，这样有什么问题都有机会问老师。"

如果你们的班级本来就是小班制的，你就可以直接介绍一下。但如果你们的班级恰好是大班制的，你就需要进行适当的引导，这样说：

原来您是担心这个问题啊，我相信任何一位好学的学员都会有您这样的担心。只是，关于这个问题，我倒有一点自己不同的看法，我跟您分享一下，说得不对的话，您千万别介意呀。

我总觉得，人数少并不能确保解决您的问题。您想啊，如果老师水平有限，您再有机会问，不是也没意义吗？所以，关键的是，老师的水平要比较高。但是，想必您也知道，好老师带来的一个负面效果就是，学员人数一定少不了，这是没法避免的，这也是找好老师必须付出的代价。我们的课程人数每期都不太一样，有多一点的，也有少一点的，看招生情况。但是，老师也早就考虑到学员的这种诉求，所以在课程中会专门安排答疑的时间，您的问题基本上都会得到解答的。不知道我这样说，可以解决您的疑虑吗？

这样回答，客户基本上就不会再纠结人数多少的问题了。

案例 4：保险行业

如果你从事保险行业，客户问："你会在保险公司工作多久啊？"你会怎么回应？

我见过有的小伙伴是这样说的："我真的特别热爱保险行业，我会做一辈子保险人。"有的则会说："我虽然不能承诺会在这里工作一辈子，但 5 年应该是没问题的。"类似的回答都比较缺乏说服力，因为没有人可以约束你，客户也会持怀疑态度。销售人员对客户说话，最忌讳夸大承诺。承诺就一定要做到，如果不确定能不能做到，宁可不承诺。

其实，要回答这个问题，重点是要弄清楚客户担心的到底是什么。显然，客户对你能不能做一辈子保险业务是不关心的，他关心的是，万一你离职了，后续的保险服务谁来做。只要你能够把这个问题解决掉，同时表现出踏实靠谱的做事态度，他基本上就不太会计较你到底能在保险公司工作多久了。

所以，你可以这样说：

感谢您问了一个非常重要的问题。我估计，您之所以会关心这个问题，应该是比较担心保险公司的售后服务吧？

坦白说，我的确没有办法跟您承诺我会在保险公司工作多久，但 2 年的保险生涯让我发现，我非常喜欢这份工作，我会继续努力做好它。

关于后续的服务问题，您也完全不用担心。如果您以后需要服务，无论在任何时间，您都可以通过以下 3 种方式非常便捷地联系到我们公司的保险服务专员：方式一……方式二……方式三……同时，语音沟通有录音，文字沟通也能自动保存，确保您的诉求会得到第一时间的及时响应。当然，我作为您的代理人以及您的朋友，为您服务也责无旁贷，您可以永远信任我。不知道我这样说，可以解决您的疑虑吗？

针对客户的动机来回答问题，就可以避免无意义的承诺。

案例 5：非特定行业

如果客户问你："你们的产品和别家的产品到底有什么不同？"你会怎么回应？

你直接答，我们的产品这不同、那不同，一通吹嘘，显然是没用的。或许客户心里会想："又来了，王婆卖瓜，每个销售人员都一样。"

针对这个问题，你可以这样说：

很高兴您能这样问。坦白说，我们的产品的确是有些不同的。

只是，我确实不太确定这些不同对您而言是否重要。毕竟，每个客户的关注点都不太一样。如果我在不了解您关注点的情况下，泛泛地说太多，有可能说不到点子上，反而会浪费您的时间。

从利他的角度来解释，会让客户更容易接受你的想法。

要不您看这样可以吗？您先说说您这边的实际情况，以及您的一些主要关注点，然后我再有针对性地跟您说说我们的产品和别家的产品的不同之处。之后由您来判断一下，这些特点是不是您所需要的。如果您完全不需要，我也会充分尊重您的决定，绝不浪费您的时间，您看行吗？

这样的说法就很自然地把客户带到了我们的正常轨道上。

最后，对反问型问题做一个实操要点提示。

1. 要想反问有效果，柔化问题是关键

没什么销售经验的小伙伴在提反问型问题时，最大的误区就是过于直接。比如："你为什么这样问？""你凭什么这样想？"这就让人极其不舒服。如果一般的问题想要有效果，都需要进行柔化处理，那么反问型问题，就更加需要。因为反问的攻击性更强、破坏性更大，如果不做柔化，或柔化不充分，都会让交流的氛围变得非常紧张。

2. 使用反问型问题的核心目的，是主动掌控销售进程

使用反问型问题，最初的目的是厘清客户动机、拨开信息迷雾，但核心目的其实是掌控销售的主动权。所以，千万不要问完问题就结束了，这样只会把提问的权利再次交到客户的手中，你会再次陷入被动的局面。你可以在回答问题之后，提出一个合适的问题，或者邀请客户发表看法，或者通过事先约定推进到下一步，这样你才能牢牢掌控销售进程。

3. 反问型问题，可以与其他各种类型的问题结合使用

反问是一个和设问相对的大的提问类别，因此，它几乎可以结合我们前面学过的所有问题类型一起使用，包括好奇型问题、预设型问题、选择型问题、钟摆型问题。大家可以在实践中多多尝试。

识人力

为什么同样的言行会引发客户不同的反应?

因为性格不同，反应模式不同。

如果你能分辨客户的性格，

你就总能预测客户的行为、抢占先机。

如果你不能分辨客户的性格，

你就只能被动等待结果、按部就班。

01 DISC识人：不要千篇一律，而要因人而异

标准化让结果“不坏”，灵活性让结果“更优”。

相传在很久以前，弥勒佛和韦陀并不在同一个庙里，而是分别掌管着不同的庙。弥勒佛热情好客，所以香客非常多，香火旺盛。但他不擅管理，盲目开支，导致庙里入不敷出。而韦陀虽然管账是一把好手，但成天阴沉着脸，太过严肃，搞得香客越来越少，最后香火断绝。

佛祖在查香火的时候发现了这个问题，就将他们俩放在同一个庙里，由弥勒佛负责公关，笑迎八方客，于是香火大旺。而韦陀铁面无私，他就负责财务，严格把关。在他们的分工合作下，庙里一派欣欣向荣的景象。

这个故事相信很多人都听过，其实故事中的弥勒佛和韦陀分别代表了DISC中的两种行为风格：弥勒佛是I活泼型，人际关系好，但不擅长规范的管理；韦陀是C完美型，注重逻辑，工作严谨，但不太擅长跟人打交道。佛祖敏锐地捕捉到了这一点，知人善任，于是实现了双赢的结果。

这种有趣的人际现象在销售中也很常见。

当你跟客户打交道的时候，你会发现，因为客户的性格不同，同样的一个行为所引发的客户反应往往是不一样的。比如你跟一个性格开朗的客户套套近乎、拉拉家常，就很自然，但你跟一个性格严肃刻板的客户套近乎，难免自讨没趣，因为他更希望你开门见山、快速进入正题。再如你跟一个行事果断的客户要一个结果，就很容易，但你跟一个优柔寡断的客户要一个结果，却不会那么顺利，因为他需要权衡的因素比较多，你需要有耐心，催得太急反而适得其反。

所以，如果你想要获得最好的销售结果，你就需要在你学到的所有流程、方法和技巧的基础上，结合客户的行为风格进行一定程度的微调。也就是说，销售

的逻辑不变，但“度”需要拿捏。如同制作一盘麻婆豆腐，食材一样，配料一样，制作流程也一样，但面对不同地方的食客时，油、盐、酱、醋的比例需要有所增减，这就是所谓的因人而异。这是在掌握标准化流程基础之上对灵活性提出的一个更高的要求。因为标准化可以让结果“不坏”，但灵活性却可以让结果“更优”。

那么，对于形形色色的人，我们该如何分类呢？

本书选择的是 DISC 行为风格模型。DISC 阐述的是一种“人类行为语言”，来源于美国心理学家威廉·莫尔顿·马斯顿博士在 1928 年出版的著作《常人之情绪》（*Emotions of Normal People*）。马斯顿博士是研究人类行为的著名学者，他的研究方向，有别于弗洛伊德和荣格所专注的人类异常行为，而是由内而外的人类正常的情绪反应和行为模式。马斯顿博士设计了一种可测量四项重要性向因子的行为测验方法，这四项因子分别为 D——支配（Dominance）、I——影响（Influence）、S——稳健（Steadiness）与 C——谨慎（Compliance），而 DISC 就是以这四项因子的英文名第一个字母组合而命名的。

自 20 世纪 70 年代末期开始，许多专家依据 DISC 基础理论，对四项因子及类型名称发展出了不同的描述方式，本书基于简单、直观与实用的原则，采用如图的描述方式。

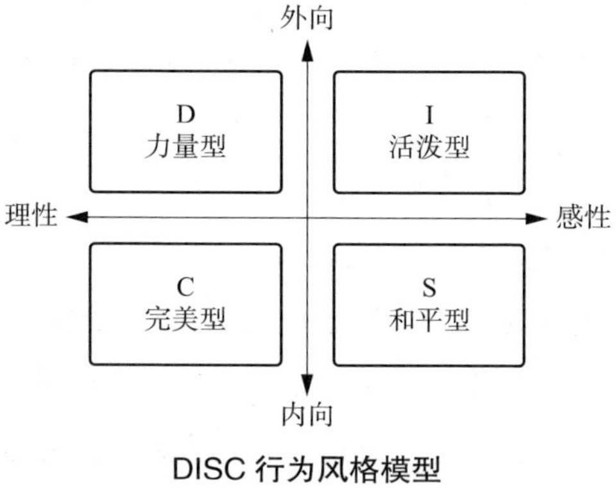

DISC 行为风格模型

如图所示，横轴代表理性、感性，纵轴代表外向、内向，横轴和纵轴划分出的四个象限，正好将人的行为风格分为四种类型。理性又外向的，我们称为 D 力量型；感性又外向的，我们称为 I 活泼型；感性又内向的，我们称为 S 和平型；理性又内向的，我们称为 C 完美型。

接下来我们对这四种类型做一个基础的分析。

D 力量型

如果用一种动物来形容 D 型的话，这种动物就是老虎。看到老虎，你会想到什么？一山不容二虎，坐山观虎斗。

D 型人的外在特征是：眼神犀利、有神、专注，视线偏上；走路快、说话快、握手有力；五官棱角分明，肌肉线条偏硬。

D 型人的行为风格是：果断、强硬、喜欢操控；意志坚定、竞争欲强、好胜心强；要求严格、独立、以自我为中心。

D 型人的典型代表是《三国演义》中的张飞、《西游记》中的孙悟空，以及很多铁腕政治家、影视剧中出现的硬汉角色等。他们总给人一种强势、独断、说一不二、一言九鼎的感觉。

I 活泼型

如果用一种动物来形容 I 型的话，这种动物就是孔雀。看到孔雀，你会想到什么？孔雀开屏，喜欢炫耀。

I 型人的外在特征是：眼神明亮、明眸善睐；走路快、说话快、握手柔和；五官棱角不分明，脸部肌肉灵活。

I 型人的行为风格是：善于交际、充满活力；心血来潮、冲动、情绪化；富有表现力、热情乐观；有说服力、鼓舞人心。

I 型人的典型代表是《三国演义》中的关羽、《西游记》中的猪八戒，以及很多综艺节目主持人、大部分喜剧演员等。他们都有着很强的表现欲，喜欢受到关注，有点“人来疯”。

S 和平型

如果用一种动物来形容 S 型的话，这种动物就是考拉。看到考拉，你会想到什么？很乖，脾气很好，不会与人发生冲突，在自己的世界里自得其乐。

S 型人的外在特征是：眼神柔和，很少用眼神沟通；走路慢、说话慢、握手轻柔；表情不丰富，脸部肌肉偏厚实。

S 型人的行为风格是：冷静、沉稳、谨慎；耐心、善于倾听；谦虚、和蔼可亲；关心他人、值得信赖。

S 型人的典型代表是《三国演义》中的刘备、《西游记》中的沙僧，以及一些中小学的老师、公司行政部的职员等。他们往往不争不抢、与人为善，没事的时候，或许有点缺乏存在感，但有事的时候，他们代表的就是不容忽视的群众的力量。

C 完美型

如果用一种动物来形容 C 型的话，这种动物就是猫头鹰。看到猫头鹰，你会想到什么？警觉、精明、防备心重。

C 型人的外在特征是：眼神专注、冷静疏离；走路慢、说话慢、动作程式化；面部棱角分明，肌肉线条偏硬。

C 型人的行为风格是：精确、重逻辑、善于分析；遵循规则、按部就班；安静、自律；不表达感情。

C 型人的典型代表是《三国演义》中的诸葛亮、《西游记》中的唐僧，以及很多工程师、程序员、律师、会计师。他们是理性、喜欢思考的一群人。

这四种行为风格，如果想要快速识别，还有一个更为简单的方法。

你会发现，如果用行动的快和慢来区分这四种行为风格的话，显然 D 型和 I 型行动偏快，C 型和 S 型行动偏慢。如果用关注事和关注人来区分这四种行为风格的话，显然 D 型和 C 型更关注事，I 型和 S 型更关注人。这就为四种行为风格定下了基调：关注事，行动快的，是 D 型；关注人，行动快的，是 I 型；关注人，行动慢的，是 S 型；关注事，行动慢的，是 C 型。

这套标准，可以帮助你作为初学者，在快速识人时提供一个简单的参考。看到你身边的任何一个人，先用快、慢感觉一下，他说话做事是快的还是慢的，再用人、事感觉一下，他是关注人、更感性，还是关注事、更理性，那么你对这个人到底属于哪个类型，就会有一个大致的认知。

最后，对使用 DISC 理论做一个温馨提示：

1. 四种类型，没有好坏，只有不同

换句话说，没有哪一型是最好的，也没有哪一型是最不好的，每一个类型，

都有优点，也都有缺点，都有成功人士，也都有普通人。所以，我建议大家，学完之后，面对自己要学会欣赏，面对他人要学会尊重。

2. 每个人都有四型特质，只是比例不同、组合不同

比如，有的人 D 型特质比较突出，就会被简称为 D 型人，但这并不代表他没有别的特质，只是他别的特质没有 D 型特质这么明显。同时，有的人也不是只有一种特质突出，可能会有两种特质，甚至三种特质都比较突出，比如有 DI 型，有 DC 型，甚至还有 DIC 型，各种特质之间会产生叠加或抵消效应。所以，我们不要僵化地看待一个人的行为。

02　D 型客户：不要过度讨好，而要适度硬气

D 型人到底是什么样的人呢？我们从 8 个维度来展开分析。

维度 1：关注焦点

D 型人关注事，他具体关注的是事情的结果。

职场中，如果你的老板是 D 型人，那么你可能会经常听到他的一句口头禅："我不管你怎么做，我要的是结果。"所以，做 D 型人的下属，你会感觉压力很大、挑战很大，但成长也很快。做得好，升职加薪，风光无限。做不好，则会面临被换掉，甚至直接被淘汰的命运。

维度 2：行为偏好

D 型人的行为偏好是"做"。

D 型人是风风火火的行动派。如果他出现在课堂上，他会比较心急，想要快速听到干货，不希望老师有太多的铺垫和过渡，属于"上来就干"的类型。同时，他也非常爱憎分明。如果老师的人格魅力或硬核干货使他折服，他会立刻收起锋芒、好好听课，甚至成为铁粉。但如果他不认可老师这个人或者不认可老师的观点，那么他也是最容易跟老师对着干的人，甚至会不留情面、当场挑战。

维度 3：沟通风格

D 型人的沟通风格是聚焦型沟通。

D 型人沟通的典型特征是"有事说事"。他的表达观点鲜明、直奔主题，侧重大局、方向，关注结果。如果他觉得对方没说到点子上，会很不耐烦地打断对方。如果 D 型人是领导，那么他开会的效率通常是很高的，他的会议也绝对不会

议而不决，总是会有明确的结果。如果下属在会议上表现欠佳、不能给出他想要的结果，那么被D型领导当场批评，也是很正常的。因为D型人最关注的就是结果。只要与结果偏离，他就会不耐烦。

维度4：决策风格

D型人的决策风格是要点式决策。

如果从购物的角度来看，D型人是典型的男士购物的感觉。他逛街不是为了逛，就是为了买东西。进入一家店，目标明确，试了之后，只要符合他的几个标准，比如款式、质量、价格都可接受，他立刻就会购买，干脆直接，不太会货比三家，也不太会讨价还价，更不会因为店员的游说而去买自己计划外的东西。

维度5：优势能力

D型人的优势能力是掌控力。

D型人是天生的领导者。如果要策划一场活动，D型人是最适合提出目标、分配任务的人。如果在活动现场，D型人是最适合掌控全场、总指挥、总调度的人。D型人不太喜欢具体执行，他喜欢发号施令。尤其是在时间紧、任务重、其他人都有点懈怠的情况下，D型人总能扛住压力指挥大家完成任务。D型人是总能交出结果的人，无论好坏，都有结果。

维度6：负面印象

D型人给人的负面印象是比较强势。

如果你跟D型人共事，你会感觉他特别强势、非常固执，很难被说服，团队合作性会比较差。如果D型人是你的下属，那么你最好给他分配那种可以独立完成的工作，不需要跟别人配合。而且，即便是新工作，也不要提前给他太多的指导，因为他可能完全听不进去，他觉得自己能行。如果他果真能做出成果，只要合理合法，让他发挥，不要要求他按照标准模式来。如果他做不出成果，你再给他提供相应的指导和培训，他才会听得进去。

维度7：奋斗目标

D型人的奋斗目标是成功。

你有没有发现，好像当老板的，很多都是D型人，难道只有D型人才适合当老板吗？其实不是的。老板群体里D型人特别多的原因只有一个，即D型人最渴望成功，而当老板就是通往所谓的成功最近的一条路。其他型的人当老板的少，不是因为他们没有能力，而是因为他们大多志不在此。换句话说，不是大多数老板都是D型人，而是D型人大多数都想当老板，这是性格使然。所以，在工作中最能够激励D型人的，也是通常人们所认为的那些名利场上的东西，包括房子、车子、各种排场、各种奢侈品。当然，这些东西可能其他型的人也会追求，但远没有D型人的欲望这么强烈。因此，D型人多的公司，竞争氛围会比较浓，有一种上紧发条、拼命努力的状态，但人际关系也会比较紧张。

维度8：理想环境

D型人比较喜欢有挑战的环境。

D型人对成功特别渴望，那什么样的环境最能做出成绩、彰显成功呢？当然是有挑战性的环境。这样的环境里问题最多，一旦做出成绩也最受瞩目。正因如此，D型人更适合创业型公司，所有的事情都在摸索中，没有那么多的规矩，谁干没干成一目了然，纯粹的结果导向。虽然也会遭遇失败，但D型人的韧性比较强，属于越挫越勇的类型。无论任务多么艰巨，只要领导懂得放权，并许以高职位或高报酬，就会有D型人愿意往前冲。

了解了D型人的这些特质之后，如果你的客户是D型人，你该如何与他打交道呢？

接下来我们来讲讲面对D型客户的销售优化策略。

（一）关系建立

1. 保持距离，不要套近乎

刚开始与这样的客户建立关系的时候，千万不要用那些常规的方式，比如一上来就套近乎、聊家常，甚至送礼，这样的客户是最不吃这一套的。人家内心的潜台词是："我跟你没那么熟，有事说事。"其实，与这种客户熟悉之后，你们也是可以相处得很好的，尤其是在他确认你对他有用、对他有价值之后。但在你还没展示出你的价值之前，吃闭门羹、被冷眼对待，都是有可能的。这也是你接触这类客户必须要过的关口。

2. 不卑不亢，不强势也不卑微

这类客户，跟I型客户不太一样。I型客户喜欢你哄着他、宠着他，但这类客户却相反，你的刻意讨好不仅起不到什么好效果，甚至会起反作用。他其实希望你有点骨气，不要一副唯唯诺诺的样子。当你们之间有冲突，而你却能表现出你的骨气之后，他反而会更加欣赏你。这个类型的客户是最容易让你有“不打不相识”感觉的类型。当然，有骨气不是没来由的直接对抗，而是有理有据的适度坚持。

3. 夸赞时多夸格局、高度和眼光

D型人不排斥被夸赞，但他特别反感华而不实、比较肤浅的夸赞，而喜欢有点内涵、有点深度的夸赞，比如夸他的格局、高度和眼光。因为他觉得这些才是有实力的表现，同时这些跟他所追求的成功感也是一个路数的，会让他觉得开心的同时也认为你很懂他。

4. 送礼时注重尊贵、实用

如果要给这样的人送礼，那也是很有讲究的。因为这类人渴望成功、注重面子，所以送礼的时候，礼物最好和他的身份相匹配，最好是名牌，名不见经传的小牌子他是看不上的。同时，礼物也不能华而不实，在体现尊贵的同时，还需要注重实用性。

（二）沟通技巧

1. 聚焦任务

和这类客户沟通的时候，不要为了活跃气氛而聊很多与工作无关的话题。即便需要讲故事、举案例，故事、案例说清楚就好，不要去聊故事、案例背后的八卦。因为这在D型人看来，纯属浪费时间。

2. 关注目标方向，细节适度

D型人是喜欢掌控大局的人，通常只抓重点。同时，他倾向于要点式决策，

关键要点合适了，就可以做决定，不需要掌握全部的细节。如果你过于强调细节，反而会适得其反。

3. 绝不挑战他的权威

D 型人最看重的就是面子和权威，即便他错了，你也不能直接说他错了，而要采取一种比较委婉的方式。如果你不挑战他的权威，日后他意识到是自己错了，他内心会很领你的这份情。

4. 保持情绪稳定

D 型人其实是情绪比较外露、容易暴躁的人，属于那种内心戏绝不藏着掖着的类型，合作伙伴做得好他会大加赞赏，做不好也会直接批评。他注重面子，但他注重的是自己的面子，丝毫不注重别人的面子。所以，当你被他激怒时，千万要淡定，不要以牙还牙地还击他，除非你不想做这笔生意了。如果你还想做这笔生意，可以用我们前面讲的情绪疏导技巧来处理。只要过了这个坎，你往往会发现，他是那种情绪来得快去得也快的人，很快就忘记了。所以，你也不必放在心上。

03　I型客户：不要过于轻信，而要仔细核实

I型人到底是什么样的人呢？我们从8个维度来展开分析。

维度1：关注焦点

I型人关注人，他具体关注的是“自我”。

职场中，如果你的老板是I型人，你会发现他比较自我、随心所欲，想法比较多，还会经常改变想法。所以，你作为下属，在接收指令的时候，不妨养成跟老板再次确认的好习惯。因为假如老板只是随口一说，并没有让你立即执行的意思，你却跑断腿，就不值当了。所以，跟着这样的老板，你需要随时跟上他的节奏，也需要保持足够的灵活性。

维度2：行为偏好

I型人的行为偏好是“说”。

I型人是口若悬河的演说家。如果I型人出现在课堂上，他会比较喜欢表现，无论老师讲得如何，只要让他发言，他就会很支持老师、支持课程。尤其是如果老师还很赞赏他的发言的话，他就会感觉更好。所以，要获得I型学员的好评也容易，你只要让他有存在感、满足他的表现欲，他就会觉得课程很好——但显然这样的评价是不够客观的，会有一些水分，没有太大的参考价值。正因如此，I型学员多的课堂，气氛会比较活跃，会比较挑战老师的控场能力。

维度3：沟通风格

I型人的沟通风格是发散型沟通。

I型人沟通的典型特征是“跟着感觉走”。他的表达天马行空、信息分散，观

点藏在信息里，需要认真听才能听出来。而且主题也比较多变，比较容易跑题，会在自己感兴趣的地方随时加入对话、发表观点。也就是说，I 型人也会像 D 型人一样打断别人。只是 D 型人的打断是带有批评、否定意味的，潜台词是“你跑题了，说重点”。而 I 型人的打断，有可能是出于欣赏，也有可能是出于批评，但最重要的是“我觉得这里有意思，我想说两句”。所以，如果 I 型人是领导，会议有可能议而不决，空谈居多，效率比较低。

维度 4：决策风格

I 型人的决策风格是典型的感性决策。

如果从购物的角度来说，I 型人是那种可以不带任何目的就能享受逛街乐趣的人。他可以逛一整天什么也不买，也会很开心很满足。有的时候他明明不打算买东西，却被店员的一番赞美说动，买了一堆自己不太需要的东西。他是销售人员最喜欢的客户类型，也是最容易被成交的客户类型，也就是说，他最容易冲动消费。但他也是最容易反悔的客户类型，买的多，退的多，闲置不用的也多。衣柜里有很多连吊牌都没有撕掉却也不打算再穿的衣服的人，通常会是 I 型人。

维度 5：优势能力

I 型人的优势能力是感染力。

I 型人是天生的氛围营造者。如果要策划一场活动，I 型人是最能够找到活动趣味的人，也是鬼点子最多、新奇想法最多的人。如果在活动现场，I 型人是场上最活跃的人，到处招呼客户，像花蝴蝶一样穿梭其间，主持或暖场工作也比较适合他。和 I 型人在一起工作，你会感觉他精力充沛、乐观热情，总能带动大家的工作积极性，是团队里的开心果。

维度 6：负面印象

I 型人给人的负面印象是比较爱显摆。

如果你跟 I 型人共事，你会感觉他特别爱显摆，像孔雀一样，人一多就开屏。如果他正好是你的下属，那么你最能激励他的方式，就是让他有存在感，满足他的表现欲。他是最需要点赞、最需要粉丝、最需要被关注的人，他最怕的就是被忽略。所以，如果你能够看到他的每一次小进步、小成绩，并且尽量拿到公开场合来表扬，他的虚荣心就会得到极大的满足，他就总能斗志满满。如果你看穿了这一点，或许I型人是最好哄的人。他情绪低落的时候，往往一句赞美、一顿大餐，就能使他快速恢复好心情。

维度7：奋斗目标

I型人的奋斗目标是快乐。

I型人毕生追求的是快乐，他也追求成功，但如果为了成功需要付出千难万险的代价，而且这个过程并不快乐的话，I型人是不太愿意的。I型人没有D型人那么有韧性，屡战屡败还能屡败屡战。他需要过程比较有意思、比较开心。所以，如果要派I型人去完成一些比较有挑战性的任务，也不是不可以，只是这个过程最好能够好玩、有趣，能够忙中偷闲，能够偶尔放松。如果环境太压抑，I型人是坚持不了多久的。

维度8：理想环境

I型人比较喜欢自由的环境。

I型人比较喜欢没有那么多条条框框束缚的自由环境，这样的环境能够让他随意发挥、实施创意。因此，I型人比较适合做有一定自由度的工作，比如销售、市场开拓等。如果I型人恰好是你的下属，他最容易出现的问题就是，延迟完成任务、延迟交货、延迟交稿。因为他的注意力过于分散，很容易被更有意思的东西吸引，所以有可能会忽略最重要的事情。因此，虽然不要给他太多约束，但也要进行适当地督导。

了解了I型人的这些特质之后，如果你的客户是I型人，你该如何跟他打交道呢？

接下来我们来讲讲面对I型客户的销售优化策略。

（一）关系建立

1. 花心思与之建立关系

I型客户跟D型客户不同，D型客户属于很难建立关系的类型，主要是以价值取胜。但I型客户却是最需要亲密度和熟悉度的，产品合不合适另说，关键是人得先熟悉，人的这关过了，才会谈及产品和价值。所以，跟I型客户打交道，你所学的那些人际关系的技巧或许是最派得上用场的。效果好不好看你的使用段位，但I型客户确实很吃这一套。所以，跟I型客户打交道，既花时间也花心思，当然还得花钱。

2. 展现你的好玩、有趣

I型客户就像老顽童，无论年纪多大，都有一颗童心。只要你让他感觉你是一个很有意思的人、是一个很有趣的人，他就会很喜欢你、对你很亲近。

3. 夸赞时多夸独特性，注意人前夸、抬高夸

I型客户是四型客户中最喜欢被夸的。但也正因为接受了太多的夸赞，所以他对夸赞也是有要求的，空泛的夸赞是打动不了他的。你需要多夸他的独特性，多夸他的与众不同，无论是外形上的、气质上的，还是想法上的，都可以。同时，最好不要在私下夸，而是在人前夸、公开夸，这样可以极大地满足他的虚荣心。而且，夸赞的时候可以稍微夸张一点，渲染一下气氛，这样他的感觉会更好。

4. 送礼时注重与众不同

给I型客户送礼，需要格外注重四个字——“与众不同”。如果你还是采用那种中秋节送月饼、端午节送粽子的思路，是很难吸引他对你格外关注的。你需要有一些创意、有一些独特性，让他有意外之喜的感觉。所以，如果D型客户喜欢的是高端奢侈品的话，那么I型客户喜欢的就是奇珍异宝。你可能会想，这些东西的价格肯定比奢侈品低一些吧？答案是未必。因为这些东西，特点在于一个“奇”字。运气好，可能得来全不费工夫。但如果运气不好，要去专门搜罗，那就费时费力了，有时花了大价钱，效果也未必好。

（二）沟通技巧

1. 营造轻松氛围，展现友好

I型客户是你最需要花时间在寒暄上的客户类型，他需要一种轻松的氛围来进入聊天。所以，在跟他聊正事之前，你需要提前准备好一些适当的话题来活跃

气氛。如果说，D 型客户和 C 型客户是最不需要聊家常的人，那么 I 型客户和 S 型客户就是最需要聊家常的人。

2. 让他充分表达想法和感受

I 型客户很喜欢表达，所以，你需要在沟通的时候，多问他的意见、他的感受、他的想法、他的态度，让他有机会充分表达。他表达爽了，对你的印象自然也会很不错。

3. 对信息反复确认，多方求证

为什么要这样做？因为 I 型客户的表达是天马行空的，逻辑化的表达方式并不是他喜欢和擅长的，因此他会把一些重要的观点夹杂在信息里。当你觉察到之后，你需要把它们挑出来跟他确认，他表达的到底是不是这个意思。同时，有的时候，I 型客户为了炫耀，甚至会采用有点夸张的表达方式，说一些未经证实的消息。比如，他为了吸引你的注意，可能会告诉你，这个项目公司老板非常重视，肯定要在今年大力推动。但实际上，他的老板并没有这样的明确表示，做不做这个项目还不一定。所以，你需要去多方求证一些关键信息。

4. 强调使用体验或合作感受

跟 I 型客户谈合作，需要重点强调一下他与你合作之后，会有的一些美好体验或感受，最好能有画面感。这和 D 型客户很不一样，D 型客户是以结果为导向的，而且是实实在在的结果，感受与他绝缘。但 I 型客户，如果能够想象跟你合作后，别人对他的认可、赞赏、追捧，无论是来自老板的，还是同事的，抑或是同行的，对于他下定决心与你合作，都会有很大的推动力。

04 S 型客户：不要急于求成，而要给予耐心

S 型人到底是什么样的人呢？我们从 8 个维度来展开分析。

维度 1：关注焦点

S 型人关注人，他具体关注的是“他人”。

职场中，如果你的老板是 S 型人，你会发现虽然工作压力还是很大的，但他会很关心大家。他会将公司的福利安排得很不错，让大家感觉很窝心、很温暖，需要大家加班时也会给大家一些额外的照顾。跟着这样的老板工作会很有安全感，即便公司出现了危机，他也会尽量周全地考虑到每一个人的利益，不会过于自私。

维度 2：行为偏好

S 型人的行为偏好是“听”。

S 型人是如痴如醉的聆听者。如果 S 型人出现在课堂上，一定是最安静、最配合的一群人。他们听课很认真，会做笔记。他们也会思考，但没有太强的表达欲和表现欲。S 型学员多的课堂，老师讲课会很有安全感，因为学员基本不会挑战老师，但相应地，课堂气氛也会比较沉闷，因为没人发言、没人互动。

维度 3：沟通风格

S 型人的沟通风格是委婉型沟通。

S 型人的本意是不想得罪人。人说话总会表达观点，有观点就必然会支持某一方、打压某一方。S 型人为了不得罪人，通常不轻易发表观点。非要发表观点时，他也会以两方都支持的立场出现，不太会泾渭分明地站队一方。而且，他经

常以第三方的名义委婉表达，比如“大家说”“有人说”“他们说”之类，反正不是“自己说”。同时，他倾听的时候会比较有耐心，很少提出反对意见，更不会打断别人。他愿意在别人的表达中，寻找值得认同的部分，给予认同。

维度 4：决策风格

S 型人的决策风格是平衡式决策。

如果从购物的角度来说，S 型人的购物习惯与 D 型人正好相反。如果 D 型人最喜欢独来独往，那么 S 型人就最喜欢邀约同伴一起逛街。如果 D 型人最不喜欢倾听别人，自己很有主见，那么 S 型人就最喜欢倾听别人，因为自己比较缺乏主见。如果 D 型人比较干脆利落，一旦决定果断付款，那么 S 型人就最喜欢货比三家，也最容易犹豫不决，因为他要参考各种人的想法、平衡各方面的因素。

维度 5：优势能力

S 型人的优势能力是亲和力。

S 型人是天生的配合者。如果要策划一场活动，S 型人是最能团结大家、支持大家，最不会轻易否定别人、打击别人的人。如果在活动现场，S 型人是最能踏踏实实做好服务的人，尤其是在细节方面，会让人觉得很周到、很暖心。S 型人在团队中，会给领导一种稳定的支持感。他们愿意服从指令、顾全大局，是那种可以不为名不为利、不为了出风头，仅仅为了一份岗位的责任感就能把工作干好的人。

维度 6：负面印象

S 型人给人的负面印象是比较懒散。

如果你跟 S 型人共事，你会发现他们大多数时候都处于不紧不慢的状态，似乎什么事都不需要那么着急。他们其实也是有目标感的，也能按时完成任务，只是他们不像 D 型人和 I 型人那样表现得热火朝天。如果 S 型人是你的下属，可能他会是那个最容易被你忽略的下属。D 型人总能给你结果，你不会忽略他，I 型人总在你眼前晃，你也不会忽略他。但 S 型人通常是默默做事的类型，即便做事有了成果，也不喜欢邀功，总觉得领导自己看得见。但如果你一直看不见，他也会很伤心的。所以，对这个类型的下属，你需要时刻提醒自己去关注一下，不过不需要大张旗鼓，私下表扬，他会更受用。

维度 7：奋斗目标

S 型人的奋斗目标是舒适。

S 型人的名利心不是那么重，属于随遇而安、知足常乐的类型。他们的工作表现或许不会给领导带来惊喜，但总能保持一定的水准，不会让领导失望。而且，S 型人多的公司，人际关系会轻松很多，工作的氛围也会很好，大家的重心都是把手头的事情完成好，没有那么多勾心斗角、尔虞我诈。S 型人也会追求升职加薪，但不会那么激烈、剑拔弩张。所以，如果一家公司里 S 型人比较多，整个公司会比较缺乏进取心，倾向于安于现状。

维度 8：理想环境

S 型人比较喜欢稳定的环境。

S 型人是最追求安稳的人，所以他们在选择工作单位的时候，通常会更喜欢政府单位、事业单位、国企，对于工作的岗位，则会更青睐内勤岗位。他们最不喜欢的就是有压力的环境、有挑战的环境，这一点跟 D 型人刚好相反。而且，他们只要选定了岗位，就很少会离职，是很忠诚的员工。D 型人和 I 型人离职率可能都会比较高，但 S 型人却很稳定。S 型人的稳定不是因为他们多喜欢这家公司，而是因为他们内心对变化怀有一种恐惧感，是典型的以不变应万变的类型。而且 S 型人的抗压能力也比 I 型人强很多，属于吃苦耐劳的类型。

了解了 S 型人的这些特质之后，如果你的客户是 S 型人，你该如何与他打交道呢？

接下来我们来讲讲面对 S 型客户的销售优化策略。

（一）关系建立

1. 花时间与之建立关系

这一点跟与 I 型人打交道是类似的，但动机却不尽相同。I 型人是纯粹喜欢跟“对脾气的人”、自己喜欢的人做生意。而 S 型人通常对陌生人有戒备心，不太容易产生信任，所以需要通过时间建立关系。简单说，你与 I 型人可能一见钟情，但与 S 型人只会日久生情。

2. 不要光说，要有行动

这一点跟与 I 型人打交道不太一样。I 型人比较容易受到语言本身的影响，仅聊天就能给他带来极强的愉悦感。但 S 型人不会只听你说漂亮话，S 型人会看你的行动，看你是不是真的关心他、真的在意他。比如你知道他嗓子疼，就送给他一袋罗汉果泡水喝，虽然价值不高，但他会很感动，觉得你真的在乎他，会记住你对他的帮助。

3. 夸赞时多夸他为别人的付出，注意人后夸、含蓄夸

夸 S 型人时要注意，最好不要直接夸他本人，也不要在台前公开夸，因为他会觉得很难为情。他更喜欢你间接地夸，比如夸他为别人的付出，包括对家庭的、对公司的，借别人的口表达对他的夸赞。而且，你最好私下夸他，夸得含蓄一点，不要言过其实。

4. 送礼时注重全家共用

S 型人在物质方面是追求实惠、实用的人。他不像 D 型人那样追求尊贵，也不像 I 型人那样追求独特，他追求的是实惠、实用，最好能全家共用。所以，家居用品、厨房用品、孩子的用品、老人的用品，S 型人都很喜欢。因为 S 型人本身就是很愿意为别人付出、很关心别人的人，收到这样的礼物，他会觉得你充分考虑到了他所在乎的人。

（二）沟通技巧

1. 营造轻松氛围，展现友好

刚开始与 S 型人沟通的时候，记得不要单刀直入，可以选择一些轻松的话题做一个过渡。

2. 确认他的真实观点

因为 S 型人的表达比较委婉，不太愿意得罪人、让别人难堪，即便要表达拒

绝，也会做一些铺垫。所以，如果你想知道S型人的真实态度，可以用比较明确的语言跟他确认。否则，可能导致双方之间产生误会，造成尴尬。

3. 多考虑他周围人的感受

S型人注重他人的感受，他会考虑各方面的信息、平衡各方面的利益，总想兼顾所有人、让所有人都满意。他的顾虑、他的犹豫，很多时候不是为了自己的利益，而是为了别人的利益。同时他也很看重团结、和谐的气氛，如果有人反对，肯定会影响到他的决策、判断。所以，跟S型人合作的时候，你需要充分考虑到他周围人的想法和感受，这些人都满意了，S型人的配合度就会高很多。

4. 放慢节奏，保持耐心

这一点上，S型人跟D型人、I型人很不一样。D型人、I型人是快节奏的人，无论决定是YES还是NO，都会比较快。但S型人顾虑很多、很担心做错决定，所以你需要给S型人更多的时间和耐心。等他心里感觉到足够踏实了，他才会做出决定。如果你催得太急，反而会令他止步。

05　C 型客户：不要妄图糊弄，而要精耕专业

C 型人到底是什么样的人呢？我们从 8 个维度来展开分析。

维度 1：关注焦点

C 型人关注事，他具体关注的是事情的过程。

职场中，如果你的老板是 C 型人，你会发现他对你的要求是非常严格的，可以说事无巨细都会很关注。同时，他说话也是比较严谨的。如果说对于 I 型老板的指令，你需要养成跟老板再次确认的习惯的话，那么面对 C 型老板你几乎不用这样做，因为他说的每一句话几乎都是严谨的指令，不是随口说的，更不会轻易变更。

维度 2：行为偏好

C 型人的行为偏好是“想”。

C 型人是逻辑缜密的思考者。如果 C 型人出现在课堂上，他们或许是给老师压力最大的一群人。因为他们虽然也跟 S 型人一样愿意倾听，但 S 型人的听是包容的听，C 型人的听却是挑剔的听、批判性的听，好像随时都在做判断、在纠错。不过，如果他们发现错误，倒不会像 D 型人一样，当场不留情面地指出来，除非你问到他们，或者有人问到他们。事实上，他们无论是赞赏还是批评，都不太外露，只是他们自己内心知道而已。

维度 3：沟通风格

C 型人的沟通风格是细致型沟通。

C 型人其实并没有什么表达的欲望，也不太喜欢受到别人过多关注。但真正需要他表达的时候，他通常不会只说结论，而会说推导的过程，会比较细致，用

很多事实和数据作为辅助。同时，他倾听的时候也基本不会打断别人，但在可以说话的时候，会提出很多有挑战性的问题、很多质疑的点。所以，如果你一定要邀请 C 型人发言，最好做好被挑剔的准备。这一点跟 S 型人很不一样，S 型人也能看到别人的很多优点和缺点，但真要发言的时候，会倾向于强调优点，而 C 型人却倾向于强调缺点。

维度 4：决策风格

C 型人的决策风格是典型的理性决策。

如果从购物的角度来说，C 型人的购物习惯跟 I 型人正好相反。如果 I 型人的购物是感性消费、冲动消费，那么 C 型人的购物就是理性消费、实用消费。如果购买的是高价值单品，C 型人甚至会提前收集大量信息、查询大量资料，货比三家，才会进行购买。但他的货比三家与 S 型人的货比三家是不一样的。S 型人的货比三家，不一定有很强的数据支撑，只有一些不同意见作为参考，所以比完之后可能仍然无法做决定。而 C 型人的货比三家是有事实和数据作为支撑的，因此比完之后，结果会一目了然。

维度 5：优势能力

C 型人的优势能力是逻辑力。

C 型人是天生的逻辑玩家。如果要策划一场活动，C 型人是那个最能够将想法转化成计划表、变成具体行动步骤的人。如果在活动现场，C 型人是那个不太喜欢跟人打交道，而是在幕后用技术手段默默保障活动顺利进行的人。C 型人的逻辑性、规划性很强，但行动力偏弱，因为要彻底想清楚，往往需要一些时间。所以，C 型人不太适合执行比较紧急的任务。但对于一些不是特别紧急但又很重要的任务，由 C 型人去统筹规划，往往效果非凡。

维度 6：负面印象

C 型人给人的负面印象是比较死板。

如果你跟 C 型人共事，你会发现他比较死板、教条。尤其是，如果他做的工作是带有审核性质的，比如财务工作、审计工作，那么你蒙混过关的机会几乎没有，因为他会公事公办。但也因此，C 型人的人际关系会比较紧张。如果 C 型人是你的下属，你发现他所坚持的流程本身是不够人性化、不够科学的，你与其让他开绿灯，不如让他修改流程。因为开绿灯是违反 C 型人天性的，而修改流程却正符合 C 型人的天性。只要流程人性化了，他满意，大家也满意。

维度 7：奋斗目标

C 型人的奋斗目标是专业。

C 型人没有 D 型人那么强的功利心，如果 D 型人和 C 型人都出书，那么他们出书的动机是不太一样的。D 型人出书主要是为了彰显自己的成功，多偏自传，而 C 型人出书更多是为了把自己的专业知识传承下去。同时，C 型人对专业精益求精，导致他的行动力比较弱，因为他总觉得还可以调整、还可以修改、还可以完善。因此，他是最好的军师，却不一定是最好的执行者。另外，由于 C 型人对专业的痴迷，他对人的敏感性会比较弱，所以 C 型人多的公司，会显得比较缺乏人情味。

维度 8：理想环境

C 型人比较喜欢有秩序的环境。

C 型人喜欢的环境跟 I 型人完全相反。I 型人最喜欢自由，觉得规矩越少越好，但 C 型人恰恰最喜欢规矩，如果没有规矩，C 型人几乎会无所适从。所以，C 型人像 S 型人一样，喜欢去一些政府单位、事业单位或者国企工作，因为这样的单位基本都是有规矩、有制度的，他不太喜欢去一些私企或创业团队工作。但 C 型人和 S 型人的区别是，S 型人更喜欢跟人打交道，在人际交往中比较自如。而 C 型人更喜欢做一些专业性强的工作，不太喜欢跟人打交道。

了解了 C 型人的这些特质之后，如果你的客户是 C 型人，你该如何与他打交道呢？

接下来我们来讲讲面对 C 型客户的销售优化策略。

（一）关系建立

1. 保持距离，不要套近乎

这一点跟对待 D 型人是一样的，他们都属于单刀直入、有事说事的类型，不喜欢太多客套。

2. 说话做事严谨靠谱

你需要在C型人面前展现的形象，也许跟你在I型人面前展现的形象完全相反。I型人需要的是感觉，只要你让他感觉好，你就有机会说服他。但C型人最看重实际的人品，他最反感那些花里胡哨、浮夸虚伪的东西，他希望对方诚实守信、不会夸大其词。

3. 夸赞时多夸专业、严谨、细致

总体来说，C型人是不太习惯被人夸赞的，他对那些很肤浅的夸赞更是嗤之以鼻。如果一定要夸赞，最好夸赞他的严谨、细致。尤其是，如果你很懂他的专业，能够在专业方面跟他惺惺相惜，那他会更受用。

4. 送礼时注重品质、实用

C型人是追求完美的人，要给他送礼，品质是第一位的，另外还需要实用，因为他也是一个务实的人。既然追求品质，那买名牌产品就会比较有保障。但C型人和D型人追求名牌的动机不太一样。D型人追求名牌是为了面子，而C型人追求名牌是为了品质。所以，如果收到同样一款名牌包，D型人倾向于把LOGO露出来，而C型人倾向于把LOGO藏进去。

（二）沟通技巧

1. 聚焦任务

这一点，D型人、C型人是类似的，和I型人、S型人是相反的。

2. 多使用数据事实

虽然C型人和D型人都聚焦任务，但也有区别。D型人的聚焦任务更注重大方向、细节适度，因为他是结果导向的，对过程的关注度并不是很高。而C型人更注重任务的过程，所以需要更多的事实和数据作为支撑。

3. 绝不质疑他的专业性

由于C型人是特别注重专业性的人，如果你质疑他的专业性，他会感觉非常

不舒服，甚至会跟你对抗。所以，如果要表达不同意见，一定要注意柔化铺垫，降低你语言的攻击性，否则你们就会陷入辩论中。做销售一定要记住，不要赢了辩论却输了订单。

4. 保持耐心，细心解释

C型人是很有批判精神的，虽然他不喜欢别人质疑他，但他却喜欢质疑别人。当你说完的时候，他会提出很多问题，有的可能是很细枝末节的问题，这时你就需要有足够的耐心为他一一解释。所以，跟C型人沟通之前，你一定要做足功课，一定要准备得足够充分，否则，被他抓住漏洞，就不好收场了。

模块三

案例篇

需求类实战案例

探寻需求，

是一次寻宝之旅。

不要轻易相信那些明显的诉求，

因为它们可能是陷阱。

更不要轻易放过那些不明显的细枝末节，

因为它们可能是希望。

温柔的态度 + 怀疑的精神，

才是取胜之道。

01 转介失效：好友转介的 18 万元私董会客户，为何没了下文？

案例描述

我是做某私董会的会员招募工作的，私董会的会费是每年 18 万元。有一次，我的一位私董会客户张小姐，转介绍了她的好朋友李小姐给我认识。张小姐告诉我，李小姐也是一家创业型公司的老板，公司年营业额达 1 亿元。张小姐与李小姐是在一个培训班上认识的，彼此很投缘。她觉得李小姐对我们的私董会也会很感兴趣，于是就把对方的微信推给我，同时也向对方介绍了我。我一听，觉得合作希望很大，又是朋友介绍的，又有付费能力，于是就迅速与李小姐取得了联系。我总共与李小姐沟通了 3 次，大致过程如下。

第一次：因为是经朋友介绍的，彼此天然就很有信任感，我与李小姐很快就熟络起来。进入正题之后，李小姐问我，你们那个私董会有什么服务内容啊？于是，我就把我提前准备好的 PPT 向她详细呈现了一遍。李小姐在听的过程中很认真，也频频点头，且没提什么反对意见。我看到李小姐没有异议，就接着跟李小姐谈了合同以及价格的事。等我全部讲完了，李小姐说，她想考虑一下。于是，我就离开了。

第二次：3 天后，我问李小姐考虑得怎么样了？李小姐说她最近这段时间有点忙，让我过 1 个月再联系她。我隐隐有一种不祥的预感，但也只能接受。

第三次：1 个月之后，我再联系李小姐，她说她生病了，正在调理身体，等身体恢复再说。这个时候，我感觉情况不妙了，她应该是有别的想法了。

后来我就只是问候过她的身体状况，没有再提私董会的事了，当然她也没提。

案例分析

这次合作沟通为什么会从刚开始的“希望很大”走到了最终的没有下文？

主要原因有如下三个。

1. 销售人员在接受转介时，并没有获得最关键的信息

在这个案例中，销售人员已经从介绍人口中获得了很多信息，包括介绍人与被介绍人的关系、被介绍人的基本情况，等等。但销售人员却忽略了一个最关键的问题，就是：介绍人凭什么觉得，她的朋友李小姐也会对私董会感兴趣？难道“关系好”就一定会感兴趣吗？难道“有钱”就一定会买吗？不知道这一点，再加上销售人员在与客户面谈时，也没有通过有效的提问问出来，就导致整个沟通过程缺少一个强而有力的立足点。

2. 销售人员在面谈过程中，并没有让产品与客户产生深刻链接

根据案例描述，销售人员在李小姐提问之后，就直接进行了产品介绍，并没有反过来向李小姐进行必要的需求询问。这就导致后面的产品介绍是悬浮于客户需求之上的，产品再好，都无法与客户产生深刻链接。而李小姐在倾听过程中的“没提什么反对意见”本身已经很能说明问题了。有一句话说得好：嫌货才是买货人。如果客户在听的过程中，没有任何反对意见，也没提任何问题，要么是满意得不得了、挑不出一丁点儿瑕疵，感觉这产品就是为自己量身打造的；要么是根本不感兴趣，觉得这产品与自己无关，只当吸收一些资讯而已。显然，李小姐的情况属于后者。

3. 销售人员在跟进过程中，一次次错失起死回生的机会

这个案例中，销售人员错过了多次扭转战局的机会。第一次，当客户说要考虑一下时，销售人员就应该与客户沟通，把客户真正顾虑的点问出来，而不是听之任之、让客户自己考虑。第二次，当客户说最近有点忙时，销售人员也应该抓住机会，坦白自己心中的担心并跟客户进行确认，拿一个YES或NO的结果回来。第三次，当客户说要调理身体时，同样是一次开诚布公、探测真相的机会，但销售人员都没有抓住。其实，销售人员在跟客户沟通的过程中出现这样或那样的状

况都是很正常的，但只要你敢于面对真相、即时补救，也不是没有翻盘的机会。关键是，越早补救，机会越大。

行动建议

1. 转介时获取准客户的关键信息

当介绍人说她的朋友会对私董会感兴趣时，你可以这样说：

张小姐，感谢您的转介，真是帮了我大忙了。

只是，您也知道，我们的私董会不是所有的老板都适合的，我也担心会辜负您的好意。

所以我想问一下，不知道基于您跟李小姐的交情，您觉得，如果李小姐会对我们的私董会感兴趣，大概会是基于怎样的考量呢？

这样，张小姐就会说出她的理解。如果张小姐说得很含糊，那就说明，可能张小姐也并不是很了解李小姐。那么你就不能盲目乐观，而要通过你自己跟李小姐的直接接触，来进一步甄别这个机会。但如果张小姐说得很清晰，甚至还举了例子，那就说明，这次合作的希望很大。你就可以在与李小姐见面的时候，不要宽泛地聊，而是集中火力聊她的兴趣点、痛点，这样效果才会更好。

当然，如果你想做得更充分一点，你还可以问出准客户的顾虑点，你可以这样说：

张小姐，根据您对李小姐的了解，您觉得，如果李小姐会对我们的私董会有所顾虑的话，她最有可能的顾虑点会是什么呢？

这样的问法，就巧妙地把李小姐可能的异议也问出来了，便于在沟通中提前排雷。

2. 适时挖掘客户的深层信息

当客户问“你们的私董会有什么服务内容”时，你可以这样说：

李小姐，我们的私董会服务内容确实挺多的。只是，如果我一点都不了解您的实际情况的话，我担心我讲了一大堆，没有重点，也未必是您感兴趣的，倒浪费了您的时间。

要不您看这样可以吗？您先跟我简单说一下您的情况和具体诉求，我再为您进行一个有针对性的介绍。如果您觉得合适，咱们就接着往下聊，如果您觉得不合适，我会充分尊重您的决定，不会浪费您的时间，您看可以吗？

这样，就可以探测到客户的深层信息，接下来的沟通就能更加有的放矢。

3. 勇敢探测客户的真实态度

当客户说要考虑一下时，你可以说：

李小姐，我能感觉到，您确实是有一些顾虑的。其实没关系，您有任何顾虑都可以直接说出来。如果能解决，我会尽量帮您解决，如果不能解决，我也会非常坦诚地告诉您，绝对不会给您任何压力，也不会浪费您的时间。所以，您方便告诉我吗？

这样，你就可以针对李小姐具体的顾虑进行更有针对性的解释。

当客户说她这段时间很忙时，你可以说：

我完全理解，李小姐，看得出来您是非常忙的，否则您的事业也不会做得那么好。只是，我隐隐有一种感觉，您似乎对我们的私董会不太感兴趣，应该是不会考虑加入我们了。只是，您人特别好，不愿意直接告诉我、让我失望，所以才用了这样一种委婉的表达，不知道我猜得对吗？

如果你猜错了，说明这次合作有戏，李小姐也肯定会告诉你真实的情况。如果猜对了，也没关系，你可以问一下李小姐拒绝你的真正原因，你可以这样说：

好的，没问题，李小姐，我尊重您的选择，那我之后就不再继续给您做推荐了。只是，在我们沟通的最后，可否帮我一个小忙，就是可否告诉我，您之所以做出这个决定，最主要考量的点是什么呢？因为我想不断地提升我们的服务品质，以便未来再为别的客户提供服务时，能够更加心中有数，不知道您可以帮我这个小忙吗？

这样你就可以了解客户拒绝的原因。然后你再根据原因做出判断，这个问题是误会还是硬伤。如果是误会，解除误会，这样你就有机会重启对话。如果是硬伤，感谢之后，礼貌结束。**销售的本质，不是把任何东西卖给任何人，而是把“对”的东西卖给“对”的人。**只要是真相，不需要纠结，坦然接受就好，开开心心迎接下一个客户。

02 真假兴趣：主动咨询的客户，为什么最后却失去了兴趣？

案例描述

案例一：我是做保险销售的。有一次，一位客户主动给我打电话咨询重疾险，说他身边有人脑梗花了 8 万多元，他担心自己也生病，让我给他推荐一款保险，我就给他做了一份方案。等方案讲完，到了做购买决定时，他却打退堂鼓了，给出各种借口，或者说没钱，或者说家人反对。我很困惑，客户明明是有痛点的，为什么最后却反悔了呢？

案例二：我是做近视激光手术的。有一次，一位客户前来咨询。她说她现在的情况是，开车需要戴眼镜，其他时候不太需要戴眼镜，问这样的情况需要做手术吗？我就说，她这样的情况做手术效果是很好的，还给她讲了很多案例，她说要考虑考虑，就离开了，后来再联系就联系不上了。我总觉得，客户应该是有需求的，但我就是没有办法让她下决心，请问这样的情况，到底应该怎么沟通？

案例分析

这两个案例的核心问题都在于，客户的痛点，并不扎实。

很多销售人员对主动上门咨询的客户有一个误解，即只要问了客户“为什么会来咨询”这样的问题，客户的回应看起来有鼻子有眼，或者是合情合理的，他们就会认为，客户是一个有需求的真客户，于是火力全开，直接开始介绍产品，并进入成交环节。其实，你可能完全会错意了，这只是一场美丽的误会。

因为痛是有不同等级的，如果痛到十级才能成交，那就意味着，十级以下可能都是你自作多情、一厢情愿。你以为的客户的痛点，可能只是客户一个触景生情的很浅的想法，并不持久。如同人被烫了一下而尖叫，只要离开了滚烫的物体，痛的感觉就会迅速减轻，甚至消失。

所以，**面对主动上门咨询的客户，你需要做的第一件事，不是相信，而是怀疑。**

你可以怀疑客户其实并没有多大问题，完全可以保持现状；也可以怀疑客户即便有问题，也不一定需要你的产品。这样的怀疑不仅可以帮助你确认客户的真实想法，也可以帮助客户整理自己的思路。如果怀疑之后，发现问题属实，你与客户双向奔赴，顺利成交。如果怀疑之后，发现确实没必要，那就彼此尊重，各自安好。

这个过程本质上就是一个甄别客户的过程。只有经过甄别留下来的客户，才值得你认真对待，否则他们跟路人没有太大的区别。优秀的销售人员做的最多的工作就是甄别客户，一旦甄别清楚了，成交如同探囊取物，非常轻松。而普通的销售人员做的最多的工作往往是成交客户，导致阻力很大、困难重重，即便用了108般武艺，还是收效甚微。其实，不是技巧无效，而是技巧用错了地方、用错了人。这些阻力也好、困难也罢，绝大部分都是那些“错误的客户”带给你的，只要你能够在前期把他们甄别出来，成交就不是一场战斗，而是一次享受。

行动建议

1. 保险案例

当客户跟你说，身边有人脑梗花了8万多元，他担心自己也生病时，你可以跟客户展开如下的对话。

销售人员：听您说到这样的事，我确实感到非常遗憾。

不过您因此想要了解保险，我还是有点好奇，说白了，这样的事情不是每天都在发生吗？只是大多发生在一些陌生人身上。怎么发生在朋友身上就给了您这么大的触动？

客户：要是别人生病，我还真没什么感觉，关键这次是我关系很好的一个哥们儿病了，他平时多健康的一个人啊，居然会进医院，我完全没想到。重点是，他也没什么积蓄，花的8万元全靠父母去凑，真是难为他父母了。

销售人员：原来是这样。我之前也遇到过一些跟您有类似想法的客户，但很多都是等朋友的事情过去了，通常也就没什么感觉了，毕竟自己目前身体还很健康，投保好像也没有那么必要。我猜您会不会也是一时兴起找我咨询，过不了几天就又改变主意了呢？

接下来客户的回应就会分流，A 代表积极态度，B 代表消极态度。

A（积极态度）

客户：其实我 1 年前就有投保的念头了，但一直觉得不着急，这次朋友的事情可算是让我下定决心了，有份保险，有备无患嘛。

销售人员：看来您这个计划已经拖了 1 年了呀。那这次跟我咨询完，您会不会还是觉得不着急，毕竟朋友的情况也未必发生在自己身上，所以就又拖到明年去了呢？

客户：不，这次我是下定决心了，反正早买晚买都要买，买了我就不用每次看到这些事情时担心自己了。

如果客户的回应是类似这样的，那说明他的投保动机是比较扎实的，你继续跟进，成交应该希望很大。

B（消极态度）

客户：其实我确实是想先咨询一下，万一以后要买心里也好有个底。

销售人员：完全理解，您这个想法非常正常，很多人在第一次买保险时，都会考虑很久的，有的甚至会考虑大半年、1 年以上，没事的，咱不着急。

既然您是来做前期咨询的，那您有任何想咨询的问题，都可以尽管问我。我不敢说我有多专业，但我可以保证，我说的一定是实话，绝不会骗您，这也是我可以在这个行业坚持 10 年的原因。

当然，向我咨询不代表您以后就一定要找我买保险啊，绝对不是，我反倒建议您挑一个您比较熟悉的、比较信得过的朋友买保险。所以，咱们今天就当闲聊，好吗？

这样你就可以争取到跟客户进一步沟通的机会。当然，客户也可能不愿意聊，那就尊重他。但毫无疑问，你放慢节奏，会让客户感觉很舒服，对你印象很好。所以，即便当下不找你买，他以后也可能会找你。

2. 激光手术案例

当客户跟你说，她开车才需要戴眼镜，其他时候不太需要戴眼镜时，你可以跟客户展开如下的对话。

销售人员：听上去，您的近视度数应该比较低吧？

客户：我近视三四百度。

销售人员：如果只是开车才需要戴眼镜，其他时候不需要戴的话，好像戴眼镜这件事情也并没有对您的生活造成太大的困扰啊。所以，我有点好奇，究竟是一个怎样的考量，让您愿意花时间、花精力专程来到我们店咨询的呢？

接下来客户的回应就会分流，A 代表积极态度，B 代表消极态度。

A（积极态度）

客户：其实不止是开车，看书、看电脑也会受影响，我想要看得更清楚一些，还是要戴的，否则就会有重影。

销售人员：那您戴眼镜多久了？应该早就习惯了吧？

客户：我戴眼镜是挺久了，但说习惯谈不上，总归还是有点不太方便。

销售人员：我之前也接触过一些和您类似的客户，他们有的会觉得，反正自己的度数也不是很高，也不需要全天戴眼镜，这点不方便还可以接受。而且，虽然激光手术技术已经很成熟，但提到做手术，大家心里总是有点怕怕的，最终也会选择放弃。不知道您会不会也有类似的想法呢？

如果客户反驳了这样的说法，说明这个客户还是比较笃定的，你可以放心往下推进。但如果客户犹豫了，那你也知道了影响她决策的关键点到底在哪里，你就可以跟她一起来分析这个问题，看看影响程度究竟有多大。如果客户最终说服了自己，相当于排雷成功。但如果客户没有说服自己，那彼此尊重也是一个好结果。

B（消极态度）

客户：其实是我妈建议我来的，我自己倒觉得，好像没有做手术的必要。

销售人员：原来是这样。看来您和妈妈的想法产生了分歧。你们主要的分歧点是什么呢？

客户：我们……

销售人员：了解了。但我猜，如果您完全不认同妈妈的想法，或许您压根儿连来都不会来。既然您今天主动来咨询了，一定是心中还有疑问，想要得到某个答案，不知道我猜得对吗？

如果是这样的话，您不妨把您心中的疑问告诉我，我尝试着为您解答一下。

如果解答清楚了，确定了您这种情况确实没必要做手术，那您回到家面对妈妈时，不是也有更专业的说法来说服她了吗?

所以，如果您还算信任我的话，您有什么想问的可以尽管问。

这样，客户可能就会把心中的疑问说出来，而你也获得了机会。记住，真相永远走在成交的前面。

03 免费培训：我是如何一步一步踏入客户免费蹭服务的套路的？

案例描述

我是做美容产品销售的，我的目标客户是美容店老板。有一次，我跟美容店的张老板建立了联系。在沟通过程中，对方告诉我，她想换掉目前的供应商。因为这家供应商的产品，客户认知度不高，价格却比较高，能接受的客户只有一小部分。她认为我们家的产品，客户认知度比较高，价格也合适。她还提到，她们用之前那家的产品，出现过严重的事故，她因此在医院里陪护客户 2 天，觉得钱赚得不踏实。我一听，感觉合作希望蛮大，心中大喜。

接下来，我们就谈到了培训项目，这是我们公司的一个免费的“2+15”售前服务项目。旨在通过 2 天的培训，让客户更了解我们的产品和技术，然后再通过 15 天的落地辅导，提升员工的技能，同时实现比较好的销售转化，让客户对我们更有信心。

但是，当我提出一些合作条件时，比如这 15 天能否独家合作、能否通过对客户数据的梳理筛选出合适的客户邀约到店体验服务、能否对员工进行绩效考核时，却都被一些听起来很合理的理由婉拒了。

我当时就有种感觉，她会不会只想免费跟我们学习技术，其实并不想真正合作。因为我们家的技术确实是优势，很多客户之所以跟我们合作，就是因为看重我们家的技术。而这个技术，即便换一种产品，也是可以用的。但我转念一想，这位老板似乎还是挺有诚意的，既然她有难处，我就体谅一下，于是，我应下了这场培训。

果然，培训完之后，因为客户并没有真正的合作意向，15 天的辅导也渐渐形同虚设，然后……就没有然后了。

案例分析

很明显，这个案例最根本的问题，出在“甄别客户”上。

具体表现如下。

1. 对客户真正的购买动机缺乏甄别

但凡你从事销售工作的时间稍微长一点，你就会发现一个规律：那些刚开始感觉很难搞的客户，各种提意见、各种提要求、各种挑剔质疑，但只要你真的让他感受到你的价值了，客户前后态度的变化也会很明显，双方越聊越轻松、越聊越投机，成交也会更顺畅，因为这是真客户。但是，那些刚开始接触就非常主动地迎合你、非常清楚自己的需求、对你的产品赞不绝口的人，你反而要小心，因为他们有可能动机不纯、别有用心。最后，要么套一堆资料却成交不了，要么成交之后也会面临大麻烦，这就是所谓的假客户。当然这并不是说，所有容易成交的客户都有问题，而是说，我们要有甄别的意识。所谓“嫌货才是买货人”，这是人性，“不嫌货”了，反而要提高警惕。

从上面案例的描述中，你可以得出的大致结论是：客户要换目前的供应商，这大概是真的，因为当前的供应商确实给她带来了麻烦和困扰。但至于要不要采购你们家产品，理由却并不充分，她只是提到你们家产品客户认知度高、价格合适。但你冷静下来想一想，客户认知度高、价格合适的产品，真的只有你们一家吗？她就没有别的选择吗？而且，这两个指标，真的那么有说服力吗？会不会有点虚？你再仔细回顾一下你们过去成交的客户，大部分的客户到底是基于什么跟你们家合作的，真的是因为认知度高和价格合适吗？如果你能分析到这一层，我想你就不会太兴奋了。

那为什么还是有很多销售人员会被假客户忽悠呢？因为急于成交的心态蒙蔽了他们的双眼，让他们只选择去听那些对自己有利的部分，而不去听那些对自己不利的部分，从而失去了该有的判断力。

2. 对客户不合常理的不配合缺乏甄别

从上面的案例中可以看出，2 天的免费培训加 15 天的落地辅导，是你们家的售前服务，过程中你们还会讲授你们家被很多客户看好的一套技术。但客户表现出来的态度却可以概括为：只要培训，不要辅导。因为她对你提出的一系列保证辅导效果的建议都表示了拒绝。难道这种态度不反常吗？如果她认为你们的建议不合理，她也可以提出新的想法啊，怎么会是这样一种“纯拒绝、不作为”的状态呢？而如果她真的有困难，实在配合不了15天的辅导，为什么不换个时间再进行这个完整的项目呢？只做培训，不做落地辅导，对新产品的推动真的好吗？那如果她只要培训，她最终要的又是什么呢？

以上问题如果能够引起你的重视，你掉进陷阱的概率就会小很多。

行动建议

1. 甄别客户的购买动机

当客户表现出特别想合作的想法时，你可以这样说：

张总，感谢您对我们家产品的认可。

只是，毕竟我也在这个行业服务了很多年，据我所知，就您提到的“客户认知度”和“价格”方面比较对路的产品，好像您的选择也不止我们这一家吧？

您千万别误会啊，我绝对没有把您往外推的意思。只是，基于我多年的经验，如果我不能很确切地知道，客户为什么会选择我们家，其实我是很难推进后续服务的。因为我不确定怎么做才是对客户最好的、怎么做才能令客户满意。

所以，我有点好奇，您之所以会这么看重我们家，应该还有更深层次的考量吧？您愿意跟我分享一下吗？

如果客户说出了更深层次的原因，或许这个客户是真的看重你们，只是之前还没来得及表达。但如果客户还是反复强调那两点，那么你可以保持谨慎的乐观态度，往下推进。

2. 甄别客户的合作意愿

当客户对合作的条件不配合时，你可以这样说：

张总，我感觉到您的为难了，也特别理解您作为老板经营管理门店的不容易。

我在想，是不是我刚刚提的这些建议都不是特别符合你们店的实际情况啊？

也怪我，只是基于过去的经验，并没有从实际情况出发，跟您说声抱歉啊。

要不您看这样可以吗？您可否站在您的角度，提出一些更加切实有效的措施，来保障这15天的经营绩效能够达到咱们刚刚设定的目标？如果能配合，我们公司会尽量配合，如果配合不了，咱们再看还有没有其他的解决办法。反正目的只有一个，让这15天的绩效，用数字说话。您看行吗？

如果客户确实提出了一些更加实际的措施，你们可以再商量，看看哪些可以办到、哪些不能办到，这就是一个不断磋商的过程。但如果客户含糊其辞，提不出什么有建设性的做法，那你就真的要小心了，或许客户确实别有用心。

04 沟通破冰：如何让“随便看看”的房产客户，变得不随便？

案例描述

我是做房产销售的。我总是遇到这样的情况：客户来到门店，站在门口看我们的房源信息。我问他想买什么样的房子，他就说随便看看。问他有什么样的要求，他也不怎么回答。邀请他进店坐着聊，他也倾向于“他问我答”的模式，让我特别被动。

我想问的是，对于这种“随便看看”的客户，到底应该怎么做才能和他进入一个比较正常的聊天状态，让他能够说得更多呢？

案例分析

这个案例的核心任务，其实是沟通的破冰：如何在沟通初期，跟客户建立信任。

要达成这个目的，我们需要思考如下几个问题。

问题 1：客户真的是“随便看看”吗？

大多数的客户，其实都不会是“随便看看”，都是有动机的，尤其是对于房子这种商品。你可能随便去逛菜市场、随便去逛超市，但你不会没事随便去逛房产中介的门店吧？

只是，由于迫切度不同，客户往往对于一些相对远期的需求，表现出一种“随意”的状态。要破这一点很容易，你可以跟客户探讨买房的时间，当然，要讲究提问技巧。

问题 2：客户到底在担心什么？

客户为什么不愿意跟你说太多？很显然是怕被你推销、怕被你死缠烂打、怕被你忽悠上当，他怕那些常见的传统销售人员的一切行为。既然你知道了这一点，你做出跟传统销售人员相反的行为，不就可以了吗？客户怕被你推销，你就跟他“解除成交”。客户怕被你催促，你就跟他约定反馈时间。客户怕被坑被骗，你就直接告诉他防坑防骗的小技巧。他怕什么，你就帮他拿走什么，客户不就可以安心一些了吗？

问题 3：客户到底想要什么？

你肯定会说，想要买到称心如意的好房子啊。没错，是这样。但一位已经到了门店里、面对着你的客户，自然而然就会去想，他能不能从“你”这买到称心如意的好房子。“你”跑到了“房子”的前面，核心就是你的专业度。

那客户是如何判断你的专业度的呢？

首先是外在。你的形象气质，看上去是否专业。这个非常重要，不过这不是本书的重点，这里就不展开讲了，但你需要格外重视这一点。

其次是内在。这里需要强调一下，“专业”绝对不是指那些会在各类考试卷上出现的内容，也不是关于房子的钢筋、水泥、造价等这些内容，而是对每一套房子的那些“住户最关注的点”如数家珍。比如，在电脑上随便打开一套房子的照片，你能否说出这套房子的几个优点、几个缺点，房子的位置怎么样、是临街还是面向小区，房子的隔音怎么样、周围有没有大的噪声隐患，房子的采光怎么样、一天之中有多长的日照时间，房子离超市、菜市场有多远，房子离医院车程是多久，住户每天早晚想要健身跑步时可以去哪些地方，甚至房子周围的邻居是什么样的、房子的原主人是什么样的，等等。这些信息没有人会一次性直接告诉你，需要你去踩点获得。有时候，为了获取更全面的信息，可能还需要分不同的时间段，比如早晚分别踩点才能得到。如果你能够对你们门店的房源信息掌握到这种程度，客户“随便看看”的时候，他看到哪一套，你就可以很自然地跟他讲出哪一套的具体情况，你觉得他还会不搭理你吗？

本书所讲的技巧，就是建立在这样的专业度的基础之上的，不是纯粹靠嘴皮子就可以让客户成交。如果你的专业度过硬，技巧就能够让你如虎添翼。但如果你的专业度水平较低，技巧的威力就会大大减弱，甚至适得其反、作茧自缚。

行动建议

1. 探测兴趣点

当你看到客户在你们家门店的房源信息那里盯着一套房驻足良久时，你可以这样说：

看来您对这套房子有点兴趣？

其实这套房子是这样的，喜欢它的客户通常会更看重……（列举优点），但不太喜欢它的客户却觉得……（列举缺点），不知道您怎么看？

请注意，说缺点不是为了赶走客户，更不是为了贬低房子，相反，呈现房子的缺点可以很大程度上体现你的客观性和专业度。因为，任何一套房子都不会是完美的，也不会适合所有人，你借助别的客户的口把这些东西表达出来，可以让当前的客户更方便地做出判断，也更有兴趣跟你讨论。而且，很多时候，缺点也未必是真的缺点，换个角度、换个客户、换个使用场景可能就成了优点。因此，客户不会因为你的这些话就不喜欢房子，反而会因为这些话更信赖你。

2. 探测看房动机

当你询问客户想买什么样的房子，客户说“随便看看”时，你可以这样说：

完全理解，买房嘛，先大范围了解一下是很有必要的。

通常有一些客户会来到我们家门店看房子，是因为他们可能已经有比较中意的房子了，想看看我们这里的价格会不会更优惠一些。不知道您的想法是不是也是如此？

你可以多准备几个类似的“猜测”去测试客户的动机。如果客户认同，那你们的聊天就自然展开了。如果客户不认同，他大概率也会纠正你，那你们也可以正常进入聊天。

如果客户认同，你可以接着问：

那不知道您中意的房子在哪个小区、什么位置？我帮您查询一下。

如果查询到，你也刚好很熟悉，你恰好可以用专业度碾压竞争对手：

其实这套房子真的挺不错的，您确实很有眼光，比如……（列举优点），但有的客户也会觉得……（列举缺点），不知道您是否会介意？

但如果你们没有房源，你也可以接着说：

很抱歉，这套房子我们暂时没有房源。

不过，我感觉，您之所以会喜欢这套房子，应该是比较看重……（列举优点）吧？如果是这样的话，我们门店倒是有类似的房子，不知道您是否有兴趣了解一下，还是说您除了这套房子，完全不会考虑其他的？

3. 探测购房时间

当你想要验证面前的客户是不是一位可以近期成交的客户时，你可以这样说：

不知道您平时工作忙吗？

其实买房确实是一件需要专门花时间、花精力去仔细了解的事情，根据我们的经验，很多客户从看房到真正确定，大概需要经过这么几个阶段……大概需要花……的时间。我看您的状态，似乎并不是很着急，我估计您应该只是处于一个前期了解阶段，并没有真正购房的具体计划吧？

接下来客户的回应就会分流，A 代表积极态度，B 代表消极态度。

A（积极态度）

客户：我确实有购房计划。

销售人员：那您估计，如果要投入时间精力专门做这件事，您最迟想在几月之前，搞定这事？

如果客户给了你大致的时间，代表着客户是有一定迫切度的，同时，之后你也可以用这个时间来倒推，合理安排客户的购买进程。

B（消极态度）

客户：确实是前期了解。

销售人员：没事，这很正常，前期的充分了解是非常有必要的。

不知道您是否愿意告诉我几个您大致的选房标准呢？我可以站在前期帮您参谋的基础上，给您留意一下，如果有合适的我就发给您看看，您觉得不错咱们再实地看。反正我对房子也熟，这件事于我而言就是举手之劳。对于您，也可以节省一些精力。您看可以吗？

如果客户愿意，他肯定会告诉你他的购房标准，那么你就可以了解更多信息，方便后期转化。但如果客户不愿意，可能说明客户确实还处于比较早期的看房阶段，或者他已经有比较信赖的房产中介了，那你就坦然接受吧。

05 客户拖延：客户想要提升学历，但就是不着急，怎么办？

案例描述

我是做学历教育的。我碰到的一个问题是，客户是有痛点的，就是要为未来的升职加薪做准备。我与客户也谈妥了费用。但是，因为学校开学的日期是相对固定的，所以，离开学日期比较远的那些时间段，客户就特别喜欢拖延。而客户在拖延的过程中，就比较容易发生风险，不是最终改变主意放弃提升学历了，就是被竞争对手截胡了。我们为了让客户提前报名，也会推出一些限时的价格优惠政策，但时间一长，客户也知道我们的套路了，效果就不太好了。有没有什么办法，可以让客户提前报名、提前成交呢？

案例分析

这样的情况下，想要让客户提前成交，必须满足以下两个前提条件。

1. 内因：客户的痛点是真实存在的

也就是说，客户确实有不得不提升学历的理由。比如，公司相关政策规定，达不到什么学历就无法升职，或者会被自动淘汰，而无法升职或自动淘汰带来的短期后果和长期后果客户都很清楚，并且不愿意承担。再如，客户心仪的公司的招聘广告列明，学历必须达到什么级别才能应聘，而客户对这个职位垂涎已久，如果不能得到，简直寝食难安。你要知道，每一个做出购买决定的客户，背后必然有一个不得不如此的理由。如果找不到这个理由，客户必然会处于一种满不在乎、到处比较、你急他不急的状态。

但是，根据案例的描述，客户居然会在拖延的过程中改变主意，也就是放弃提升学历了，那就说明，要么客户有潜在痛点，但你没有挖掘出来；要么客户几乎没有痛点，是你自己会错了意。

2. 外因：如果客户不提前报名，会遭遇他不想要的后果

比如客户想报读的学校或专业发生政策变动，他可能会报不上；或者考试难度增加、考试次数增加；等等。这些是客观的，不是凭空捏造的，但需要你用合适的方式把这些信息传递出来。

以上两个前提条件必须同时满足，才有可能让客户提前报名，否则，提前报名只是你的异想天开。同时，使用优惠政策时也需要注意技巧。虽然它能起到一定的作用，但不是起决定作用的，只有在客户痛点很深刻的情况下才会起作用。而且，用得不好，会被反噬。

行动建议

1. 深度挖掘客户的痛点

如果客户跟你说，他提升学历是想为未来的升职加薪做准备，你就可以说：

那看来您对自己是有要求的，对未来也是很有规划的。不知道我可不可以问一下，如果一切顺利的话，您最希望在哪一年实现晋升呢？

接下来客户的回应就会分流，A 代表积极态度，B 代表消极态度。

A（积极态度）

客户：我当然希望越快越好，不过如果要提升学历的话，应该最早也是后年。

销售人员：看来您升职希望很大啊，那我要提前恭喜您了，这真是一个振奋人心的好消息。

听您说得这么笃定，我估计您应该是得到内部消息了吧，不然怎么会这么有把握？

客户：我们单位政策规定，从中级技术员升级为高级技术员，学历必须是本科，我其他标准都达到了，只有学历不达标。

如果客户的回答是类似这样的，代表着客户的购买动机比较明确，你的机会就会比较大。

B（消极态度）

客户：升职时间怎么可能确定？只能是走一步看一步吧。

销售人员：您的心情我特别理解。确实，咱们的晋升都掌握在别人手里。可能即便有了学历，竞争也是很激烈的，也不一定能如愿。

所以，我可不可以理解为，其实您对学历提升这件事，也并没有完全想好，觉得即便花时间、花精力提升了，也未必对未来的职业生涯有什么实质性的帮助，我可以这么理解吗？

客户：那也不能这么说，帮助总还是有一些的。

销售人员：那在您看来，如果真的有帮助，大概会体现在哪些方面呢？

如果客户有点警惕，不愿意回答，你可以解释一下：

您别误会啊，我没别的意思。我只是想跟您探讨一下，学历提升对于您而言，是否真有那么必要？毕竟投入的时间、精力和金钱都不少。如果没太大必要，咱们就不用花那个冤枉钱了。所以，您愿意跟我聊聊您的真实想法吗？

如果客户对这个问题的回答是有具体内容的，甚至可以举出一些例子，那就说明，你是可以争取这个客户的。同时，为了加强他的购买动机，你也可以找一些这方面的案例跟他分享一下。如果你了解一些职业规划方面的知识，你还可以帮助他把不确定的未来，分解成几个确定的阶段性目标，然后把这些目标跟学历关联起来，那这单就更稳了。当然，职业规划需要一定的专业度，如果你暂时不具备，用上面“提问引导＋案例分享”的方式，也已经可以达到很好的效果了。重点就是，一定要让客户非常明确地意识到，学历对于他而言究竟意味着什么，不是那种很虚的口号，而是实实在在的、具体明确的、可以给人带来快乐或痛苦的“好的结果”或“不好的结果”。

但是，如果客户对上面那个问题的回应是比较含糊的，那就说明，客户可能确实没想好。当然，为了进一步确认，你也可以跟客户分享几个案例，看看客户的反应。如果客户反应依然很平淡，说明这个客户还不成熟，先放一放再说，目前成交不太现实。

以上的沟通过程再次说明，客户的痛点不是销售人员强加给他的，也不是无中生有的，而是客户内心本来就有的，销售人员的作用只是帮助客户梳理自己内心的真实想法，让真相浮出水面。

2. 探讨不提前报名的风险

如果客户痛点明确，也已经选好学校和专业了，但因为离报名截止还有一段时间，客户不着急，你就可以这样说：

好的，没问题，现在离报名截止还有一段时间，确实不需要着急。

只是，有一个情况，我可能需要跟您提前说明一下。就是有一些学校，招生政策会在中途发生变化，比如停止招生了或者专业招满了，那么本来想要报读的学员可能就需要重新选择学校或专业。不知道这种情况您可以接受吗?

因为我们过去的确就遇到了这样的情况，不过大部分学员还是可以接受的，毕竟大差不差嘛，他们对学校和专业也没有那么严格的要求。但确实有很多目标明确的学员，接受不了这个情况。我不知道就您个人而言，您的想法是什么?

如果客户的回应是，不介意，哪个都行，那么你也只能尊重他。但如果客户的回应是，很介意，那么你就可以接着说出下面的话：

那看来，您选择学校和专业确实是非常慎重的。

我们过去有些学员，为了避免类似事情的发生，可能会选择提前报名。我不确定，通过这样的方式确保百分之百被目标院校录取，在不在您的考虑范围之内呢?

这样沟通，就可以把一部分确实很介意的客户筛选出来，达到让他们提前报名的目的。

当然，需要强调一下，这样做，绝对不是把一个本来不着急的客户变得很着急，而是把那些本来就着急的客户筛出来，实现双赢。

3. 正确使用优惠

我看到有些小伙伴是这样使用优惠政策的：

张同学，我们公司为了回馈广大客户对我们的支持，推出了一个优惠政策，如果在月底之前报名，可以享受 8.8 折优惠，过了月底就恢复原价。现在离月底只有 1 周了，这可是一个力度很大的优惠，您可千万不要错过啦。

这样的表述乍一听好像没什么大问题。尤其是，如果这段话是跟在上文很扎实的“挖掘痛点”之后表达出来的，更显得没毛病。因为当客户的购买动机被彻底激发出来时，优惠就是锦上添花，可以让客户快一点做决定。

但这样的表述方式也特别容易引导客户跟你讨价还价，因为当你把优惠当成“成交利器”时，客户也自然会把优惠当成“讲价利器”，你的焦点引导了客户的焦点。结果就是，明明做出了巨大让步，但客户仍旧不领情，总觉得还有空间可以压榨。

如果你想把销售工作变得更简单、轻松一点，可以试试下面的说法：

张同学，您说要考虑考虑，这是非常正常的，我特别理解。

只是，有一个情况，我可能需要跟您提前说明一下。就是我们公司目前有一个优惠政策，8.8 折优惠，月底到期。其实您也是明白人，一看就知道，这就是一个促销手段，有些客户会很反感，觉得我们在玩套路。但也的确不能否认，这确实是一份实实在在的实惠。

我跟您说这个，绝对没有半点催促您的意思啊，您千万别误会。只是我不知道，这个优惠对您而言到底有没有意义？还是说，其实您完全没有想过，要在月底之前搞定这事？

这样说，优惠就只是一个产品核心价值之外的附加价值，是一个“有更好、没有也不影响”的配角，对不买的客户，没有任何影响，对买的客户，给予一点实惠。因此，客户的焦点依然会在产品本身、需求本身，不仅不会陷入对优惠的讨价还价中，还会因为占便宜的心理，产生快速成交的欲望。

06 排除干扰：客户主动投保，因妻子干扰而变卦，如何起死回生？

案例描述

我是做财产保险的。有一位老客户张总，生意做得很大，他是公司总经理，他的妻子李总是公司财务总监。他提出要为自己的工厂厂房上保险，说最近这段时间工厂旁边工地施工爆破，把他的办公楼震得一晃一晃的，刚开始他还以为是地震，吓坏了。

我们在沟通的过程中，他们夫妻俩产生了很大的分歧。张总觉得有必要上保险，但他妻子却觉得，房子很坚固，肯定没问题，没必要上保险。最终他还是坚持了自己的想法，让我放心去办。

我按他的意思设计了方案，并报了价，他也同意了。

但等到要付款的时候，我去找财务总监，也就是客户的妻子李总，她却说，钱压在货上，账上余额不够，需要等一段时间。当我再次见到张总本人时，他的话锋也变了，说以我们这么多年的关系，他很愿意照顾我的生意，但现在钱的方面确实不方便，需要过段时间。我感觉他的态度发生了很大的转变，几乎是拒绝的意思了。

明明决策人是他，最后却因为妻子的态度改变了主意。这种情况，到底该怎么处理呢？

案例分析

这个案例中的问题主要在于如下两点。

1. 对于第一决策人的动机没有充分夯实

客户说的工厂旁边工地施工爆破，这显然是一个偶发事件，这个事件造成的影响是极其不稳定的。等这个事件一过，危机解除了，客户可能就又回到之前那个状态了。要让客户产生真正的、持久的触动，就需要把这个偶发事件带来的影响跟他内心深处真正的担心关联起来。为什么工地爆破了，他会想到为自己投保？他到底在担心什么、他的工厂厂房到底有多大的概率会发生风险、万一发生风险损失有多大？如果不搞清楚这些问题，一定会降低客户投保的必要性，那么在成交时出现反悔，就变得很正常了。

2. 对于第二决策人的异议没有足够重视

客户妻子反对的关键点到底是什么？是觉得房子真的很坚固、不会有风险，还是主要从财务角度考虑、节省开支？这家公司在过去的决策中，通常是一种怎样的情形？是丈夫决策还是夫妻共同决策？在这个案例中，妻子作为公司的二把手提出了反对意见，销售人员却并没有足够重视，而是仗着客户对自己的支持就把销售流程推进到了下一步。其实，在群体决策中，确实不需要做到所有人都投赞成票才能成交，但至少需要做到不反对、保持中立，而这个案例中客户妻子的表现显然不是这样的，这就为之后的成交埋下了隐患。

行动建议

1. 深度挖掘客户痛点

当客户跟你说，因为工厂旁边工地施工爆破让他有了投保的想法时，你可以这样说：

张总，您此时的心情我非常理解，也非常感谢您愿意把这个业务机会给到我。

但说实在的，工地爆破只是一个偶发事件，爆破时产生的余波会引起旁边房子的震动，虽然确实有点可怕，但也算是一个正常现象。

我感觉您平时是一个非常乐观的人啊，难道这件事真的会对您造成什么影响吗？

这个时候，客户可能就会往更深的层次去探索自己的内心，比如他可能会说其实他之前看过一些新闻报道地震或火灾的案例，甚至可能会讲他朋友的案例，你就可以接着说：

原来是这样。那看来您的确是很有风险意识的。

不过，我之前也确实接触过一些客户，他们刚开始在某些事件的影响下也会对投保这件事非常上心，但过后冷静下来一想，或者周围人一劝，就觉得这件事虽然发生时造成的损失很大，但发生概率却很小，似乎也没什么投保的必要，就放弃了。我不知道您是否也属于这样的情况？

猜猜看，客户大概率会怎么说呢？如果他果真动摇了，那说明他的投保动机本来就不稳，他的内心依然有反对的声音，只是被你以这种方式提前识别出来了。如果是这样的情况，即便你推动着去成交，最后他也会反悔。你不如问问客户，他的顾虑点到底是什么，然后针对他的顾虑点对症下药。能改变客户认知当然最好，改变不了你也只能接受，说明时机还不成熟。

但如果客户发现了自己内心最深层的担忧，比如市场竞争、事业风险，等等，甚至还跟你算了一笔损失的账，那么这张单就比较稳了，即便再有别的什么人从中作梗，他应该也不会轻易改变决定。

2. 谨慎面对潜在干扰

如果你跟客户的沟通已经非常充分了，那对客户妻子这边的处理将会变得比较简单。当客户妻子在这个过程中提出了异议，说房子很牢固、不会有问题，你可以借着这话，对客户说：

张总，其实站在李总的立场上，我觉得李总的话也不无道理，如果房子很牢固，发生风险的概率确实非常小。不瞒您说，很多客户在投保之前都跟李总有一样的想法。

但站在您的角度，听到您刚刚说的那些话、那些事，我觉得您的担忧也情有可原，让我非常感同身受。

现在，我是真不知道该听谁的了。我可不想因为一份保险，搞得你们夫妻俩不和睦，那我就真成罪人了。你们觉得，咱们接下来应该怎么办？

这段话的亮点是：保持中立，两边都认同，两边都支持，千万不要帮着一方去说服另一方。否则，万一他们突然达成同盟，你两边都不落好。本来嘛，销售人员的角色相对于客户而言，永远都是配角、不是主角，你永远要把掌控权交给客户。你所要做的，是站在中立的角度，通过对双方动机的深刻洞察，提醒双方去发现彼此的差异点，再促进双方去理解彼此的出发点，把双方在沟通中没有表达清楚的，或者容易造成歧义的未尽之意，通过你的理解补充完整，以期达成最终的共识。

在这个过程中，如果客户妻子最终被客户的想法影响了，当然最好。但如果客户被他妻子的想法影响了，说明客户其实也不坚定，那么他妻子的干扰就是个幌子，不是重点，你还是应该聚焦处理客户的顾虑。

但如果像这个案例中的情况，夫妻双方都没有办法说服彼此，以至于客户采取了武断的拍板方式，而你想进一步测试并夯实客户的想法，就可以找个客户妻子不在场的时间，这样对客户说：

张总，说实话，因为一份保险的事情搞得你们夫妻俩不和睦，我内心是非常抱歉的。尤其您太太还是您事业上的搭档、左膀右臂，如果你们之间闹了矛盾，不止是小家庭受影响，公司也会大受影响。所以，您要不要再周全地考虑一下，这份保险还要不要办？

如果您决定不办了，我绝对会理解您的处境，不会怪您。

如果客户的答复依然是肯定的，那这张单就相当稳了。同理，如果客户改变了主意，你可以询问一下具体原因，判断一下有没有可能解决，能解决最好，不能解决就彼此尊重。总之，成交不是撞大运，而是把可能的风险排除，然后静待花开。

07 答非所问：需求明确的客户被销售人员的答非所问劝退了，太遗憾！

案例描述

我是做医美行业的。我跟客户有一段这样的网络对话记录，最终客户不回应了，我不知道问题出在哪。

（网络对话记录）

销售人员：很高兴认识您，请问您想咨询哪方面？

客户：我想了解一下，5G 光雕和水动力吸脂哪个好？

销售人员：请问方便知道您的年龄吗？

客户：45 岁。5G 光雕和水动力吸脂到底哪个好？它们都是手术吗？

销售人员：是的，您考虑手术减脂塑形吗？

客户：有更简单的方法吗？

销售人员：我们是专科整形医院，采用的都是手术的方式，没有非手术的方式。

您考虑手术的方式吗？

客户：我想找手术创伤小、恢复快的。

销售人员：我们做治疗是需要检测您的脂肪情况和皮肤紧致度的。您之前有面诊过、让医生检测过您的脂肪情况吗？

客户：没有。

销售人员：您的身高体重是多少呢？

客户：58 公斤，152 厘米。

5G 光雕是最好的吗？

销售人员：治疗的方式没有哪种好、哪种不好的，主要看您的脂肪情况。

客户：我的皮肤是比较松的。

销售人员：要不我们加个微信，我给您发一些我们不同的治疗方案的照片，您可以自行判断一下您的脂肪属于哪一种类型，这样也可以有一个全面直观的了解。

之后客户就关闭窗口离开了。

案例分析

这个案例中，为什么客户最终消失了？

我想，如果你是客户，你也会消失。因为整篇对话看下来，客户竟然没有得到一丁点儿有价值、有营养的信息，同时也没有被激起一丁点儿兴趣。毫不夸张地说，这就是一段无效对话。具体表现如下。

1. 客户问了 3 次“5G 光雕和水动力吸脂哪个好”，但都没有得到回应

客户第一次提问，销售人员不理会客户的问题，直接问客户年龄；第二次提问，销售人员自动忽略客户的问题，说两种都是手术。第三次提问，销售人员说没有好与不好，得看脂肪情况，客户回复皮肤较松，但依然没有得到正面的回答。

看得出来销售人员很想通过提问的方式掌控局面，不想让自己陷入回答问题的被动局面，更不想因为回答了客户的问题、满足了客户的好奇心而没有抓手去留住客户。但是，提问，不代表只提问、不回答，尤其是对一个客户已经问了 3 次的问题。而且，留住客户，也绝对不是通过故意忽略客户的问题来强行吊着客户的好奇心。这种置之不理、避重就轻，以及没有任何价值的回应，真的很没有礼貌，脾气暴一点的客户甚至可能会直接发飙。

2. 销售人员使用了 2 次官方回应“看脂肪情况”，却不给客户一个方向上的判断

其实客户在前期咨询的时候，基本上也不会寄希望于销售人员为其做出精确的判断，只是想了解一个大致的方向，好让自己心里有一个底。但销售人员却一味打官腔“看脂肪情况”。即便客户又告知了身高、体重，以及皮肤较松这些信

息，依然没有获得任何有价值的信息。

官方回应，其实是用来为那些客户听得懂，但不太严谨的大白话做兜底，即风险提示的。因为很多专业知识如果直接解释，客户听不懂，不利于沟通。但如果用大白话解释，客户听懂了，又不太严谨，容易引发专业上的歧义。所以，如果能够在通俗易懂的解释之后加上这么一句，既达到了让客户听懂的目的，也不至于惹出麻烦。但是，如果直接用官方回应来代替必要的解释，会显得简单粗暴、态度傲慢，导致沟通终止。

3. 销售人员问了一堆细枝末节的问题，最关键的问题却压根没问

什么是最关键的问题？关于客户想法、客户诉求、客户动机的问题，这是破题的关键，更是沟通的抓手，但销售人员压根没问，那客户离开就是必然的结果了。

上面这个案例中，看得出来客户一开始是有兴趣的，也是带着问题来的，引导好了其实是有成交机会的。但销售人员显然用错了方法、找错了焦点，错失了一次有效的沟通机会。

行动建议

1. 用客户听得懂的大白话塑造专业度、激发兴趣

当客户问“5G 光雕和水动力吸脂哪个好”时，你可以这样说：

很高兴您能问到这个问题。

本质上，这两种方式并没有什么可比性。因为，它们虽然在某些功能上有所重叠，但解决的问题却并不相同。

通常而言，选择 5G 光雕的客户，她们的情况大致是……（列举具体情况）她们更渴望……而选择水动力吸脂的客户，她们的情况大致是……（列举具体情况）她们也更渴望……

因为我对您的情况的确不了解，所以也不知道哪种方式更适合您。您方便跟我大致说说您的情况和基本诉求吗？我可以帮您做个简单的分析。

客户问两种方式哪个好，其实想问的是，自己到底适合哪种。所以，不要去解释手术本身，也不要在什么信息都没提供的情况下直接询问客户的信息，而要

通过列举不同客户的情况跟不同的手术去做对应，也就是告诉客户，两种手术分别适合什么人以及什么情况。这样，客户不仅能听懂、有一种获得感，更会从内心深处认可你的专业度。而当客户把你看成一位专业人士而不是一位销售人员时，她会更愿意向你敞开心扉，因为回答你的问题等于是在帮她自己。

2. 测试客户的态度并适时进行电话邀约

当客户跟你聊了一些基本情况之后，你可以这样说：

看得出来，这个问题确实给您造成了一些困扰。

不过，如果只是稍微胖一点，并没有很严重，也没有影响到日常生活和身体健康的话，其实对于手术减肥这件事，很多人也只是想想，碰到了就顺便咨询一下，但咨询过后可能就又搁置了。不知道您是不是也属于这种情况？

接下来客户的回应就会分流，A 代表积极态度，B 代表消极态度。

A（积极态度）

客户：其实我的确想了很久了，我这次是真的想做……

销售人员：您的情况我大致了解了。目前看来，我们医院应该是有能力解决您的问题的。毕竟类似的手术我们每年都会做很多台，客户的口碑也一直很好。但因为每个人的具体情况不太一样，我也的确不敢保证，我们医院就一定是百分之百适合您的选择。

您看这样可以吗？如果您现在的时间还算方便，我们可不可以直接电话沟通一下，大概 30 分钟，您跟我具体说说您想要的效果以及您的顾虑点，我也跟您针对性地讲讲我们的解决方案，同时为您答疑解惑。

如果聊完之后您觉得合适，您就选择一个时间，来我们医院做个详细的面诊，医生会从一个更专业的角度为您提供他的判断和建议。但如果聊完之后，您觉得不合适，也没有关系，我会充分尊重您的决定，也省去了您来面诊的时间。您看可以吗？

B（消极态度）

客户：我确实还没想好，毕竟我也没多胖，而且手术也有不小的风险。

销售人员：那您最担心的是什么呢？

客户：我担心的是……

销售人员：了解了。其实我们作为一家医院，也是有我们的职业操守的。我们不会因为客户想做什么项目，就为客户做什么项目。对于不适当的项目，医生会明确告知风险。

您看这样可以吗？如果您现在的时间还算方便，我们可不可以直接电话沟通一下？不过您别误会啊，我不是为了说服您来做项目，只是为了更高效地解答您的疑问，毕竟打字确实不太方便。

如果聊完之后您又想做了，您就选择一个时间，来我们医院做个详细的面诊，医生会从一个更专业的角度为您提供他的判断和建议。但如果聊完之后，您决定还是不做了，也没有关系，我会充分尊重您的决定，咱们就当交个朋友。您看可以吗？

无论客户是积极态度还是消极态度，你都可以尽量跟客户争取电话沟通的机会。如果能争取到，说明成交可能性很大。不能争取到，说明时机还不成熟。

08　讨价还价：健身客户得到了想要的价格，为什么还是消失了？

案例描述

我是在健身中心做销售的。这是我跟一位客户在微信上沟通的全过程。最终我答应了客户想要的价格，但客户却消失了。我想知道，我沟通的问题到底出在哪里？

（微信沟通记录）

销售人员：您好，张小姐，非常高兴认识您。不知道您想了解哪方面？

客户：你们的攀岩馆是什么样的？

销售人员：我把我们场馆大致的位置和环境图发您看看吧，里面包含攀岩馆的图片。

客户：你们攀岩馆有点小啊。

销售人员：在图片上看起来可能有点小，实地看的话，还可以的。可以容纳80~100人的团建项目。

客户：请问你们有季卡吗？

销售人员：有的。

客户：季卡多少钱？

销售人员：1199元/季。

客户：太贵了吧？

销售人员：如果您真心要，我可以跟领导申请一下优惠。

客户：可以便宜多少？

销售人员：这个不确定，要申请了才知道。要不您先过来看看实际的场馆，合适了我再帮您申请。

客户：半年卡和年卡分别多少钱？

销售人员：1899 元 / 半年，3399 元 / 年。

客户：那游泳呢？

销售人员：健身游泳，年卡 2988 元。

客户：我只要游泳，不要健身房。

销售人员：都一样的，共用的一张卡，既可以用来游泳，也可以用来健身。

客户：那我不考虑了。

销售人员：您是觉得价格不合适吗？

客户：我不需要健身，只需要游泳和攀岩。我不想为我不需要的健身房出钱。

销售人员：要不我向领导申请一下，看看能不能攀岩和游泳一起报，争取再优惠一点？

客户：好的。

（一段时间以后）

销售人员：张小姐，我这边问过领导啦，如果攀岩和游泳一起报，优惠价是 5899 元 / 年，不限次数。

客户：我可以接受 5500 元的价格。

销售人员：张小姐，这个价格确实不是所有人都能享受到的，是我费了很大的工夫才跟领导申请到的。要不然这样，咱们约个时间，您先过来看看我们的场地和项目。到时如果您满意的话，咱们再看看有没有其他的办法，您觉得呢？

客户：先谈好价格我再来。

销售人员：张小姐，那除价格之外您还有其他的问题吗？

销售人员：那现在是谈好了价格就能定？还是说，即便谈好了价格，您也要先过来看看场地和项目呢？

销售人员：如果说，能想办法给您想要的优惠，您准备什么时候过来办呢？

销售人员：张小姐，在吗？

案例分析

为什么销售人员最终给了客户想要的优惠价，客户还是消失了呢？

原因很明显，**不是价格问题，而是意愿问题**。

很多销售人员或许会以为，客户就是喜欢便宜，导致沟通的过程不知不觉成了价格谈判。其实这是一个很大的误区。客户喜欢的便宜是有门槛的，只有在品质或效果过硬的情况下，客户才喜欢便宜。如果品质或效果不达标，你的便宜不仅起不到作用，还会被客户看成品质低的表现。

这个案例中，销售人员从头到尾聊的都是价格，生生把一个有明确需求的客户聊没了。你可能会说，那客户问的就是价格啊，我回答她，也是尊重客户的表现啊。但你别忘了，客户买的不是价格，而是价值。如果你不能把谈话的方向导向价值层面，客户就不可能产生真正的兴趣。同时，客户本身就不专业，尤其是对于一些不是很常规的产品。很多时候，不是客户非要聊价格，而是客户自己也不知道，除了价格，自己还可以聊什么、还可以怎么聊，那在价格上转圈圈可能就是客户的惯性打法了。

如何才能扭转这个局面呢？

将销售模式从“推销产品”转变为“帮助客户购买产品”。

如果是推销产品，你和客户就是进攻与防守的关系，你用优质和低价去进攻，客户用挑剔和讨价还价去防守，沟通的氛围会非常紧张。但如果是帮助客户购买产品，你和客户的关系就是同盟，交流的出发点就会变成，如何购买更靠谱、如何购买更高效、如何购买更划算、如何购买更省心，而客户在这样的交流氛围中自然会给予你更多的信任。客户越信任你，你得到的信息就越多，最后成交的可能性就会越大。

行动建议

1. 探讨客户的购买标准

当客户问起攀岩馆的情况时，你可以这样说：

看来您对攀岩有兴趣，真是让我刮目相看啊。

说实话，攀岩是一个小众的项目，对这个感兴趣的大多是男生，女生感兴趣的比较少。据我所知，但凡对攀岩感兴趣的女生，通常性格都很坚韧、自我要求也很高，真的很佩服您！

不知道您是之前就很喜欢这项运动，还是这是第一次接触啊？

通过这个问题为客户分流，如果客户是之前就很喜欢，我们暂且称之为A——老手，如果客户是第一次接触，我们暂且称之为B——新手。

A（老手）

客户：我之前就很喜欢。

销售人员：那您为什么不在原来的那家继续了？是搬家了不方便，还是觉得有什么不太满意的呢？

您不妨直接告诉我，如果我们家的攀岩馆能够达到您的要求，当然很好，如果达不到，我也会直接告诉您，不会浪费您的时间。

这样，客户就会跟你道出具体的原因，你就可以知道客户喜欢什么样的攀岩馆、客户更在乎的标准是什么。你可以据此判断一下，你们家的攀岩馆能否达到这个要求。如果差不多或超出标准，那就是好兆头。但如果差得很远，你也可以用探讨的口吻提出你们家其他的优势，看看客户是否在乎。如果客户在乎，说明还有争取的机会。如果客户完全不在乎，说明基本没戏了，那你就尊重客户吧。

B（新手）

客户：我是第一次接触。

销售人员：这样啊。我可不可以了解一下，究竟是一个怎样的契机让您喜欢上了攀岩呢？说实话，这项运动可不是一般人可以驾驭的，能够喜欢上它的人，都不简单。

客户：我是……

销售人员：我大概明白了，好佩服您。我想，既然您这么喜欢这项运动，一定也查询了很多关于这项运动的资料吧？不知道您在选择合适的攀岩馆时，有没有一些自己的标准呢？比如要满足哪些条件之类的。

您不妨直接告诉我，如果我们家的攀岩馆能够达到您的要求，当然很好，如果达不到，我也会直接告诉您，不会浪费您的时间。

这样，客户就会跟你聊出她的很多想法。你就可以据此做出判断，看到底有没有成交机会。

聊游泳项目同理，这里就不重复了。

2. 探讨客户的预算

当客户觉得季卡价格太贵时，你可以这样说：

完全理解，这个价格的确不便宜。

只是，因为不同类型的卡对应的是不同的人群，为了帮助您选择更划算的卡，我可不可以问问您，您之所以选择季卡，是出于怎样的考量呢？

这样，客户就会告诉你她选择季卡的原因。你就可以结合你的专业知识，以及最佳的运动频次、客户的职业、交通等因素，为客户分析一下各种卡的适配性。如果客户结合各种因素考虑之后，选定了一种卡，但依然嫌贵，你就可以这样说：

张小姐，我想确认一下，您是真的对我们的攀岩项目很感兴趣，只是卡在价格上，还是说，其实您除价格之外，还有一些别的顾虑点？

我的想法是，如果您对我们的项目还有一些别的顾虑点，您不妨现在就提出来。如果我们能解决，当然最好。如果不能解决，咱们也不用在价格方面纠结了，您说是吗？

讨论之后，确认就是价格问题，你可以继续说：

张小姐，是这样的，价格方面我确实可以向领导去申请一个优惠。只是我想，无论价格合不合适，您最终都是要看场地的，如果场地达不到您的要求，我相信价格再低您也不会愿意。

所以，您看这样可以吗？您什么时间方便，咱们约个时间，您实际过来看一下，我们免费送您一次体验的机会。如果您觉得合适，我会给您一个足够有诚意的价格，行或者不行，您可以当场做出决定，这样效率更高。您看可以吗？

如果客户同意，当然很好。如果客户不同意，坚持要先拿到优惠价，你可以这样说：

张小姐，不瞒您说，我接触过很多客户，我发现，如果客户不愿意过来，多半是因为近期不考虑这个项目，只是提前做个了解。不知道，您是不是也属于这种情况？

这样，就可以测试出客户的真实情况。如果客户的确是想办卡的，但确实有具体的苦衷，一时半会儿过不来，你们再商量处理办法。如果客户近期确实不考虑这个项目，你也可以了解一下大概的原因，然后再做判断，是未来某个时间再跟进，还是就此放弃。总之，让你的每一步都有结果，而不是处于悬而未决的状态。

非需求类实战案例

销售是个系统工程，

任何一个环节没做好，

都会让你功亏一篑。

所以，从做销售工作的第一天起，

就注定，你需要成为全能选手。

你，准备好了吗？

01　开局为负：客户对公司或行业有负面印象，如何化解？

案例描述

案例一：我是做保险销售的。有一次，我刚接洽上一位客户，他就直接说，你们这保险也太坑人了，买的时候说得好好的，什么都赔，到了理赔的时候，却找各种借口、各种理由不赔，我上过一次当就算了，以后再也不会上当了。我跟他解释，保险也是有保障范围的，不可能什么都赔，但他完全听不进去。

案例二：我是卖办公软件的。我们公司的经销商遍布全国各地。虽然我们软件的性能在业界的口碑一直不错，但各地经销商的服务品质参差不齐，导致各地客户的满意度差别很大。有一次，当我跟一位客户接洽上时，客户公司的一位员工直接说，这款产品肯定不行，我在以前的公司用过，特别不稳定。我完全没想到，他会当着老板的面直接这么说，导致那次的会谈非常尴尬。

请问在这样开局为负分的情况下，还有扭转局面的可能性吗？还是只能放弃了？

案例分析

其实这样的情况，在销售中挺常见的。

在你接洽客户之前，客户就已经对你的行业、你的公司、你的产品或你接替的上一位销售人员有了不好的印象，而你成了“接盘侠”。至于还会不会有转机，得看这个负面印象的严重程度。如果这个负面印象已经严重到双方无法正常对话了，或者造成了极其严重的损失，那就不是通过沟通可以轻易解决的。就像一对已经撕破脸的夫妻，是很难重新建立正常的社交关系的。但如果你们还可以沟通、说得上话，基本还是有办法解决的。当然，这里的解决指的是缓和关系，至于能不能成交，还要看后续的努力。

在处理的过程中，要注意如下几点。

1. 一定不要反驳，要承担责任

这样的客户通常是有情绪的，既然有情绪，他的表达就不会太严谨，用词偏尖锐、夸张。这个时候，你千万不能跟对方较真、掰扯，而要诚恳道歉、诚恳认错。虽然这个错误不是你造成的，但你依然要用听起来合情合理的说辞，让对方获得一种心灵上的抚慰。当对方心理上舒服了，他的心门才可能为你重新打开。

2. 一定不要大而化之，要探究真相

可能有的小伙伴会说，为什么一定要探究真相呢？真相有那么重要吗？事情都过去那么久了，为什么不能向前看呢？

如果这件事可以那么轻易向前看的话，大概就不存在要去处理负面印象这回事了。正是因为负面印象已经影响到了你们的关系，所以你想直接跨过去是不太可能的，那就坦然面对，解开心结。同时，了解真相也有助于你了解客户的关注点、在意点以及不能触犯的雷区，以便于你在今后有机会为他提供服务时有所借鉴。

当然，如果客户实在不愿意说，或者你因为各种原因无法了解真相，你也可以把焦点转移到未来，用未来的行动承诺来扭转客户的负面印象。

3. 一定不要急功近利，要探测态度

即便把负面事件解释清楚了，但对方心里究竟怎么想的，是愿意原谅还是不愿意原谅、是愿意包容还是不愿意包容，你还是不清楚。这个时候，贸然开启销售流程是不合适的，会让对方感觉你太急功近利。最稳妥的做法是，探测一下对方的态度，再判断是否有销售的机会。

行动建议

1. 保险行业案例

当客户跟你抱怨“保险坑人”时，你可以这样说：

我特别理解您的心情。我相信，任何一个买了保险的人在遇到一些风险事件时，本来指望着保险能够救急，却没想到完全指望不上，让原本的困境雪上加霜，那种感受一定是非常崩溃的，我特别理解。

基于我这么多年做保险的经验，我发现，出现这种情况，大多是销售人员的沟通错位造成的，比如销售人员没有说清楚保险的保障范围，或者为了成交夸大承诺，客户买了之后或者发生保险事故之后才发现被骗了，完全是名不副实、货不对板。我估计您当时遇到的情况也差不多是这样的吧？

这段话的重点是，一定要站在客户的立场尽量替客户说出他的心里话。尽管有些心里话是不好听的、不准确的，但只要客户有可能会这样想，你就替他说出来。记住，你越想大事化小、文过饰非，甚至还强行解释、强行洗白，客户的脾气就越大。但你越渲染客户的难处、客户的苦衷、客户的冤屈，客户就越会觉得你懂他，原谅你的概率就越大。

如果客户说出了他的遭遇，当然最好。如果客户不愿意说，你可以再次释放你的善意：

其实我没别的意思，只是觉得，作为保险行业的一员，看到客户被蒙了、被骗了，就会本能地想要帮客户一把，想为客户出点力、做点什么。即便已经时过境迁、什么也做不了了，找到一个懂行的人倾诉一下，也可以让自己舒服一点，您说是吗？

这样客户可能就会愿意跟你说出他的遭遇。等客户说完之后，你可以从专业角度帮客户分析一下，问题到底出在哪里，真相到底是什么。不过，切记，即便是客户的错，也千万不要指责客户，而要以一种避免客户再次踩坑的目的帮助客户在未来规避风险。等客户情绪平复之后，你可以继续说：

我想，那段不愉快的经历应该也会让您对我们这个行业，甚至对我都挺失望的吧？

所以，接下来，我不知道您是否还愿意跟我建立一个联系，万一未来要咨询，还可以找到我，还是说，基本上您未来也不太可能会咨询保险，所以，似乎也没有必要建立联系？

您建议我怎么做？您愿意给我一个真实的答案吗？

把决定权交给客户，你就轻松了。

2. 办公软件行业案例

当客户公司的员工当场抱怨你们的产品不好时，你可以这样说：

听到您这样说，我确实觉得特别抱歉，我为我们的产品曾经带给您不愉快的使用体验而深感歉意。

基于我多年服务客户的经验，我发现，很多时候出现这个问题，大概率是安装调试不到位或者后期服务不及时造成的。所以，如果您方便的话，是否可以分享一下，当时是一个怎样的情况？虽然已经不能弥补，但至少可以在未来尽量避免重蹈覆辙。

同样地，如果那位员工愿意说，会非常有助于你了解事情的真相，同时也有助于你消除这个问题造成的影响。记住，这个时候态度最重要，一定不能有任何辩解，一定不能有丝毫推卸责任的嫌疑，而要把错误的源头归咎于我方。客户不会要求合作伙伴是一个完美的、不会犯错误的人，但客户一定会要求合作伙伴是一个勇于承担责任并有能力解决问题的人。

如果对方不愿意说得很详细，你可以转而对客户领导说：

无论如何，出现这样的事情都极其不应该。我相信，这绝对不是一件小事，它一定会影响到贵公司对我们公司的产品实力和服务能力的评价。

所以，为了避免今后再次发生类似的事情，我回去之后会立刻了解具体情况，并协同公司的各个部门尽快研究出一套细致的、切实可行的解决方案。

只是，我有点不确定，我们现在是继续努力、争取以更好的综合实力来获得贵公司的信赖呢，还是说，因为这件事，或许我们再努力也没有意义？

您建议我接下来怎么做？您愿意给我一个真实的答案吗？

这样，让客户做出选择。只要这个问题不属于硬伤，同时你的态度也够诚恳，相信客户还是会给你机会的。

02 客户回怼：提问逻辑都对，为什么会被客户怼回来？

案例描述

我是做课程销售的，我们的目标客户都是企业老板以及他们的员工。有一次，我跟客户加微信后，展开了如下的对话。

销售人员：您好，贵姓？

客户：你们上海培训的文件发我一下吧。

销售人员：方便先电话沟通一下吗？我大概了解一下您公司的情况，然后看看适不适合。您电话号码是多少？我打给您。

客户：我参加一个培训，你要问我公司情况？

销售人员：因为有的适合，有的不适合。

客户：那算了吧。你们讲的又不是什么高深的东西，我们也只是派员工出去学习。

销售人员：我们的课程确实对学员的情况是有要求的，不适合的人，来了也听不懂。请问您的情况是？

（客户没有回复）

销售人员：您还在吗？

后来他就不理我了。

过了段时间我才知道，这个客户找了我们公司的另外一个销售人员，最终成交了订单。

我真的没搞明白，上面的沟通中，我错哪了？

案例分析

这个案例体现出来的问题，跟销售的逻辑无关，只跟人的情商高低有关。

这位被客户“抛弃”的销售人员“低情商”具体表现为如下四点。

1. 打招呼时，语气太硬

“您好，贵姓？”这句话用在普通的社交场合，或许没什么大问题。但在销售领域，因为客户在心理上通常会处于优势地位，这种过于干脆利落的开场方式，会让客户觉得有点被冒犯。当然，也不是所有的客户都有这样的感觉。只是，在刚开始建立关系、还不太清楚对方脾性的情况下，说话语气柔软一点，是一种比较安全的方式。如果随着交往的深入，你发现客户的性格比较干脆利落，而他也希望你简单直接一些，你也可以向他的风格靠近，但切记，始终要比他柔软一点，确保他是舒服的。

2. 不理会客户的诉求，自顾自提出自己的诉求

客户要销售人员发文件，销售人员没有做出任何回应，而是直接说要打电话了解客户的公司情况。这样的处理方式会给客户造成一种不被尊重的感觉，仿佛客户的事不重要，销售人员的事才重要。

3. 陈述理由时，表达太硬

销售人员提出跟客户电话沟通，给出的理由竟然是“看看适不适合”，“因为有的适合，有的不适合”。这的确是个理由，但却不是一个让客户觉得舒服的理由。

你可能会说，在本书的其他章节中，也出现了很多类似“适不适合”的表述方式，为什么别的地方可以，这里却不行？

请留意一下，别的地方的“适不适合”通常的表述是：**看看这个课程适不适合您，看看这个产品适不适合您**。而这里的表述补充完整一点就是：**看看你适不适合这个课程，看看你适不适合这个产品。**

乍一听没什么区别，但联系上下文以及表达的软硬度却会给人不同的感觉。前者是把客户摆在更高的位置，让客户来挑选产品，有一种努力去配合客户高标

准、高要求的感觉。潜台词是，如果不适合，是我们不好，不是客户不好。而后者是把自己摆在更高的位置，是产品去挑选客户，有一种居高临下、任意挑拣的感觉。潜台词是，如果不适合，是因为客户不够格、不达标。

语言不仅包含字面意思，它还包含很多虽然你没有明说，却能让对方清晰捕捉到的潜台词。比起语言的字面意思，潜台词才更能反应说话者真实的动机、想法和情绪。销售人员尤其要注意，你的语言传递出来的潜台词是不是你真正想表达的。

4. 对方有情绪时，回复太硬

在客户说“那算了吧”之后，销售人员没有觉察到客户的情绪，而是继续纠结“适不适合”的话题。

虽然客户这句话看似在终结对话，但既然这份负面情绪是被突然激发的，就意味着它也可以被快速抚平。但销售人员显然没有注意到客户的这份情绪，或者说没有理会这份情绪，反而依然纠结于事情本身，最后让客户彻底关闭了对话。

行动建议

充分柔化你的语言。

1. 打招呼时的柔化处理

你可以把“您好，贵姓？”改为：

您好，很高兴认识您。我是 ×× 公司的 ××，您可以叫我 ××。

请问您怎么称呼呢？

这样铺垫一下，客户或许就会更愿意告诉你。

2. 提要求时的预热处理

当客户要你发文件，而你却想跟客户电话沟通时，你需要循序渐进，有一个缓冲和预热过程，你可以跟客户展开如下的对话。

客户：你们上海培训的文件发我一下吧。

销售人员：很高兴您能关注到我们上海的培训。没问题，我一会儿就发给您。您可以慢慢看。

不过，为了避免您选错课程，我想先提示一下您，我们这个课程确实不是所有的客户都适合的。通常而言，能够从我们这个课程中获得最大收益的客户，基本有这么几类……（列举）我不知道您这边是否也会面临类似的一些挑战呢？

客户：我这里的情况是……

（双方简单互动几个回合）

销售人员：初步聊下来，我觉得我们的课程应该是能够帮助您解决问题的。只是，毕竟我们现在的交流还很浅，我的确不敢保证，我们就一定是百分之百适合您的选择。

不知道您现在的时间是否方便？如果还算方便的话，我们可否电话沟通一下，大概30分钟。您可以具体说说您的情况和核心诉求，我也可以针对性地跟您说说我们的解决思路。然后由您来判断一下，这个课程到底适不适合您。

如果适合，当然很好，如果不适合，我会充分尊重您的决定，绝不会耽误您的时间，您看行吗？

客户：可以。

销售人员：那您的电话号码是多少？我给您打过去。

这样说，理由很利他，语气又很柔软，客户大概率会愿意配合你。

3. 客户情绪的应急处理

当客户有情绪，说“那算了吧”之后，你可以通过安抚客户的情绪尝试挽回客户，这样说：

实在是不好意思，可能是我没说清楚，让您误会了。

我之所以想问您公司的情况，其实是这样的，虽然我们的课程口碑一直很好，但因为每家公司的发展阶段不一样，老板想要达到的目标不一样，每个客户对课程的要求是不尽相同的。万一您带着您的问题来，却没有得到您想要的解决方案，浪费钱不说，更浪费了时间。所以我才想了解一下您的具体情况，帮助您从大方向上做个判断。只是我说话太急，让您误会了，实在抱歉。

您看这样可以吗？如果您还有兴趣、时间也方便的话，咱们可否通个电话，简单交流30分钟？如果交流之后，您觉得合适，当然很好，如果您觉得不合适也没有关系，我会充分尊重您的决定，不会浪费您的时间，您看行吗？

安抚客户情绪之后，顺势争取一个深入沟通的机会，这样沟通流程就理顺了。

03　化敌为友：如何让不速之客的立场，从对立变成同盟？

案例描述

我是做软件销售的。有一次，我约了客户见面。我到了他公司之后，他正在跟两个朋友谈事，我就在门外等他。在我等待期间，又有他的一个朋友来找他。等他们聊了一会儿后，客户才想起我，就赶紧招呼我进去。进去之后，之前的两个朋友没走，刚来的这个朋友也在，客户就开始问我关于产品的事。我一下子需要面对四个人，其中三位还是陌生人，真的有点不知所措。于是，客户问什么，我就答什么。在说的过程中，客户还没表态呢，其他三个人就时不时地发表他们的看法。尤其是那位刚来的朋友，似乎特别想表现自己很专业、很懂行，发表看法时长篇大论，而且还好几次否定、质疑我的产品。我当时真的觉得特别憋屈，跟他理论不是，不理论又不是，最后匆匆结束了那次会谈。

我想知道，如果以后再遇到这种情况，我应该怎么处理？

案例分析

这个案例的核心问题在于，**如何排除沟通中的风险隐患**。

具体可以从以下几方面展开思考。

1. 时间：沟通时间要不要改？

本来是一对一沟通，现在变成一对多沟通，而且对方身份不明、立场不明，会影响沟通效果吗？可否跟客户商量改期？如果客户不同意改期怎么办？

2. 主题：沟通主题要不要调整？

本来是一次完整的销售面谈，现在还能顺利进行吗？另外三人会不会插话、会不会改变谈话的走向？会不会没办法平等互动、沟通，而直接变成了他问我答的被动应对？

3. 人：不相关人的风险如何降低？

是否可以找个理由，让这三人自动离开？是否可以想个办法，了解一下这三人的大致身份？是否可以尽量化解这三人的敌意？如果三人发表了不利于自己的言论，如何应对？

以上这些，都是排除风险隐患时需要考虑的问题。如果你能够在面对突发事件时形成这样的解题思路，相信你会获得越来越强的掌控感。

行动建议

1. 沟通前期的风险排除

（1）当你看到沟通环境不太利于自己，想跟客户另约时间时，你可以这样说：

张总，我看您今天还有一些朋友在，我也怕耽误你们谈事，所以您看，咱们是今天谈，还是另外再约个时间？

这样的说法，可以提醒客户评估一下，今天谈这个问题是否合适。如果他也觉得不合适，那正好可以另外约一个时间。而且，因为有了这次的经验，客户下次一定会更认真地对待你们的会面。但如果他依然坚持今天谈，你就进入下一步。

（2）礼貌提醒这三人的去留，你可以这样说：

张总，我记得我们上次约定的沟通时间大概是 1 个小时，我担心我们在这沟通，让您的朋友陪着我们这么长时间，会不会不太好？

这样就引出了朋友的去留问题，到底是让朋友离开还是留下，客户就会有安排，或者那三人自己也有想法。如果离开，当然最好。如果留下，你就进入下一步。

（3）主动介绍自己，引出三人身份，你可以这样说：

张总，今天能有幸认识您的朋友，我也非常开心。我先自我介绍一下，我是

××公司的××，很高兴认识大家。

张总，不知道您是否方便引荐一下您的朋友？

这样，客户可能就会简单介绍一下三位朋友的身份。有了这个介绍，大家的关系自然会拉近一些，接下来的交流也会顺利很多。

2. 正式沟通的主题约定

以上步骤完成后，你可以主动引出沟通的主题，这样说：

张总，我先澄清一下，其实我今天来，绝对不是来卖东西的，这一点我要特别声明。因为现在，我对您面临的具体情况还一无所知，我甚至都不知道我们是否有能力解决您的问题。

所以，我今天来的目的很简单，就是了解一下您的情况和基本诉求，我先做个记录和整理。如果我发现，我们是有能力帮助您解决问题的，那我下次会带着初步的方案过来跟您正式沟通。但如果我发现，我们解决不了您的问题，我也会非常坦诚地告知您，绝对不会浪费您的时间，您看行吗？

如果客户同意，就意味着你成功避免了在这样的场合直接谈论自己的产品而被当成靶子的风险，反而把焦点悄悄转移到了客户的身上。

但如果客户说，你还是先介绍一下你们的产品吧，你也可以说：

张总，我理解您的想法，介绍产品完全没有问题。

只是，根据我多年服务客户的经验，我发现，由于每个客户的具体情况不同，他们的关注点往往是不一样的。我担心，如果我因为不了解您的实际情况而盲目介绍一大堆，不一定是您感兴趣的，反倒浪费了您的时间。

要不您看这样可以吗？您可以先大致说说您这边的具体情况，我再针对性地给您介绍一下我们的产品方案，然后由您来判断一下，这款产品对您而言合不合适。

如果您觉得合适，当然最好，如果您觉得不合适，您也可以直接告诉我，我会充分尊重您的决定，并且主动退出与您的合作，您看行吗？

这样，大概就会有一个相对顺畅的沟通了。

3. 沟通中的化敌为友

如果其余三人发表的意见对你不利，你可以这样说：

看来您还蛮专业的，您说的这一点，我还真是没想到，不愧是张总的朋友，见识果然不一般。

那您看，对于张总提的那个问题，站在您的角度，怎么解决会比较好呢？我也真是黔驴技穷了，可不可以请您提供一点思路？

这里的重点是，无论他说什么，一定要表达赞赏的态度，千万不要否定，同时引导他进一步发言。因为有的人其实只是表面功夫，往深里说就露怯了。如果他确实能说出个所以然，你就把他说的巧妙关联到你自己的产品上即可。即便不能直接关联上，你也可以表现出，是经由他的启发，你发现了新思路。意思就是，让他觉得，你是很认同他的立场的、你跟他是同一战线的，慢慢地，他的态度就会扭转。但如果他说不出个所以然，那他大概也知道自己的水准了，接下来自然也就不会再轻易针对你了。

04 价格底线：成交了港口工程的百万级订单，为何我却高兴不起来？

案例描述

我是做港口工程的，项目单价在几百万到上千万元不等。有一天，我接到了一个客户的询盘。客户把细节图纸发给我们，我们研究图纸之后，提交了基本的方案和报价。

客户收到之后回复说，其中有两项价格太高，让我们降价，并且把目标价发了过来。我们在核算成本之后，把那两项的价格降了一些，当然并没有降到他的目标价。

之后客户又临时加了两项内容，让我们一起报价。我们把报价发过去之后，客户回复说，对比其他家，我们的价格还是太高了，要求我们再次降价，并且把他的目标价再次发了过来。

因为很想争取这个订单，我们一咬牙，就贴着成本价给他报了价。

结果，客户又找到了新的理由要求我们第三次降价。

我们第二次的报价已经贴着成本价了，再降就没什么利润空间了。因此，这次，我表明了自己的态度：这是我们可以接受的最低价格，如果不行就终止交易。

结果，客户很快回复了我，说还是愿意选择我们。在之后的沟通中，我偶然知道了竞争对手给他们的报价，居然比我们第一次降价之后的价格还高。也就是说，其实我们第一次降价之后，价格方面就很有优势了，根本不用降到接近成本价。现在，订单是成交了，但这单就像鸡肋一样，有点食之无味、弃之可惜的感觉。

案例分析

这个案例中，为什么价格谈判会这么被动？主要原因有如下两点。

1. 没有渗透自己的竞争优势

这个案例的全过程都在进行价格谈判，几乎没有对方案做过什么实质性的探讨。或许你会认为，客户没探讨方案，说明客户不仅看懂了方案，也认可方案。但是，这并不代表客户真的知道，你的方案好在哪里、你的方案比竞争对手优秀在哪里。如果这一点不明确，你拿什么跟别人谈条件？价格谈判，比的就是筹码。你手中根本没有筹码，别人压价的时候，你连坚持一下的勇气都没有。

所以，无论客户有没有主动问方案，都要在正式的价格谈判之前，先问客户对于方案的看法和满意度。你从客户的回应中就大概可以知道，哪些点击中了客户，哪些没有，哪些点是客户看重的，哪些不是。当然，客户也有可能为了在之后的价格谈判中占据优势，而故意挑剔你的方案。但真假信息、真假态度，只要你敢于去测试，是很容易识别的。

说白了，价格谈判的主战场，根本不在于价格本身，而在于需求的匹配、痛点的挖掘以及自身优势的渗透。

2. 无底线的降价让对方得寸进尺

即便要降价，降价策略也不能是一而再再而三地退让。你以为退让会换来客户的感激，但实际情况却是，退让一次客户会感激，退让两次客户会觉得正常，退让多次反倒会让客户怀疑，你的价格水分太大，压一压、逼一逼肯定还可以更低。这个案例就很明显，尝到两次甜头的客户继续着自己的压价行为，但却在销售人员表达出底线态度时迅速停止了压价，达成交易。为什么？因为他也知道自己占到便宜了，而且感觉到这应该是底价了，可以收手了。不难看出，如果销售人员在降价一次后就亮出底线态度，或许就能以更高的价格成交了。而现在，白白损失那么多真金白银，实在是可惜。

行动建议

1. 明确客户对产品的满意度

当客户看完方案，要求降价时，你可以说：

我完全理解，合作追求的是双赢，在价格方面，我们还是可以让一让的。

只是，我有点好奇，您对方案的具体内容似乎并没有提出什么实质性的修改意见，是对我们的方案已经非常满意了呢，还是恰恰相反，有很多不太满意的地方，只是基于某种原因，没有直接说出来？说实话，在知道您的态度之前，我心里是比较忐忑的。

接下来客户的回应就会分流，A 代表积极态度，B 代表消极态度。

A（积极态度）

客户：其实你们的方案里还是有很多地方我们是比较满意的。

销售人员：是吗？我知道你们是很专业的，能让你们满意实在是太不容易了。那不知道是哪些地方让您觉得还不错呢？

客户：主要是以下几点……

销售人员：您说的前两点我能理解，第三点我还真是没想到，因为很少有客户会主动提到这一点。不知道您会特别关注这一点，是出于怎样的一种考量呢？

这样，你就可以知道客户的满意之处，也就拥有了价格谈判的筹码。

B（消极态度）

客户：你们的方案里确实有一些地方我们觉得不太合适。

销售人员：不好意思，让您见笑了。不知道是哪些地方让您觉得不太合适呢？我们也好看看如何改进比较好。

客户：主要是以下几点……

销售人员：我都记下了，感谢您的宝贵建议。只是，张总，其实我也有点好奇，我们有这么多不足，您却没有直接放弃我们，反而愿意提出诚恳的建议帮助我们改进、完善，这确实让我有点受宠若惊。您之所以愿意这样做，到底是因为什么呢？

这样，客户就会自然而然告诉你，你们的方案里他认可的那些方面。说白了，如果客户真的那么不满意，他早就走人了，又怎么可能跟你们有后续的价格谈判呢？所以，当你能够问出他对产品的满意之处时，相当于在客户心里再次确认了这些优点，那么之后压价的时候，他可能就不会那么狠了。

2. 降价前跟客户达成强有力的事先约定，只降一次

如果真要降价，客户给出的目标价也刚好在你们的底线附近时，你就可以跟

客户达成如下的事先约定：

感谢您对我们的认可。

但价格确实不是我个人可以决定的，我需要向领导去申请，最终能申请到多少，我真的不敢保证。但我绝对会全力以赴去争取，毕竟我也非常希望能够做成您这一单。

只是，可否请您帮我一个小忙，就是等我申请下来，无论价格是多少，您都给我一个明确的答复，可以是决定合作，也可以是决定不合作，但不要是“考虑考虑”这种比较含糊的回答，或者再次让我去申请，因为这的确不太可能。不知道您同意给我一个明确的答复吗？

这样，就把降价的行为限制为有且仅有一次的行为，你轻松，客户也轻松。

但如果客户给出的目标价跟你们的价格差距太大，你也可以测试客户：

张总，我想确认一下，这真的是你们最终的目标价吗？

如果是这样的话，我感觉跟我们的产品价格，几乎没有交集啊。我不知道，这是否意味着，咱们之间的合作可能性，其实已经不大了呢？

这样就可以探测出客户的真正态度，迫使他给出更有诚意的目标价。

05 多人决策：孩子报读少儿钢琴培训班，到底谁说了算？

案例描述

我是做少儿钢琴培训的。在销售的过程中，我经常碰到一个问题，即跟孩子的妈妈谈得挺好的，但结束的时候，孩子的妈妈总会说，要回去跟孩子的爸爸商量一下。商量回来后却说，孩子的爸爸不同意。等孩子的爸爸搞定了，可能又会出现孩子不同意的情况。一件事，来来回回反复沟通，简直是按下葫芦起了瓢。有没有什么办法可以提高销售人员对这件事情的掌控度、让沟通尽量一步到位呢？

案例分析

这个案例的关键在于，弄清楚决策者到底是谁：

是一人决策，还是夫妻共同决策，还是三人共同决策？

如果是一人决策就很简单了，当面沟通就能搞定。如果是夫妻共同决策，就需要获得夫妻双方的认可。但如果是父母和孩子三人决策（孩子年龄大一些），通常就会有一个主次之分——要么父母同意了，孩子不反对就行；要么孩子同意了，父母不反对就行。如果能见到孩子，这一点也可以从父母和孩子相处的模式以及孩子的顺从度上做出判断。

这里需要提示一下，最好能够跟主要决策人直接沟通，不要指望由接洽人直接搞定其他的决策人。比如夫妻共同决策，最好能够见到夫妻双方，孩子主要决策，也最好能够见到孩子。这样做，不仅可以大大提高成交的概率，即便成交不了，也可以探测出问题到底出在哪里，而不是被蒙在鼓里。只有在约不到人的情况下，再退而求其次，约定反馈的时间。

另外，这个案例虽然说的是少儿钢琴培训，但处理思路适用于一切“付款者和使用者不是同一人”的情况。比如父母为孩子报读各种培训班、父母为孩子买保险、孩子为父母买健身器材，等等。

行动建议

层层过滤，明确真正的决策者。

比如，跟孩子的妈妈谈得差不多了，你就可以先探测一下孩子妈妈的态度：

小明妈妈，如果我没理解错的话，既然咱们能够聊到现在，说明您应该还是倾向于支持让您家小明报读培训班的吧？

如果孩子的妈妈态度含糊，说明你前面的挖掘痛点没做到位，你需要重新回到挖掘痛点环节，而不是贸然进入决策环节。但如果孩子妈妈的态度是支持的，你就可以进一步探测决策信息：

感谢您的支持。小明妈妈，根据我服务客户的经验，通常为孩子报读培训班这样的事情，有的家庭是父母替孩子做主，因为孩子基本上都听父母的。但有的家庭不一样，需要重点考虑孩子的想法，因为孩子比较有主见。不知道你们家大概是一个怎样的情况呢？

在这里，客户可能有两种回应，一种是，“我们家孩子本身就喜欢钢琴，他也很听我们的话”。另一种是，“我们家挺开明的，我确实需要回去跟孩子商量一下”。

第一种：父母做主。

如果是父母做主，那就意味着，不需要考虑孩子的意见，搞定父母就行。你可以这样说：

难怪人家都说，喜欢音乐的孩子通常性格都非常好，您真的很有福气。

小明妈妈，我估计，您是不是也需要跟孩子爸爸商量之后，才会做出最终决定？

那根据您对孩子爸爸的了解，您觉得孩子爸爸会是一个怎样的态度呢？他会不会不太支持孩子学钢琴啊？

如果客户很肯定地说：“孩子的事情都是我管，他基本都支持。”那说明暂时不需要跟孩子的爸爸沟通。

但如果客户态度有点含糊，或者直接说："我确实需要跟孩子的爸爸商量一下。"你就可以说：

完全理解。我跟很多孩子的父母打过交道。我发现，虽然父母都是为了孩子好，但因为各自的关注点不同，可能会有一些分歧，双方通常没有办法说服彼此。

您看这样可以吗？可否帮忙引荐您的先生，咱们三人一起做个交流？如果他询问到一些专业方面的问题，我也好做个解答。

不过您放心，这次的交流，绝对不是为了说服他，只是起到一个交换信息的作用。即便交流结束，你们俩决定不给孩子报名，也没有任何关系，我会充分尊重你们的决定，绝不会浪费你们的时间。您看行吗？

这样，就可以争取到一个跟孩子的爸爸直接沟通的机会。

当然，如果客户觉得不方便约见，也没问题，毕竟每个家庭的情况不一样，那么你跟客户约一个反馈的时间即可。

第二种：孩子做主。

如果是孩子做主，那就意味着，孩子的决策权挺大的，需要专门搞定孩子，你可以这样说：

看来你们家的家庭氛围真的很好呢，令人羡慕。

小明妈妈，那根据您对小明的了解，您估计孩子对报读培训班这件事会是一个怎样的态度呢？会不会是您作为妈妈很想让他学，其实他自己兴趣并不大呢？

如果客户很肯定地说："他其实挺喜欢的，只是我需要跟他正式沟通一下，避免他学琴虎头蛇尾、半途而废。"这说明孩子的态度基本没问题。

但如果客户说："其实我本人是很希望他能学钢琴的，但孩子好像兴趣不大，我回家再做做他的工作吧。"这说明，孩子可能会不同意，你就可以这样说：

小明妈妈，我跟很多孩子打过交道，说实话，这个年龄段的孩子，都挺叛逆的。有的时候，不是因为自己不喜欢，而是只要是由父母提出来的，甭管什么事，他们都倾向于反对。

您看这样可以吗？干脆，您带孩子来与我们做个简单的交流。我们也实际看看孩子是否感兴趣。如果他的确兴趣不大，根据我们的经验，您强求也是没有用的，那我们就尊重他。您看可以吗？

这样，就可以争取到一个跟孩子直接沟通的机会。当然，也有可能争取不到，那么同样地，跟客户约一个反馈的时间就好。做销售，只需尽自己所能做到百分之百，其他的，不必强求。

参考书目

［1］芭芭拉·明托．金字塔原理［M］．汪洱，高愉，译．海口：南海出版社，2019.

［2］威廉·莫尔顿·马斯顿．常人之情绪［M］．李海峰，肖琦，郭强，译．北京：电子工业出版社，2018.

［3］科林·斯坦利．销售就是要玩转情商［M］．佘卓桓，译．武汉：武汉出版社，2015.

［4］玛丽莲·阿特金森，蕾·切尔斯．唤醒沉睡的天才［M］．王岑卉，译．北京：华夏出版社，2019.

［5］李中莹．重塑心灵［M］．杭州：浙江教育出版社，2022.

［6］黄荣华，梁立邦．人本教练模式［M］．北京：北京联合出版有限公司，2017.

后 记

你站着挣钱的样子，很美

相信看完本书的你，对本书的主题“反向成交”已经有更深层次的领悟了吧？

这里的反，反的是你的人性，顺的却是客户的人性。

如果你总是习惯于站在自己的角度考虑问题，那么这套方法，要求你站在客户的角度考虑问题；

如果你总是习惯于渲染自己产品的优势利益，那么这套方法，要求你聚焦客户的难点和痛点；

如果你总是习惯于否定和反驳客户的想法，那么这套方法，要求你肯定和认同客户的想法；

如果你总是习惯于催促客户尽快下单，那么这套方法，要求你关注客户拖延和顾虑的真正原因。

而当你最终掌握了这套方法，你会慨叹，销售原本就应该是这个样子的，为什么当初却弄反了呢？

反向用力，表面上是一种克敌制胜的技巧，实际上却是一种求真务实的精神。它的每一招、每一式都在为甄别对的客户做努力。当人对了，成交就不只是你的目标，它也成了客户的目标。这样的双向奔赴，为销售人员赢回了面子——利益，也赢回了里子——尊严。

一句话，让你站着，把钱挣了。

当你真正掌握这套销售逻辑后，你会发现，你的人际沟通能力也在潜移默化中提高了。因为，当你想要说服你的伴侣、你的孩子去做某事时，本质上就是在销售一个想法；当你想要说服你的下属、你的团队去做某事时，本质上就是在销售一个决定；当你想要说服你的领导、你的老板去做某事时，本质上就是在销售一个建议。每当遇到这类事件，这套销售逻辑完美适配。当然不需要全套使用，根据情景和对象，选取其中的一招或几招即可。

说到底，这就是一套沟通的艺术，跟产品无关，只跟人有关。

最后，要特别感谢中国经济出版社的编辑黄傲寒女士，正是在她的耐心引导和建议下，本书从框架到内容都得到了很大的改善，增强了趣味性和可读性。同时更要感谢无数信任我的学员们，正是他们在课堂上与我的不断互动，才让本书的内容得到了不断地丰富和验证，也才有了如今呈现给各位的《反向成交》。

尹淑琼

2023 年 3 月